LT⁴⁸ 1954.
A.

Lb. 1900.
15 t. a. 7.

MÉMORIAL
DE
SAINTE-HÉLÈNE.

A PARIS, DE L'IMPRIMERIE DE LEBÉGUE.

MÉMORIAL
DE
SAINTE-HÉLÈNE,

OU

JOURNAL OÙ SE TROUVE CONSIGNÉ, JOUR PAR JOUR, CE QU'A DIT ET FAIT NAPOLÉON DURANT DIX-HUIT MOIS;

PAR LE COMTE DE LAS CASES.

TOME SEPTIÈME.

PARIS.

L'AUTEUR, RUE DU BAC, N° 53;
TOUS LES LIBRAIRES DE FRANCE ET DE L'ETRANGER.

1823.

TABLE

DES SOMMAIRES DU SEPTIÈME VOLUME.

Pages.

Sur la guerre de Russie ; vues et intentions de Napoléon. — Instructions officielles. 9

Fluxion violente. — Anecdotes intérieures et domestiques. 26

Les souffrances continuent. — Immoralité, vice le plus funeste dans le Souverain. 30

L'Empereur, toujours souffrant, manque de médicamens. — Guerres d'Italie par Servan. — Madame de Montesson. 33

L'Empereur continue d'être très-souffrant. — Circonstances caractéristiques. 37

Cinquième jour de réclusion. — Anecdote pour mémoire non payé. — Sur l'impopularité. 40

L'Empereur viole, dit-il, les règles de la médecine. — Il a commandé toute sa vie. — C'est lui qui, le premier, nous appelle la grande nation. 43

Affaissement de l'Empereur. — Sa santé continue de s'altérer sensiblement. — Inquiétudes du médecin. — Nos prisonniers en Angleterre ; les pontons, etc. 45

Anvers. — Grandes intentions de Napoléon. — Est une des causes de sa chute. — Ses généreux sentimens en se refusant au traité de Châtillon. — Travaux maritimes ; Cherbourg, etc. — Rapport officiel sur l'Empire, en 1813. — Total des dépenses en travaux, sous Napoléon. 62

L'Empereur très-souffrant ; mélancolie. — Anecdotes de gaîté. — Deux aides-de-camp. — Echauffourée du général Mallet. 89

Continuation de souffrances et de réclusion. — Eût dû mourir à Moscou ou à Waterloo. — Eloge de sa famille. 96

Pages.

La géographie, passion du moment. — Mon Atlas. — Lit de parade arrivé de Londres; vrai piège à rats. — Anecdotes apprises des Anglais; lettres de Sainte-Hélène, etc. 101.

Situation physique de la Russie; sa puissance politique, paroles remarquables. — Notice sur l'Inde anglaise. — Pitt et Fox. — Idées de l'économie politique; compagnies ou commerce libre. — Les crénaux contre les métiers, etc. — M. de Suffren. — Sentiment de l'Empereur pour la marine. 110

Organisation impériale; préfets, auditeurs au Conseil d'État; motifs des gros appointemens; intentions futures, etc. 131

La Vendée; Charette. — Lamarque. — Tragédies d'Eschyle et de Sophocle, etc. — Véritables tragédies chez les Romains. — La Médée de Sénèque; singularité. 140

L'Empereur Beaucoup mieux. — Lui sauter! — Madame R...... de St.-J...-d'A..... — Les deux Impératrices. — Dépenses de Joséphine; mécontentemens de l'Empereur; anecdotes caractéristiques de l'Empereur. 149

Guerres sur les grandes routes. — Dumouriez plus audacieux que Napoléon. — Détails sur la princesse Charlotte de Galles, le prince Léopold de Saxe-Cobourg, etc. 154

Divers objets bien importans. — Négociations d'Amiens; début du Premier Consul en diplomatie. — De l'agglomération des peuples de l'Europe. — De la conquête de l'Espagne. — Danger de la Russie. — Bernadotte. 160

L'Empereur a peu de confiance dans l'issue de 1815. — Thémistocle. — A un moment la pensée, dans la crise de 1814, de rétablir lui-même les Bourbons. — Ouvrage du baron Fain, sur la crise de 1814. — Abdication de Fontainebleau; particularités. — Traité de Fontainebleau, etc., etc. 179

L'épée du Grand-Frédéric. — On espère que le Lion s'endormira. — Nouvelles tracasseries du Gouverneur; il m'enlève mon domestique, etc. — Notre sort enviable dans nos misères. — Bonheur de l'avoir approché. 226

Nouvelles occupations de l'Empereur. — Sur les grands capitaines; la guerre, etc. — Ses idées sur diverses institutions pour le bien-être de la société. — Avocats. — Curés. — Autres objets. 235

L'Empereur change de manière à nous affecter. — Le Gouverneur nous environne de fortifications. — Terreurs de sir Hudson Lowe. — Général Lamarque. — Madame Récamier et un prince de Prusse. 254

Les ministres anglais actuels; portraits. — Tous les ministères, autant de léproseries; honorables exceptions. — Sentimens de Napoléon pour ceux qui l'ont servi. 260

Retour sur les généraux de l'armée d'Italie. — Le père d'un de ses aides-de-camp. — Ordures de Paris. — Roman abominable. — Sur les joueurs. — Famille La Rochefoucault, etc. 280

Poniatowski, le vrai Roi de Pologne. — Traits caractéristiques sur Napoléon. — Dires épars; notes perdues. 287

Sur les difficultés de l'histoire. — Georges, Pichegru, Moreau, le duc d'Enghien. 310

Visite clandestine du domestique qui m'avait été enlevé. Ses offres. — Seconde visite. — Troisième; je lui confie mystérieusement ma lettre au prince Lucien, cause de ma déportation. 339

Mon enlèvement de Longwood. 345

Visite officielle de mes papiers, etc. 350

Ma translation à Balcombe's cottage. 356

Je prends un parti; mes lettres à sir Hudson Lowe, etc. 360

Mes griefs personnels contre sir Hudson Lowe. — Traits caractéristiques. 377

	Pages.
La fameuse pièce clandestine. — Mon interrogatoire par sir Hudson Lowe. — Ma lettre au prince Lucien.	381
Mes vives anxiétés. — Lettre de l'Empereur, vrai bonheur.	427
Table raisonnée du volume.	457.

FIN DE LA TABLE DU SEPTIÈME VOLUME.

MÉMORIAL
DE S^{TE}-HÉLÈNE.

Vendredi 25 Octobre 1816.

Sur la guerre de Russie; vues et intentions de Napoléon.
— Instructions officielles.

J'AI été trouver l'Empereur à sa toilette. Le temps était supportable; il est sorti. Nous avons gagné le bois. Il se trouvait faible; il y avait dix jours qu'il n'avait mis les pieds dehors; les genoux lui manquaient, disait-il, et bientôt il serait obligé de s'appuyer sur moi.

* Alors la calèche nous a atteints; elle était conduite à grands-guides par Archambaud; il n'en pouvait être autrement depuis le départ de son frère. D'abord l'Empereur n'a pas voulu monter; il ne le croyait pas prudent au milieu de tous les tronçons d'arbre : il citait sa fameuse chute de Saint-Cloud; il voulait qu'un des valets anglais montât en postillon; mais Ar-

---

* Nous avons cru devoir répéter ici, à leur véritable place, les trois paragraphes placés mal-à-propos à la fin du jour précédent. Voyez l'errata du VIe vol., pag. 455.

chambaud protestait qu'il serait moins sûr qu'en menant seul : depuis le départ de son frère il n'avait cessé, disait-il, de s'exercer au milieu de ces arbres, pour s'assurer qu'il pouvait répondre de lui. Alors l'Empereur est monté, et nous avons fait deux tours. En revenant il a été visiter la demeure du Grand-Maréchal, qu'il ne connaissait pas encore.

La soirée s'est terminée par la lecture de quelques passages de la Médée de Longepierre que l'Empereur a interrompue pour la comparer à celle d'Euripide, qu'il s'est fait apporter. Il a dit, à ce sujet, qu'il avait commandé jadis qu'on lui donnât, sur le théâtre de la Cour, une de ces pièces grecques dans son intégrité, en choisissant la meilleure traduction, et se rapprochant du reste le plus possible de l'original dans les manières, le costume, les formes, la décoration. Il ne se rappelait pas quelle circonstance, quel obstacle en avait arrêté l'exécution.

Rentré dans sa chambre, et ne se trouvant pas disposé à dormir, il s'est jeté, après quelques tours, sur son canapé : il a ouvert un recueil ou espèce d'almanach politique qui se trouvait sous sa main ; il est tombé sur la liste de nos

maréchaux qu'il a passés en revue, les accompagnant de citations et d'anecdotes connues ou déjà dites. Arrivé au maréchal Jourdan, il s'y est arrêté assez long-temps; il a terminé disant :
« En voilà un que j'ai fort maltraité assurément.
« Rien de plus naturel, sans doute, que de
« penser qu'il eût dû m'en vouloir beaucoup.
« Eh bien ! j'ai appris, avec un vrai plaisir,
« qu'après ma chute il est demeuré constam-
« ment très-bien. Il a montré là cette élévation
« d'ame qui honore et classe les gens. Du reste
« c'est un vrai patriote : c'est une réponse à
« bien des choses. »

De là passant à beaucoup d'autres objets, il s'est arrêté sur la guerre de Russie.

« Au surplus, a-t-il dit, à la suite de beau-
« coup d'antécédens, cette guerre eût dû être
« la plus populaire des temps modernes : c'é-
« tait celle du bon sens et des vrais intérêts;
« celle du repos et de la sécurité de tous : elle
« était purement pacifique et conservatrice;
« tout-à-fait européenne et continentale. Son
« succès allait consacrer une balance, des com-
« binaisons nouvelles qui eussent fait dispa-
« raître les périls du temps, pour les remplacer

« par un avenir tranquille; et l'ambition n'entrait
« pour rien dans mes vues. En relevant la Po-
« logne, cette véritable clé de toute la voûte,
« j'accordais que ce fût un Roi de Prusse, un
« Archiduc d'Autriche, ou tout autre qui en
« occupât le trône; je ne prétendais rien acqué-
« rir; je ne me réservais que la gloire du bien,
« les bénédictions de l'avenir. Croirait-on que
« ce dût être là où j'échouerais, et trouverais
« ma perte? Jamais je n'avais mieux fait, jamais
« je ne méritais davantage; mais comme si l'o-
« pinion avait aussi ses épidémies, voilà qu'en
« un instant il n'y eut plus qu'un cri, qu'un
« sentiment contre moi : on me proclama le
« tyran des Rois, moi qui avais retrempé leur
« existence; et je ne fus plus que le destructeur
« des droits des peuples, moi qui avais tant fait,
« et qui allais tant entreprendre pour eux. Et
« les peuples et les Rois, ces ennemis irrécon-
« ciliables, se sont alliés, ont conspiré de con-
« cert contre moi! On n'a plus tenu aucun
« compte de tous les actes de ma vie! Je me
« disais bien que l'esprit des peuples me serait
« revenu avec la victoire; mais je la manquai,
« et je me suis trouvé accablé. Voilà pourtant

« les hommes et mon histoire! Mais les peuples
« et les Rois, et peut-être tous les deux, me
« regretteront! et ma mémoire sera suffisam-
« ment vengée de l'injustice faite à ma per-
« sonne, cela est indubitable. »

N. B. Si certains passages de la conversation de l'Empereur avaient besoin de développemens ou de preuves, on va les trouver dans la lettre suivante; elle est précieuse par sa date et son contenu; ce sont les motifs et les vues de l'expédition de Russie, exposés par Napoléon au moment même de l'entreprendre. Le vulgaire était assurément loin de les comprendre, ou de leur rendre justice; je dis le vulgaire, car il est bon de remarquer qu'aux yeux des hommes d'État, de ceux à vues larges et prévoyantes, cette guerre fut très-populaire : ils étaient fâchés du moment; mais ils en avaient saisi très-bien toutes les grandes intentions.

Instructions données à M***...... pour lui servir de direction dans la mission qu'il aura à remplir en Pologne. (18 avril 1812.)

« Monsieur, l'Empereur compte assez sur
« votre dévouement et sur votre habileté, pour
« vous avancer dans sa confiance jusqu'à vous

« charger d'une mission du plus grand intérêt
« politique. Cette mission demande *activité,*
« *prudence et discrétion.*

« Vous vous rendrez à Dresde; l'objet appa-
« rant de votre voyage sera de présenter à
« S. M. le Roi de Saxe une lettre que l'Empe-
« reur vous remettra demain après son lever.
« S. M. Impériale et Royale vous a déjà fait
« connaître ses intentions; elle vous donnera
« verbalement ses dernières instructions sur les
« ouvertures que vous aurez à faire au Roi de
« Saxe.

« L'intention de l'Empereur est que l'on
« agisse, envers ce souverain, avec les égards
« que lui mérite l'estime toute particulière que
« S. M. professe pour sa personne. Vous vous
« expliquerez, soit avec le Roi, soit avec les
« ministres, avec une franchise sans réserve.
« Vous ajouterez foi aux notions que vous
« donnera M. le comte de Set-Pilsac.

« De la part de la Saxe, il n'y aura point
« *de sacrifice sans compensation.*

« La Saxe tient peu à la souveraineté du
« duché de Varsovie, tel qu'il existe aujour-
« d'hui : c'est une possession précaire et oné-

« reuse. La possession de ce fragment de la
« Pologne la place dans une fausse position à
« l'égard de la Prusse, de l'Autriche et de la
« Russie. Vous développerez ces idées, et vous
« traiterez cette question dans le sens de la
« discussion qui a eu lieu, le 17, dans le cabinet
« de S. M., en votre présence. Vous trouverez
« le cabinet de Dresde peu disposé à vous com-
« battre : sa diplomatie nous a présenté à plu-
« sieurs reprises les mêmes observations. Ce
« n'est donc point d'un démembrement des
« états du Roi de Saxe dont il s'agit.

« Après un court séjour à Dresde, vous annon-
« cerez votre départ *pour Varsovie, où vous*
« *devrez attendre de nouveaux ordres de*
« *l'Empereur.*

« S. M. Impériale prie le Roi de Saxe de vous
« accréditer auprès de ses ministres polonais.

« Vous concerterez à Varsovie vos démarches
« avec le prince ***, chambellan de l'Empe-
« reur, avec le général ***. Ces deux person-
« nages descendent des plus illustres familles de
« la Pologne; ils ont promis de faire servir l'in-
« fluence dont ils jouissent parmi leurs conci-
« toyens, pour les porter à travailler au bon-

« heur et à l'indépendance de leur patrie. Vous
« devez donner au gouvernement du grand du-
« ché une impulsion propre à préparer les grands
« changemens que l'Empereur se propose d'o-
« pérer en faveur de la nation polonaise.

« Il faut que les Polonais secondent les des-
« seins de l'Empereur, et qu'ils coopèrent eux-
« mêmes à leur régénération. *Ils ne doivent*
« *considérer les Français que comme de puis-*
« *sans auxiliaires.*

« L'Empereur ne se dissimule point les dif-
« ficultés qu'il aura à éprouver au rétablisse-
« ment de la Pologne. Ce grand œuvre de poli-
« tique doit contrarier *les intérêts apparens et*
« *actuels de ses alliés.*

« Le rétablissement de la Pologne, par les
« armes de l'Empire français, est une entre-
« prise hasardeuse, périlleuse même, où la
« France devra lutter également contre ses
« amis et contre ses ennemis. Entrons dans
« quelques détails.

« L'objet que se propose l'Empereur est l'or-
« ganisation de la Pologne, *avec tout ou por-*
« *tion de son ancien territoire*, en évitant la
« guerre, si cela est possible. Pour y parve-

« nir, Sa Majesté a donné des pouvoirs très-
« étendus à son ambassadeur à Pétersbourg ; elle
« a envoyé à Vienne un négociateur qui est au-
« torisé à traiter avec les principales puis-
« sances, à offrir de grands sacrifices en ter-
« ritoire, de la part de l'empire français,
« *comme indemnité des cessions à faire pour*
« *le rétablissement du royaume de Pologne.*

« L'Europe se partage en trois grandes divi-
« sions : l'Empire français à l'Ouest, les états
« de l'Allemagne au centre, l'Empire russe à
« l'Est ; l'Angleterre ne peut avoir sur le conti-
« nent que l'influence que les puissances vou-
« dront bien lui conserver. »

« Il faut empêcher, par une forte organisation
« du centre, que la Russie ou la France puisse un
« jour, en voulant s'étendre davantage, envahir
« la suzeraineté de l'Europe. L'Empire français
« jouit actuellement de toute l'énergie de son
« existence : s'il ne termine en cet instant la
« constitution politique de l'Europe, demain
« il peut perdre les avantages de sa position, et
« succomber dans ses entreprises.

« L'établissement d'un état militaire en
« Prusse, le règne et les conquêtes du grand

« Frédéric, les idées du siècle et celles de la
« révolution française, mises en circulation,
« ont anéanti l'ancienne confédération germa-
« nique. La confédération du Rhin ne tient
« qu'à un système provisoire. Les princes qui
« ont acquis voudraient peut-être la consolida-
« tion de ce système ; mais les princes qui ont
« perdu, les peuples qui ont souffert des malheurs
« de la guerre, les États qui redoutent la trop
« grande puissance de la France, s'opposeront
« au maintien de la confédération du Rhin,
« chaque fois que l'occasion s'en présentera. Les
« princes même agrandis par le nouveau sys-
« tème, tendront à s'en éloigner à mesure que
« le temps les consolidera dans les possessions
« qu'ils ont obtenues. La France finirait par
« voir arracher de ses mains un protectorat que
« sûrement elle aurait acheté par trop de sacri-
« fices.

« L'Empereur pense, qu'à une époque finale,
« qui ne peut tarder à se produire, il conviendra
« de rendre la confédération des puissances de
« l'Europe à toute leur indépendance.

« La maison d'Autriche, qui possède trois
« vastes royaumes, doit être l'ame de cette in-

« dépendance, à cause de la situation topogra-
« phique de ses États; mais elle n'en doit pas
« être la dominatrice; en cas de rupture entre
« les deux Empires de France et de Russie,
« si la confédération des puissances intermé-
« diaires était mue par une même impulsion,
« elle entraînerait nécessairement la ruine de
« l'une des parties contendantes. L'empire fran-
« çais serait plus exposé que l'empire russe.

« Le centre de l'Europe doit se composer
« d'états inégaux en puissance, qui auront cha-
« cun une politique qui leur sera propre; qui,
« par leur situation et leurs rapports politi-
« ques, chercheront un appui dans le protecto-
« rat des puissances prépondérantes. Ces États
« sont intéressés au maintien de la paix, parce
« qu'ils seront toujours les victimes de la guerre.
« Dans ces vues, après avoir élevé de nouveaux
« États, après en avoir agrandi d'anciens, afin
« de fortifier pour l'avenir notre système d'al-
« liance, il est un intérêt majeur pour l'Empe-
« reur et en même temps pour l'Europe, c'est
« d'établir la Pologne : sans la réédification de ce
« royaume, l'Europe reste sans frontières de ce
« côté; l'Autriche et l'Allemagne se trouvent

« face à face avec le plus puissant Empire de
« l'univers.

« L'Empereur prévoit que la Pologne comme
« la Prusse, sera, par la suite, l'alliée de la Rus-
« sie; mais si la Pologne lui doit sa restaura-
« tion, l'époque de l'union de ces États sera
« assez éloignée pour laisser l'ordre établi se
« consolider. L'Europe étant ainsi organisée, il
« n'y a plus de raison pour que la France et la
« Russie soient en rivalité; ces deux Empires
« auront les mêmes intérêts commerciaux, ils
« agiront d'après les mêmes principes.

« Avant le refroidissement avec la Prusse,
« une première pensée de l'Empereur avait été
« de faire une alliance solide avec le Roi de
« Prusse, et de poser sur sa tête la couronne
« de Pologne. Il y avait moins d'obstacles à
« vaincre, puisque déjà la Prusse possédait le
« tiers de ce royaume. On aurait laissé à la
« Russie ce qu'elle aurait voulu absolument
« garder; on aurait donné des indemnités à
« l'Autriche. La marche des événemens a fait
« changer les projets de l'Empereur.

« Lors des négociations de Tilsitt, il a fallu
« créer des États précisément dans les contrées

« qui redoutaient le plus la puissance de la
« France. Le moment était propice au réta-
« blissement de la Pologne, quoiqu'il eût été
« l'ouvrage de la violence et de la force. Il au-
« rait fallu prolonger la guerre; l'armée fran-
« çaise souffrait du froid et de la disette; la
« Russie avait des armées sur pied. L'Empe-
« reur a été touché des sentimens généreux
« que lui témoignait l'Empereur Alexandre. Il
« éprouvait des obstacles de la part de l'Autri-
« che. Il a laissé dominer sa politique par un
« égal désir de signer une paix qu'il espérait
« rendre durable, si, par l'influence de la Rus-
« sie et de l'Autriche, l'Angleterre avait voulu
« consentir à une pacification générale.

« Après ses revers, la Prusse avait trop de
« haine contre nous pour ne pas chercher à mo-
« dérer sa puissance; c'est dans cette vue qu'a
« été organisé le grand duché de Varsovie. On
« lui a donné pour souverain le Roi de Saxe,
« prince dont la vie entière a été employée à
« faire le bonheur de ses sujets. On a cherché
« à satisfaire les Polonais par des institutions
« qui leur plaisaient et qui convenaient à leurs

« mœurs et à leurs caractères. On a mal agi en
« tous sens.

« La Saxe, séparée de ses nouvelles posses-
« sions par la Prusse, ne pouvait, avec la Polo-
« gne, constituer un corps assez organisé pour
« devenir fort et puissant. L'ouverture d'une
« route militaire sur le territoire prussien, pour
« communiquer de la Saxe avec la Pologne, a
« grandement humilié la nation prussienne; et
« les Polonais ont gémi d'être trompés dans
« leurs espérances.

« L'Empereur stipulait l'occupation des for-
« teresses de la Prusse, pour être certain que
« cette puissance ne chercherait point à rallu-
« mer la guerre. La campagne de 1809 a fait
« voir combien sa politique avait été pré-
« voyante; elle lui avait fait prendre la ferme
« résolution de travailler sans relâche à termi-
« ner cette organisation de l'Europe, qui doit
« mettre fin à des guerres désastreuses.

« L'Empereur a pensé qu'il devait se mon-
« trer formidable par le nombre de troupes
« qu'il pousse vers la *Vistule*, par l'occupation
« des forteresses de la Prusse, afin de com-
« mander la fidélité de ses alliés, et d'obtenir,

« par les négociations, ce que peut-être il ne
« faudrait attendre que de la guerre.

« Dans ces circonstances, les dangers sont im-
« minens. Ce n'est pas sans péril que l'on porte
« des armées à 5 cents lieues de leur territoire;
« et la Pologne doit attendre autant de ses pro-
« pres forces, que de l'appui de L'Empereur.
« Si la guerre s'engage, les Polonais, je le ré-
« pète, ne doivent la considérer que comme
« un moyen ajouté à leurs propres ressources.
« Ils doivent se rappeler les temps où, par leur
« patriotisme et par leur courage, ils résistè-
« rent aux nombreuses armées qui attaquaient
« leur indépendance.

« Les peuples du grand duché veulent le ré-
« tablissement de la Pologne; c'est à eux qu'il
« appartient de préparer les voies par lesquelles
« les provinces usurpées pourront arriver à pro-
« noncer leur volonté. Le gouvernement du grand
« duché doit, aussitôt que les événemens le per-
« mettent, faire confédérer sous les bannières
« de l'indépendance les démembremens de leur
« malheureuse patrie. S'il est des Polonais, sous
« la domination de la Russie ou sous celle de
« l'Autriche, qui se refusent à retourner à la

« mère patrie, il faut renoncer à les y con-
« traindre. La Pologne doit tirer sa force de son
« esprit public, de son patriotisme, autant que
« des institutions qui constitueront le nouvel
« état social.

« L'objet de votre mission est donc d'éclairer,
« d'encourager, de diriger dans leurs opéra-
« tions les patriotes polonais. Vous rendrez
« compte de vos négociations au ministre des
« relations extérieures ; il instruira l'Empereur
« de vos succès. Vous m'enverrez des extraits
« de vos rapports.

« Les malheurs et la faiblesse de la république
« de Pologne ont été causés par une aristocratie
« qui n'avait ni règle, ni mesure. A cette époque,
« comme aujourd'hui, la noblesse était puis-
« sante, la bourgeoisie soumise, et le peuple
« n'était rien. Mais au milieu de ces désordres,
« il y avait dans cette nation un amour pour la
« liberté et pour l'indépendance, qui soutint
« long-temps sa débile existence. Ces sentimens
« doivent avoir crû par le temps et par l'op-
« pression. Le patriotisme est un sentiment
« naturel aux Polonais; même aux individus
« des grandes maisons. L'Empereur tiendra sans

« restrictions la promesse qu'il a faite, par l'ar-
« ticle 25 du traité du 9 juillet 1807, de faire
« régir le grand-duché par des constitutions qui
« assurent sa liberté et les priviléges des peu-
« ples, se conciliant avec la tranquillité des
« états voisins. Il y aura, pour la Pologne, *indé-*
« *pendance et liberté*. Quant au choix du sou-
« verain, il résultera du traité que Sa Majesté
« signera avec les puissances. Sa Majesté ne
« prétend au trône de la Pologne ni pour elle,
« ni pour sa famille. Dans le grand œuvre de
« la restauration de la Pologne, elle n'a en vue
« que le bonheur des Polonais et la tranquillité
« de l'Europe. Sa Majesté vous autorise à faire
« cette déclaration, à la faire formellement
« lorsque vous le jugerez utile aux intérêts de la
« France et de la Pologne.

« Sa Majesté m'a ordonné de vous trans-
« mettre cette note et ces instructions, dont elle
« a pris connaissance, afin que vous puissiez en
« faire la matière de vos entretiens avec les
« ministres étrangers qui seront à Varsovie ou
« à Dresde.

« L'Empereur fait adresser des notes au mi-
« nistre de la guerre et à celui des affaires

« étrangères du grand-duché. S'il était besoin
« de ressources pécuniaires, Sa Majesté vien-
« drait au secours du trésor de la Pologne, par
« des assignations sur les domaines de l'extraor-
« dinaire qu'elle possède encore en Pologne et
« en Hanovre. »

Samedi 26.

Fluxion violente. — Anecdotes intérieures et domestiques.

On disait l'Empereur fort souffrant. Il m'a fait demander dans sa chambre. Je l'ai trouvé, la tête empaquetée d'un mouchoir, dans son fauteuil, fort près d'un grand feu qu'il s'était fait allumer. « Quel est le mal le plus vif, la dou-
« leur la plus aiguë, demandait-il ? » Je lui répondais que c'était toujours celle du moment.
« Eh bien ! c'est donc le mal de dents, m'a-t-il
« dit. » En effet, il avait une violente fluxion; sa joue droite était enflée et fort rouge. J'étais seul, en ce moment, auprès de lui; je me suis mis à lui chauffer, alternativement, une flanelle et une serviette qu'il appliquait tour à tour sur la partie souffrante, et il disait en ressentir beaucoup de bien. A cela se joignait encore

une forte toux nerveuse, des bâillemens et un frisson, présage de la fièvre.

« Ce que c'est que l'homme, pourtant, disait-« il, la moindre fibre attaquée suffit pour le « déranger entièrement! D'un autre côté, en « dépit de tous les maux, il faut parfois l'as-« sommer si l'on veut qu'il finisse. Quelle singu-« lière machine! Et j'ai peut-être 30 ans encore « à être enfermé dans cette triste enveloppe! »

Il attribuait sa fluxion à sa dernière sortie, au grand air qui l'affectait singulièrement. « La « nature est toujours le meilleur conseiller, « disait-il; je suis sorti malgré moi, en dépit « de mon instinct, et seulement pour obéir à la « raison. »

Le docteur est arrivé, et lui a trouvé un commencement de fièvre. L'Empereur a passé de la sorte tout le reste du jour, souffrant par moment des douleurs très-aiguës; allant alors et revenant, alternativement, de son fauteuil à son canapé, et remplissant les intervalles de souffrance à causer d'objets divers.

Un moment il s'est arrêté sur des vilenies commises autour de lui lors de sa puissance : Un ménage des Tuileries, que dans le temps il avait comblé, disait-il, et qui, par parenthèse, lors de la catastrophe, s'était montré fort mauvais, avait été pris en faute, un jour, par lui en personne. Il se contenta de leur reprocher leurs torts au lieu de les en punir. Qu'était-il arrivé, ajoutait-il, c'est qu'il n'avait fait que les irriter sans donner un exemple de justice. « Et voilà ce que c'est, remarquait-il, que de « faire les choses à demi, on y perd toujours. « Il ne faut pas voir; ou si l'on a voulu voir, il « faut savoir prononcer, etc., etc. »

Citant ensuite une femme fort avantageusement placée, ainsi que son mari, et qui lui parlait sans cesse de son dénuement. « Elle m'é- « crivait souvent, disait-il, pour me demander « de l'argent, comme si elle eût eu des droits « sur moi; comme aurait pu faire Mme Bertrand, « revenue de Sainte-Hélène, ou l'un de vous « autres, etc., etc. »

Mentionnant encore quelqu'un qui avait été des plus coupables envers lui, en 1814, il disait : « Et vous croyez peut-être qu'il aura fui à « mon retour? Non, j'en ai été obsédé. Il con- « venait sans embarras d'un engouement passa- « ger pour les Bourbons, dont on avait été bien

« puni, m'assurait-il ; ce qui n'avait fait que
« retremper, du reste, l'affection naturelle que
« chacun me portait à tant et de si justes ti-
« tres!!! Je le repoussai. Et il est à croire qu'en
« cet instant il est à leurs pieds, et leur dit,
« comme de raison, des horreurs de moi.........
« Pauvre humanité!. Toujours et partout la
« même!... »

Enfin il citait, et toujours de la part de ceux qu'il avait comblés, une intrigue fort vilaine auprès de l'Impératrice Joséphine, qu'on voulait porter, pour s'en faire un mérite ailleurs sans doute, et, sous prétexte de lui assurer, disait-on, son séjour et son repos en France, à signer une lettre qui ne pouvait que l'avilir. On lui faisait écrire au Roi qu'elle ne savait ce qu'elle était, ce qu'elle avait été; qu'elle le priait de fixer son existence, etc., etc. L'Impératrice pleura beaucoup, résista, demanda du temps, et consulta l'Empereur Alexandre, qui lui dit qu'une pareille lettre serait son opprobre, qu'elle envoyât promener les intrigans et les entremetteurs; qu'il était sûr qu'on ne lui demandait rien de pareil; que personne ne songeait à la faire sortir de France ni à troubler son repos, et qu'au besoin il se porterait pour son répondant, etc., etc.

Sur le soir la douleur s'est appaisée, et l'Empereur a pu s'endormir ; il avait dû beaucoup souffrir ; toute sa physionomie montrait une extrême altération.

Dimanche 27.

Les souffrances continuent. — Immoralité, vice le plus funeste dans le Souverain.

L'Empereur a passé tout le jour sur son canapé ou son fauteuil, près du feu. Il avait peu dormi, souffrait comme hier, et n'avait pas mangé. Ses douleurs de tête et de dents étaient extrêmement vives ; la fluxion n'avait nullement diminué. Il a repris l'usage de la flanelle et des serviettes chaudes de la veille, qu'il m'a dit, en me voyant, lui avoir fait hier tant de bien. Je me suis mis à les chauffer et à les lui appliquer de nouveau ; il s'en montrait touché, laissait parfois son bras sur mon épaule, me répétant souvent : « Mon cher, vous me faites « du bien ! » La douleur s'étant calmée, il a sommeillé quelques instans ; puis rouvrant les yeux : « Ai-je dormi long-temps, m'a-t-il dit,

« vous êtes-vous bien ennuyé? » Et il m'appelait alors *son frère hospitalier*, *le chevalier de Malte de Sainte-Hélène*. La douleur ayant repris plus vivement que jamais, il a fait venir le docteur, qui lui a trouvé de la fièvre; le froid de la veille lui était revenu; il s'est vu forcé de se rapprocher du feu.

Toute la soirée a été de même. Sur les sept heures il a parlé de se coucher; et ne voulant pas manger, il s'est fait lui-même de l'eau panée, dans laquelle il mettait du sucre, de la fleur d'orange et du pain que lui faisait griller son valet de chambre.

A travers bien des sujets perdus, voici quelques mots recueillis sur l'immoralité. « L'im« moralité, disait l'Empereur, est, sans con« tredit, la disposition la plus funeste qui « puisse se trouver dans le souverain, en ce « qu'il la met aussitôt à la mode, qu'on s'en « fait honneur pour lui plaire, qu'elle fortifie « tous les vices, entame toutes les vertus, in« fecte toute la société comme une véritable « peste; c'est le fléau d'une nation. La morale « publique, au contraire, ajoutait-il, est le « complément naturel de toutes les lois; elle

« est à elle seule tout un code. » Et il prononçait que la révolution, en dépit de toutes ses horreurs, n'en avait pas moins été la vraie cause de la régénération de nos mœurs. « Comme les
« plus sales fumiers provoquent la plus noble
« végétation. » Et il n'hésitait pas à dire que son administration serait une ère mémorable du retour à la morale. « Nous y courions, disait-il,
« les voiles pleines, et nul doute que les catas-
« trophes qui ont suivi feront tout rebrousser;
« car au milieu de tant de vicissitudes et de
« désordres, le moyen qu'on résiste aux tenta-
« tions de tout genre, aux appâts de l'intrigue,
« à la cupidité, aux suggestions de la vénalité.
« Toutefois on pourra bien arrêter, comprimer
« le mouvement ascendant d'amélioration ;
« mais non le détruire; car la moralité publi-
« que est du domaine spécial de la raison et des
« lumières : elle est leur résultat naturel, et
« l'on ne saurait plus faire rétrograder celles-
« ci. Pour reproduire les scandales et les tur-
« pitudes des temps passés, la consécration des
« doubles adultères, le libertinage de la régence,
« les débauches du règne qui a suivi, il fau-
« drait reproduire aussi toutes les circonstances

« d'alors, ce qui est impossible; il faudrait
« ramener l'oisiveté absolue de la première
« classe, qui ne pouvait avoir d'autre occupa-
« tion que les rapports licencieux des sexes;
« il faudrait détruire, dans la classe moyenne,
« ce ferment industriel qui agite aujourd'hui
« toutes les imaginations, agrandit toutes les
« idées, élève toutes les ames; il faudrait enfin
« replonger les dernières classes dans cet avi-
« lissement et cette dégradation qui les rédui-
« saient à n'être que de véritables bêtes de
« somme; or, tout cela est désormais impos-
« sible. Les mœurs publiques sont donc en
« hausse, et l'on peut prédire qu'elles s'amé-
« lioreront graduellement par tout le globe, etc.

Sur les neuf heures, et déjà au lit, l'Empereur a demandé qu'on fît entrer tout le monde dans sa chambre. Le Grand-Maréchal et sa femme étaient du nombre. Il nous a gardés une demi-heure, causant ses rideaux fermés.

Lundi 28.

L'Empereur, toujours souffrant, manque de médicamens.—Guerres d'Italie par Servan.—Madame de Montesson.

Je souffrais beaucoup à mon réveil; j'ai

voulu mettre les pieds dans l'eau; impossible de m'en procurer. Je ne cite ceci que pour que l'on comprenne, si l'on peut, notre véritable situation à Longwood. L'eau en général y est assez rare; mais depuis quelque temps cette rareté a singulièrement augmenté, et c'est une grande affaire aujourd'hui que de pouvoir procurer un bain à l'Empereur. Nous ne sommes pas mieux sous tous les autres rapports de secours médical : hier le docteur parlait devant l'Empereur de drogues, d'instrumens, de remèdes nécessaires; mais à chacun d'eux il ajoutait : « Malheureusement il n'y en a point dans « l'île. — Mais, lui a dit l'Empereur, en nous « envoyant ici on a donc pris l'engagement que « nous nous porterions bien, et toujours? » En effet les plus petites choses et les plus nécessaires manquent. L'Empereur, pour faire bassiner son lit, n'a trouvé d'autre moyen que de faire percer une de ces grandes boules d'argent dont on se sert pour tenir les plats chauds à table, et d'y faire introduire des charbons. Depuis deux nuits il sent inutilement le besoin d'esprit de vin, qui pût lui tenir chaude quelque boisson nécessaire, etc., etc.

L'Empereur a continué de souffrir tout le jour; sa joue demeurait très-enflée; mais la douleur était moins vive. Je l'ai trouvé près du feu lisant les guerres des Gaulois en Italie, par Servan. Elles lui donnaient l'idée de quelques additions à nos chapitres d'Italie, si précieux pour le métier. Il a fait venir la carte de ce pays. Comme je m'étonnais que l'auteur, descendant jusqu'à nos jours, et donnant les campagnes de l'Empereur même, il décrivît si peu, et semblât même ne pas connaître beaucoup le terrain.

« C'est qu'il l'aura parcouru, disait l'Empereur,
« sans le connaître, et n'aura peut-être pas su le
« deviner, même en le voyant; tandis que le
« génie des grandes entreprises, et les grands
« résultats consistent surtout dans l'art de le
« deviner, même sans l'avoir vu, etc., etc. »

L'Empereur s'est vu forcé, comme hier, de se mettre au lit de bonne heure. Il devait avoir de la fièvre, car il souffrait du froid. Il n'avait mangé qu'une soupe depuis hier, et se sentait des dispositions à des étourdissemens. Il trouvait son lit mal fait, les couvertures mal arrangées; rien n'allait, disait-il; et il a essayé de faire raccommoder le tout tant bien que mal, remarquant à ce sujet que tout ce qui l'entourait n'était calculé que sur sa bonne santé, et que chacun se trouverait sans expérience et sans doute bien gauche s'il venait jamais à être sérieusement malade, etc., etc.

Il s'est fait faire du thé de feuilles d'oranger, qu'il a dû attendre long-temps; ce qu'il a fait avec une patience dont je n'eusse certainement pas été capable.

Il a causé, étant au lit, de ses premières années de Brienne, du duc d'Orléans, de Mme de Montesson, qu'il se rappelait y avoir vus; de la famille de Nogent, de celle de Brienne, liées aux détails de ses premières années, etc., etc.

« Une fois à la tête du gouvernement, disait « Napoléon, Mme de Montesson m'avait fait de-« mander à pouvoir prendre le titre de du-« chesse d'Orléans, ce qui m'avait paru extrê-« mement ridicule. » L'Empereur ne la croyait que maîtresse du prince. Je l'assurai qu'elle avait été bien mariée avec le consentement de Louis XV, et que je croyais être certain que depuis la mort de son époux, elle prenait, dans tous les actes, le titre de douairière d'Orléans. L'Empereur disait avoir ignoré cette circonstance. « Mais encore, dans ce cas, observait-il, « qu'avait à dire et à faire le Premier Consul ? « Aussi était-ce toujours là ma réponse aux in- « téressés, qui en étaient peu satisfaits. Mais « devais-je prendre tout aussitôt les irrégula- « rités et les ridicules de la vieille école ? etc. »

Mardi 29.

L'Empereur continue d'être très-souffrant. — Circonstances caractéristiques.

Mon fils était malade, moi-même je n'étais pas bien; mes insomnies duraient toujours. Le docteur est venu nous voir. Il m'a appris que l'Empereur était mieux, mais qu'il s'obstinait à tort à ne vouloir faire aucun usage de la médecine.

Je n'ai été appelé qu'à cinq heures chez l'Empereur. Je l'ai trouvé les pieds dans l'eau, souffrant encore violemment de la tête. Cependant, ce demi-bain lui a fait du bien. Il s'est remis sur son canapé, et a pris les Mémoires de Noailles; il en a lu tout haut quelques morceaux sur le duc de Vendôme, au siége de Lille, quelques autres sur le duc de Berwick, qu'il accompagnait de remarques à sa manière, toujours neuves, originales, piquantes. Je regrette fort de ne pouvoir les tracer ici ; mais cette dernière partie de mes cahiers n'ayant point encore été mise au net lorsqu'ils m'ont été arrachés, je n'y retrouve aujourd'hui que des indices devenus par le temps tout-à-fait étrangers à ma mémoire.

L'Empereur, apercevant sur sa commode quelques pâtisseries ou espèce de sucreries qui semblaient y avoir été oubliées, m'a dit de lui en apporter ; et, comme il voyait mon embarras et mon hésitation, cherchant vainement le moyen de pouvoir les lui présenter avec convenance. « Bah ! mon cher, avec la main, m'a-t-il « dit, tout bonnement avec la main ; plus de « cérémonies, plus de façons entre nous ; nous « devons désormais demeurer à la gamelle l'un « pour l'autre. » Voilà une fort petite circonstance sans doute, mais qui pourtant rendra bien mieux, aux yeux de plusieurs, la tournure d'esprit, le caractère, les dispositions de l'ame, la véritable pensée, que ne sauraient le faire une foule de paroles ; car il est des esprits judicieux et observateurs qui savent apercevoir et déduire, lorsque beaucoup d'autres n'ont pas même soupçonné; aussi c'est ce qui va me faire replacer ici ce que j'avais repoussé ailleurs, dans la crainte que ce ne fût jugé insignifiant, ou du moins inutile.

Je dois avoir dit que, dans la familiarité de son petit intérieur, l'Empereur passait volontiers en revue, vis-à-vis de moi, tous les titres. Ah! bonjour *Monseigneur*. Comment se porte Votre *Excellence*? Que dit aujourd'hui Votre *Seigneurie*? etc., etc. Or, un soir, me rendant au salon dont l'huissier allait m'ouvrir la porte, celle de l'Empereur, qui en est voisine, s'ouvrit; il s'y rendait précisément aussi. M'étant rangé pour son passage, lui, en distraction sans doute, s'arrêta pour me prendre l'oreille, ajoutant gracieusement : « Que faisait là *Votre Majes-« té.* » Mais ce mot ne fut pas plutôt lâché que mon oreille le fut aussi. Sa figure devint tout autre, et il se crut obligé de me parler gravement d'autre chose. Ce n'est pas que je n'eusse appris près de lui à ne pas avoir entendu au besoin; mais n'importe, il s'en voulait évidemment d'avoir laissé échapper cette qualification: toutes les autres pouvaient lui paraître des plaisanteries; mais il ne semblait pas en être de même de celle-ci; soit par sa nature spéciale, soit par nos circonstances présentes ou autrement, que sais-je? Du reste, chacun conjecturera ce qui lui plaira; seulement je raconte le fait.

Sur le soir, l'Empereur nous a reçus tous après notre dîner. Il était dans son lit, et est revenu à son incrédulité en médecine, qu'il appuyait de si bonnes raisons, disait-il, que Corvisard et les autres célèbres ne le combattaient que faiblement, et seulement pour l'honneur du corps.

Mercredi 30.

Cinquième jour de réclusion. — Anecdote pour mémoire non payé. — Sur l'impopularité.

L'Empereur aujourd'hui n'a pas été mieux. Il a eu, à l'heure accoutumée, son léger accès de fièvre. Sur le soir le docteur est arrivé; il portait plusieurs gargarismes innocens, disait-il; mais il n'en a pas moins eu de peine à en trouver l'emploi. L'Empereur avait beaucoup de boutons sur les lèvres, dans la bouche et jusque dans le gosier; il avait beaucoup de peine à avaler, même à parler, disait-il. On n'a pu trouver, pour son usage, de l'huile supportable : elle est horrible, et il est fort délicat.

L'Empereur, dans la conversation du jour, parlant des dépenses, du gaspillage et des dettes permanentes de Joséphine, en est arrivé à raconter qu'il s'était vu lui-même, lui, l'homme le plus régulier qui existât, l'objet d'une esclandre fort désagréable à Saint-Cloud. « Etant « dans ma calèche, disait-il, l'Impératrice à « mes côtés, et au milieu d'un concours im- « mense de peuple, je m'étais vu interpellé, « tout-à-coup à la façon de l'Orient, comme « eût pu l'être le Sultan se rendant à la mos- « quée, par un homme qui avait travaillé pour « ma personne, et réclamait une somme consi- « dérable dont on lui refusait le payement « depuis long-temps. Et il se trouva que c'était « juste, remarquait Napoléon; mais j'étais en « règle aussi; j'avais payé depuis long-temps : « l'intermédiaire seul était coupable, etc., etc.

Dans un autre moment, à la suite de l'impopularité dont, disait-il, il avait fini par être l'objet, comme je revenais à lui témoigner mon étonnement de ce qu'il n'avait pas cherché quelque moyen de faire contreminer les libelles,

et de rappeler l'opinion qu'on lui enlevait, il a répondu avec une sorte d'inspiration : « J'a-
« vais, ma foi, des vues autrement larges que
« celle d'aller m'occuper de flagorner ou de
« ménager une petite multitude, quelques co-
« teries ou variations de sectes. Non, il fallait
« me laisser revenir victorieux de Moscou, et
« l'on eût vu bientôt, non-seulement tous ces
« gens-là, non-seulement toute la France, mais
« encore le monde entier me revenir, m'admi-
« rer et me bénir. Il ne m'eût plus fallu que
« disparaître par hasard au sein du mystère,
« et le vulgaire eût renouvelé pour moi la fable
« de Romulus ; il eût dit que je m'étais enlevé
« au Ciel pour aller prendre ma place parmi
« les Dieux !... »

Sur les sept heures l'Empereur s'est mis au lit, se trouvant le corps et la tête faibles. Après notre dîner il nous a reçus tous ensemble comme hier ; ses rideaux étaient fermés. Après une conversation perdue de quelques instans, il lui a pris fantaisie de se faire lire Robinson ; chacun faisant la lecture à son tour, excepté moi, à cause de l'état de mes yeux. Au bout d'une heure ou deux, il nous a congédiés en retenant seulement le plus jeune, le général Gourgaud, pour lui continuer encore la lecture et causer.

Jeudi 31.

L'Empereur viole, dit-il, les règles de la médecine. — Il a commandé toute sa vie. — C'est lui qui, le premier, nous appelle la grande nation.

Le temps s'était mis au beau; la température aujourd'hui était délicieuse. Il y avait six jours que l'Empereur gardait la chambre; fatigué de la monotonie de son mal, il a résolu de violer, disait-il, la loi du docteur. Il est sorti; mais il se sentait si faible, qu'il pouvait à peine marcher. Il a fait demander la calèche, et nous avons fait un tour. Il était triste et silencieux. Il souffrait beaucoup, surtout des boutons qui couvraient ses lèvres.

Peu après son retour, il m'a fait demander dans sa chambre. La promenade l'avait encore abattu. Il se sentait très-faible et fort disposé à l'assoupissement. Je l'ai déterminé à manger un peu; il a fini par un verre de vin de liqueur, et il est convenu qu'il en était réveillé, et se trouvait beaucoup mieux. Il s'est mis à causer.

« En mettant le pied en Italie, disait-il, j'ai

« changé les mœurs, les sentimens, le langage de
« notre révolution. Je n'ai point fusillé les émi-
« grés, j'ai secouru les prêtres, j'ai abrogé les ins-
« titutions, les fêtes qui nous déshonoraient.
« Il est vrai que je n'étais point guidé par mon
« caprice, mais bien par la raison et l'équité;
« ces deux bases premières de la haute politi-
« que. Par exemple, a-t-il dit à quelqu'un,
« si la fête de la mort du Roi se fût toujours
« continuée, vous n'auriez pas eu l'occasion de
« pouvoir vous rallier jamais, etc., etc. »

L'Empereur disait alors avoir été celui qui
le premier avait salué la France du nom de
la grande nation. « Et certes, remarquait-il,
« je l'ai montrée telle au monde abattu devant
« elle. » Et après un léger intervalle, il a
repris : « Et elle le sera encore et le demeurera
« toujours, si son caractère national redevient
« en harmonie avec tous ses avantages physiques
« et ses moyens moraux, etc., etc. »

Dans un autre moment, parlant de quelqu'un
qu'il aimait beaucoup, il disait : « C'est le
« caractère *de la vache :* doux et tranquille
« pour toutes choses, excepté sur l'article de
« ses enfans; dès qu'on touche à ceux-ci, aus-

« sitôt les cornes en avant; on pourrait le rendre
« furieux, etc., etc. »

Parlant d'un autre qui avait passé trente ans, et qu'il accusait d'être trop jeune, il disait : « A cet âge, pourtant, j'avais fait toutes
« mes conquêtes, je gouvernais le monde; j'a-
« vais appaisé la tempête, fondu les partis,
« rallié une nation, créé un gouvernement, un
« empire; il ne me manquait que le titre d'Em-
« pereur. » Et continuant sur ce sujet, il disait : « J'ai été gâté, il faut en convenir; j'ai
« toujours commandé; dès mon entrée dans la
« vie, je me suis trouvé nanti de la puissance,
« et les circonstances et ma force ont été telles,
« que dès que j'ai eu le commandement, je n'ai
« plus reconnu ni maîtres ni lois. »

Vendredi 1er Novembre.

Affaissement de l'Empereur. — Sa santé continue de s'altérer sensiblement. — Inquiétudes du médecin. — Nos prisonniers en Angleterre; les pontons, etc.

Aujourd'hui 1er le temps était très-beau. L'Empereur a voulu en profiter. Il a essayé de sortir sur les deux heures. Après quelques pas dans le jardin il a eu l'idée d'aller se reposer chez Mme Bertrand; il y est demeuré plus d'une heure dans un fauteuil, ne parlant point, souffrant et abattu; au bout de ce temps il a regagné languissamment sa chambre, où il s'est jeté sur son canapé, sommeillant comme la veille. Cet affaissement m'affectait douloureusement. Il essayait de temps à autre de combattre cette disposition; mais il ne trouvait rien à dire, et, s'il voulait se mettre à lire, la lecture le dégoûtait tout aussitôt. Je l'ai quitté pour le laisser reposer.

Une frégate anglaise est arrivée du Cap, dans sa route pour l'Europe; c'était une occasion pour nous d'écrire à nos amis; mais je me suis interdit désormais la douceur d'en profiter; les plaintes réitérées du Gouverneur m'en font une loi, par la nature des conséquences dont il me menace; peut-être viendra-t-il un moment moins cruel; j'attendrai!...

Le docteur O'Méara est venu voir mon fils, dont l'état ne laissait pas que d'être inquiétant; il avait été saigné hier de nouveau; il avait eu des évanouissemens trois ou quatre fois dans la journée.

Le docteur a profité de cette occasion pour

me parler spécialement de la santé de l'Empereur, me confiant qu'il n'était pas sans inquiétudes sur sa trop grande réclusion; il ne cessait de prêcher, disait-il, pour plus d'exercice, et m'engageait à profiter des fréquentes occasions que j'avais de parler à l'Empereur, pour l'amener à sortir davantage. Il est sûr, convenions-nous, qu'il changeait de manière à effrayer; et lui (le docteur), n'hésitait pas à prononcer qu'un si complet repos, après une si grande agitation, pouvait devenir des plus funestes; que toute maladie sérieuse, que pouvait amener si facilement la qualité du climat, ou tout autre accident de la nature, lui deviendrait infailliblement mortelle. Les paroles du docteur, son anxiété m'ont vivement touché. Dès ce temps j'aurais dû deviner en lui cet intérêt réel qu'il a si bien prouvé depuis.

Sur les six heures l'Empereur m'a fait appeler; il était dans son bain, souffrant peut-être encore plus que de coutume; c'était encore, pensait-il, le résultat de sa sortie d'hier; le bain lui a réussi; il se trouvait un peu mieux. Il s'est mis à lire l'ambassade de lord Macarteney en Chine, ce qu'il a prolongé assez long-temps, dissertant chemin-faisant sur bien des objets qu'il y rencontrait.

Puis, laissant son livre, et se mettant à causer, la situation de nos prisonniers en Angleterre s'est trouvée un des sujets accidentellement amené par le courant de la conversation.

Je vais réunir ici ce qu'il a dit aujourd'hui et en d'autres momens.

La rupture subite du traité d'Amiens, sous de si mauvais prétextes, et avec autant de mauvaise foi, de la part du ministère anglais, avait causé une vive irritation chez le Premier Consul, qui se sentait joué. La saisie de plusieurs bâtimens de notre commerce, avant même de nous déclarer la guerre, vint y mettre le comble.

« Sur mes vives réclamations, disait l'Empe-
« reur, ils se contentèrent de répondre froide-
« ment que c'était leur usage, qu'ils l'avaient
« toujours fait, et ils disaient vrai ; mais les
« temps n'étaient plus pour la France de sup-
« porter patiemment une telle injustice ni une
« telle humiliation. J'étais devenu l'homme de
« ses droits et de sa gloire, et j'étais tout dis-
« posé à montrer à nos ennemis avec qui désor-
« mais ils avaient affaire. Malheureusement ici,

« par notre position réciproque, je ne pouvais
« venger une violence que par une violence
« plus forte encore. C'est une triste ressource
« que les représailles sur des innocens au fond ;
« mais je n'avais pas de choix.

« A la lecture de l'ironique et insolente ré-
« ponse faite à mes plaintes, j'expédiai, au mi-
« lieu de la nuit même, l'ordre d'arrêter, par
« toute la France, et sur tous les territoires
« occupés par nos armes, tous les Anglais quel-
« conques, et de les retenir prisonniers en re-
« présaille de nos vaisseaux si injustement
« saisis. La plupart de ces Anglais étaient des
« hommes considérables, riches et titrés, venus
« pour leurs plaisirs. Plus l'acte était nouveau,
« plus l'injustice était flagrante, plus la chose
« me convenait. La clameur fut universelle ;
« tous ces Anglais s'adressèrent à moi ; je les
« renvoyai à leur gouvernement : leur sort
« dépendait de lui seul, répondais-je. Plu-
« sieurs, pour obtenir de s'en aller, furent
« jusqu'à proposer de se cotiser pour acquit-
« ter eux-mêmes le montant des vaisseaux arrê-
« tés. Ce n'était pas de l'argent que je cher-
« chais, leur faisais-je dire ; mais l'observation

« de la simple morale, le redressement d'un
« tort odieux; et, le croira-t-on, l'administra-
« tion anglaise, aussi astucieuse, aussi tenace
« dans ses droits maritimes, que la cour de
« Rome dans ses prétentions religieuses, a
« mieux aimé laisser injustement dix ans dans
« les fers une masse très-distinguée de ses
« compatriotes, que de renoncer authentique-
« ment pour l'avenir à un misérable usage de
« rapines sur les mers.

« Déjà, en arrivant à la tête du gouverne-
« ment consulaire, j'avais eu une prise avec le
« cabinet anglais touchant les prisonniers, et
« cette fois je l'avais emporté. Le Directoire
« avait eu la sottise de se prêter à un arrange-
« ment qui nous était extrêmement préju-
« diciable, et tout-à-fait à l'avantage des
« Anglais.

« Les Anglais nourrissaient leurs prisonniers
« en France; et nous avions la charge de nourrir
« les nôtres en Angleterre. Or, nous avions
« assez peu d'Anglais chez nous, et ils tenaient
« beaucoup de Français chez eux; les vivres
« étaient presque pour rien en France, ils
« étaient d'un prix exorbitant en Angleterre.

« Les Anglais avaient donc fort peu de chose à
« payer, tandis que de notre côté nous devions
« envoyer des sommes énormes en pays ennemi,
« et nous étions fort pauvres. Ajoutez que tous
« ces détails exigeaient des agens croisés sur
« les lieux respectifs, et monsieur le commis-
« saire anglais n'était autre chose que l'espion
« de nos affaires, l'entremetteur, le machina-
« teur des complots de l'intérieur, ourdis avec
« les émigrés du dehors. A peine eus-je pris
« connaissance d'un tel état de choses, que
« l'abus fut rayé d'un trait de plume. Il fut
« signifié au gouvernement anglais, qu'à
« compter du moment, chaque nation nourri-
« rait désormais les prisonniers qu'elle aurait
« faits, si mieux on n'aimait les échanger. On
« jeta les hauts cris, on menaça de les laisser
« mourir de faim. Je soupçonnais bien assez de
« dureté et d'égoïsme aux ministres anglais pour
« en avoir l'envie, mais j'étais sûr que l'huma-
« nité de la nation s'en serait révoltée. On plia;
« nos malheureux Français n'en furent ni mieux
« ni plus mal; mais nous gâgnames de grands
« avantages, et échappâmes à un arrangement
« qui était une espèce de joug et de tribut.

« Durant toute la guerre je n'ai cessé d'offrir l'échange des prisonniers; mais le gouvernement anglais, jugeant qu'il m'eût été avantageux, s'y est constamment refusé sous un prétexte ou un autre. Je n'ai rien à dire à cela; la politique à la guerre marche avant le sentiment; mais pourquoi se montrer barbare sans nécessité? et c'est ce qu'ils ont fait, quand ils ont vu grossir le nombre de leurs prisonniers. Alors a commencé pour nos malheureux compatriotes cet affreux supplice des pontons, dont les anciens eussent enrichi leur enfer, si leur imagination eût pu les concevoir. Ce n'est pas que je ne croye qu'il y avait exagération de la part de ceux qui accusaient; mais aussi il n'y a pas eu de vérité dans ceux qui se défendaient. Nous savons ce que c'est qu'un rapport au parlement; ici nous en sommes sûrs quand nous lisons les calomnies et les mensonges que débitent en plein parlement, avec une si froide intrépidité, ces méchans, qui n'ont pas rougi de se faire nos bourreaux. Les pontons portent avec eux leur vérité, il suffit du simple fait; y avoir jeté de pauvres soldats qui n'étaient pas accou-

« tumés à la mer, les avoir entassés les uns sur
« les autres dans des lieux infects, trop étroits
« pour les contenir; leur avoir fait respirer deux
« fois par vingt-quatre heures, à la marée basse,
« les exhalaisons pestilentielles de la vase, avoir
« prolongé dix ou douze ans ce supplice de
« chaque jour, n'est-ce pas assez pour que le
« sang bouillonne au hideux tableau d'une
« telle barbarie? Et sur ce point je me reproche
« fort de n'avoir pas usé de représailles, de
« n'avoir pas jeté dans des pontons pareils, non
« les pauvres matelots et soldats, dont la voix
« ne compte pas, mais tous les milords et la
« masse de la classe distinguée. Je leur eusse
« laissé libre correspondance avec leur pays,
« leurs familles, et leurs cris eussent assourdi
« les ministres et les eussent fait reculer. Il est
« vrai que les salons de Paris, toujours les meil-
« leurs alliés des ennemis, n'eussent pas man-
« qué de me dire un tigre, un cannibale; n'im-
« porte, je le devais aux Français qui m'avaient
« chargé de les protéger et de les défendre. J'ai
« manqué de caractère : c'était mon devoir. »
Et il m'a demandé si les pontons existaient de
mon temps. Je ne pouvais le lui dire; cepen-

dant je pensais que non, parce que j'étais sûr qu'il existait des prisons parquées en pleine campagne; que beaucoup d'Anglais les visitaient en faisant du bien aux prisonniers, et achetaient leurs petits travaux. Toutefois ils devaient être bien mal et souffrir de la faim; car on racontait qu'un agent du gouvernement y étant entré à cheval, et en étant descendu un instant, il n'avait pas eu le dos tourné que le pauvre animal, en un clin-d'œil, avait été enlevé, dépecé et dévoré. Je ne garantissais pas le fait; mais il nous avait été raconté par des Anglais mêmes, et des fanatiques d'entre eux, qui à la vérité ne le citaient pas comme preuve des besoins des prisonniers français, mais bien pour faire ressortir toute leur férocité et voracité. L'Empereur en riait comme d'un conte bleu, disant que la nature aurait à en frémir, si la chose était réelle; car il est bien évident à qui que ce soit remarquait-il, qu'il n'y a que la faim poussée jusqu'à la rage qui puisse porter à dévorer du cheval. Je lui donnais une autre raison, pour croire que de mon temps il n'y avait point encore de pontons; c'est qu'il avait été grandement question de consacrer aux prisonniers quelques petites îls désertes, situées entre l'Angleterre et l'Irlande : on les y eût déposés, toute embarcation quelconque eût été soustraite ; on les eût tout à fait abandonnés à eux-mêmes dans un complet isolement, et il n'eût plus été besoin que de quelques bâtimens légers, en constante croisière, pour les garder. Seulement on objectait qu'en cas de descente de la part de l'ennemi, son grand et facile objet serait d'aborder ces îles, et qu'en y distribuant des armes, il y recruterait une armée toute faite ; et peut-être, disais-je, est-ce cette première idée qui aura conduit à celle des pontons ; car le nombre des prisonniers croissant toujours, l'autorité s'effrayait de les avoir à terre au milieu de soi, par la disposition d'une partie de la population, qu'il soupçonnait d'être fort portée à fraterniser avec les Français. « Eh bien ! « disait Napoléon, je conçois ces îles, car la « sûreté et sa propre conservation avant tout. « Mais le supplice des pontons est une tache à « l'humanité anglaise, un aiguillon de fureur « qui ne peut sortir du cœur des prisonniers « français.

« L'article des prisonniers a été un des points

« sur lesquels s'est exercée la mauvaise foi
« habituelle des ministres anglais, avec ce ma-
« chiavélisme ordinaire qui caractérise si bien
« l'école actuelle. Absolument résolus à re-
« pousser tout échange, et ne voulant pas être
« accusés de s'y refuser, ils multipliaient et
« dénaturaient les prétextes. C'était d'abord
« mon atroce violation des droits civilisés en-
« vers les *détenus*, que je prétendais considérer
« comme des *prisonniers*, principe qu'il ne leur
« était pas permis de reconnaître, disaient-ils,
« par quelque considération que ce fût. Ensuite
« vinrent les évasions réciproques. Quelques-
« uns des détenus, qui demeuraient libres sur
« parole, s'étant évadés, ils furent accueillis
« avec acclamation. Des Français en firent
« autant; et je blâmai leur retour; je fus jus-
« qu'à proposer qu'on se renvoyât réciproque-
« ment ceux qui avaient violé leurs engagemens;
« mais il me fut répondu que des *détenus* n'é-
« taient pas des *prisonniers*, qu'ils n'avaient
« fait qu'user d'un droit légitime, qu'ils avaient
« échappé à l'oppression, qu'ils avaient bien
« fait; et on les employa. Dès ce moment j'en-
« gageai les miens à s'évader, et je les em-

« ployai, et les ministres remplirent leurs jour-
« naux des plus effrontées diatribes, me signa-
« lèrent à l'Europe comme un homme sans mo-
« rale, sans foi ni loi, etc.

« Quand enfin, par un motif quelconque, il
« leur convint de traiter de l'échange, ou peut-
« être aussi quand il leur vint une idée qu'ils
« crurent propre à me jouer sur ce point, ils
« envoyèrent un commissaire ; les grandes diffi-
« cultés disparurent, et les bases se posèrent
« pour l'amour de l'humanité, et autres grands
« mots. Ils consentirent à compter les détenus
« au nombre des prisonniers, et à y admettre
« l'armée hanovrienne, que j'avais faite prison-
« nière et licenciée sur parole : ce point avait
« été long-temps un obstacle; car les Hano-
« vriens n'étaient pas Anglais, insinuait-on. Tout
« allait bien jusque-là, et semblait marcher à
« une conclusion facile; mais je connaissais
« mes adversaires, et je lisais leurs véritables
« intentions : ils avaient infiniment plus de
« Français que je n'avais d'Anglais; une fois
« qu'ils eussent tenu les leurs, ils n'eussent pas
« manqué d'incidens pour en demeurer là; et
« le restant de mes pauvres Français fût de-

« meuré dans les pontons à éternité. Je déclarai
« donc que je ne voulais pas d'un échange par-
« tiel, mais bien d'un échange total; et voici,
« disais-je, ce qui allait le faciliter : Je conve-
« nais avoir beaucoup moins d'Anglais qu'ils
« n'avaient de Français; mais j'avais aussi
« des Espagnols, des Portugais et autres al-
« liés des Anglais, pris sous leurs bannières,
« dans la même cause; et, par cette nouvelle
« combinaison, je présentais à mon tour une
« masse de prisonniers bien plus considérable
« que la leur; eh bien! j'offrais de rendre le
« tout pour le tout. Cette proposition décon-
« certa d'abord; elle fut discutée et repoussée.
« Toutefois, quand on crut avoir découvert
« l'artifice propre à se procurer le même résultat,
« on accéda à ma proposition. Mais j'avais l'œil
« à tout; il m'était évident que si on commençait
« d'abord par échanger tout simplement Fran-
« çais contre Anglais, une fois qu'ils se senti-
« raient nantis, ils ne manqueraient pas de
« prétexte pour en demeurer là, et que nous
« rentrerions dans leur hypothèse première :
« les prisonniers anglais n'étaient guère que
« le tiers des nôtres en Angleterre. J'offris

« alors, pour éviter tout mal entendu récipro-
« que, d'échanger par transports de 3 mille seu-
« lement à la fois ; on me rendrait 3 mille Fran-
« çais contre lesquels je donnerais mille Anglais
« et 2 mille Hanovriens, Espagnols, Portugais
« et autres ; de la sorte, s'il survenait quelque
« querelle, disais-je, et qu'on s'arrêtât, nous
« demeurions toujours dans les mêmes propor-
« tions qu'auparavant et sans nous être trompés
« les uns les autres. Que si le tout, au contraire,
« allait sans malencontre jusqu'à la fin, je pro-
« mettais de rendre le reste par-dessus le mar-
« ché. J'avais si bien deviné, que ces détails, si
« raisonnables au fond, puisque le principe en
« avait été adopté, firent jeter les hauts cris ; on
« rompit tout et on se sépara. Néanmoins, soit
« que les ministres anglais tinssent réellement
« à ravoir leurs compatriotes, soit qu'ils fus-
« sent frappés de mon obstination à ne pas me
« laisser duper, il paraît qu'ils allaient enten-
« dre enfin à une conclusion finale que je fai-
« sais proposer de nouveau par une voie dé-
« tournée, quand nos désastres de Russie vin-
« rent leur rendre toutes leurs espérances et
« détruire toutes mes prétentions. »

L'Empereur s'est étendu ensuite sur le bon traitement dont nous avions usé nous-mêmes vis-à-vis de nos prisonniers. Il était aussi généreux, disait-il, aussi libéral que possible; il n'imaginait pas qu'aucune nation eût eu la pensée d'en élever aucun reproche. « Nous aurions eu, « disait-il, en notre faveur le témoignage et les « sentimens des prisonniers mêmes; car, à l'ex-« ception de ceux qui tenaient ardemment à « leurs lois locales, ou, en d'autres mots, au sen-« timent de la liberté, ce qui se réduisait aux « Anglais et aux Espagnols; tout le reste, les « Autrichiens, les Prussiens, les Russes, nous « demeuraient volontiers; ils nous quittaient « avec peine et nous revenaient avec plaisir. « Cette disposition a influé plus d'une fois sur « l'opiniâtreté de leurs efforts ou de leur résis-« tance, etc., etc. »

L'Empereur disait encore: « J'ai eu le projet « d'amener en Europe un changement dans le « droit et la coutume publique à l'égard des « prisonniers. J'aurais voulu les enrégimenter « et les faire travailler militairement à des mo-« numens ou à de grandes entreprises; ils eussent « reçu leur solde qu'ils eussent gagnée; on eût

« sauvé la fainéantise et tous les désordres qu'a-
« mène d'ordinaire parmi eux leur complète
« oisiveté; ils eussent été bien nourris, bien
« vêtus, et n'eussent manqué de rien, sans coûter
« néanmoins à l'Etat, qui eût reçu leur travail
« en équivalent; tout le monde y eût gagné.
« Mais mon idée ne prospéra point au Conseil
« d'Etat; on m'y laissa apercevoir cette fausse
« philantropie qui égare tant de monde. On eut
« l'air de regarder comme dur et barbare de
« vouloir les contraindre au travail. On laissa
« voir qu'on craignait les représailles. Un pri-
« sonnier est déjà assez malheureux d'avoir
« perdu sa liberté, disait-on; on ne croyait pas
« qu'on pût avoir des droits sur l'emploi de son
« temps ni sur une partie de ses actions. — Mais
« c'est là l'abus dont je me plains, disais-je, et
« que je voudrais corriger. Un prisonnier peut
« et doit s'attendre à des gênes légitimes; et
« celles que je lui inflige sont pour son bien au-
« tant que pour celui d'autrui. Je n'exige pas
« de lui plus de peine, plus de fatigue; mais
« moins de danger que dans son état habituel
« et journalier. Vous craignez les représailles,
« que l'ennemi ne traite de la sorte nos Fran-

« çais? Mais plût au Ciel. Ce serait ce que j'esti-
« merais de plus heureux au monde! Je verrais
« mes matelots, mes soldats occupés aux champs
« ou sur les places publiques, au lieu de les sa-
« voir ensevelis vivans au fonds de leurs affreux
« pontons. On me les renverrait sains, laborieux,
« endurcis au travail, et chacun, dans chaque
« pays, laisserait en arrière des travaux qui dé-
« dommageraient en quelque chose des funestes
« ravages de la guerre, etc., etc. Par accommo-
« dement on arrêta l'organisation de quelques
« corps de prisonniers, comme travailleurs vo-
« lontaires, ou quelque chose de la sorte ; mais
« ce n'était nullement là toute mon idée, etc. »

Samedi 2.

Anvers. — Grandes intentions de Napoléon — Est une des causes de sa chute. — Ses généreux sentimens en se refusant au traité de Châtillon. — Travaux maritimes ; Cherbourg, etc. — Rapport officiel sur l'Empire, en 1813. — Total des dépenses en travaux, sous Napoléon.

L'Empereur n'est pas sorti de sa chambre. Quand je me suis rendu auprès de lui, je l'ai trouvé très-souffrant, c'était d'une espèce de courbature ou de transpiration arrêtée; de plus, il avait une fluxion décidée. Il m'a retenu la plus grande partie du jour, cherchant parfois à causer, parfois encore cherchant à sommeiller. Il changeait à chaque instant de place et de situation, essayait de marcher, et revenait souvent près du feu : il avait évidemment de la fièvre.

Dans un de ses nombreux sujets de conversations rompues, il s'est arrêté avec suite sur Anvers, son arsenal, ses fortifications, son importance, les grandes vues politiques et militaires qu'il avait eues sur ce point si heureusement situé, etc., etc., etc.

Il a dit qu'il avait beaucoup fait pour Anvers, mais que c'était encore peu auprès de ce qu'il comptait faire. Par mer, il voulait en faire un point d'attaque mortel à l'ennemi; par terre, il voulait le rendre une ressource certaine en cas de grands désastres, un vrai point de salut national; il voulait le rendre capable de recueillir une armée entière dans sa défaite, et de résister à une année de tranchée ouverte, pendant laquelle une nation avait le temps, disait-il, de venir en masse la délivrer et reprendre l'offensive. Cinq à six places de la sorte, ajoutait-il, étaient d'ailleurs le système de défense nouveau qu'il avait le projet d'introduire à l'avenir. On admirait déjà beaucoup les travaux exécutés en si peu de temps à Anvers, ses nombreux chantiers, ses magasins, ses grands bassins; mais tout cela n'était encore rien, disait l'Empereur, ce n'était encore là que la ville commerçante; la ville militaire devait être sur la rive opposée; on avait déjà acheté le terrain; on l'avait payé à vil prix, et par une spéculation adroite, on en eût revendu à un très-haut bénéfice, à mesure que la ville se serait élevée, ce qui eût contribué à diminuer d'autant la dépense totale. Les vaisseaux à trois ponts fussent entrés tout armés dans les bassins d'hiver. On eût construit des formes couvertes pour retirer à sec les vaisseaux pendant la paix, etc., etc.

L'Empereur disait qu'il avait arrêté que le tout fût gigantesque et colossal. Anvers eût été à lui seul tout une province. Et revenant à ce superbe établissement, il remarquait que cette place était une des grandes causes qu'il était ici à Sainte-Hélène; que la cession d'Anvers était un des motifs qui l'avaient déterminé à ne pas signer la paix de Châtillon. Si on eût voulu le lui laisser, peut-être eût-il conclu; et il se demandait s'il n'avait pas eu tort de se refuser à signer l'ultimatum. « Il y avait encore alors, « disait-il, bien des ressources et bien des « chances, sans doute; mais aussi que de choses « à dire contre. » Et il concluait : « J'ai dû m'y « refuser, et je l'ai fait en toute connaissance « de cause; aussi même sur mon roc, ici en « cet instant, au sein de toutes mes misères, « je ne m'en repens pas. Peu me comprendront, « je le sais; mais pour le vulgaire même, et « malgré la tournure fatale des événemens, ne « doit-il pas aujourd'hui demeurer visible que « le devoir et l'honneur ne me laissaient pas « d'autre parti. Les alliés, une fois qu'ils m'eus- « sent entamé, en seraient-ils demeurés là? Leur « paix eût-elle été de bonne foi, leur réconci- « liation sincère? C'eût été bien peu les con- « naître, c'eût été vraie folie que de le croire « et de s'y abandonner. N'eussent-ils pas pro- « fité de l'avantage immense que le traité leur « eût consacré, pour achever, par l'intrigue, ce « qu'ils avaient commencé par les armes ? Et

« que devenaient la sûreté, l'indépendance,
« l'avenir de la France? Que devenaient mes
« obligations, mes sermens, mon honneur? Les
« alliés ne m'eussent-ils pas perdu au moral
« dans les esprits, comme ils venaient de le faire
« sur le champ de bataille? Ils n'eussent trouvé
« l'opinion que trop bien préparée! Que de
« reproches la France ne m'eût-elle pas faits
« d'avoir laissé morceler le territoire confié à
« ma garde! Que de fautes l'injustice et le mal-
« heur n'eussent pas accumulées sur ma tête!
« Avec quelle impatience les Français, pleins
« du souvenir de leur puissance et de leur
« gloire, eussent supporté, dans ces jours de
« deuil, les charges inévitables dont il eût
« fallu les accabler! Et de là des commotions
« nouvelles, l'anarchie, la dissolution, la mort.
« Je préférai de courir, jusqu'à extinction, les
« chances des combats, et d'abdiquer au be-
« soin, etc., etc. * »

---

* Voici qui consacrait en Europe, les paroles de Napoléon, dites à Sainte-Hélène.

Lettre de M. de Caulincourt au Rédacteur du Cons-titutionnel (numéro du 21 janvier 1820).

« Monsieur, dans un ouvrage de M. Koch, intitulé: Campagne de 1814, se trouvent rapportés plusieurs

Je convenais que l'Empereur avait toute raison. Il avait perdu le trône, il est vrai; mais

fragmens de lettres écrites par moi à l'Empereur et à M. le prince de Neufchâtel, pendant la durée du congrès à Châtillon.

« Je crois devoir déclarer que je suis absolument étranger à la communication de mes correspondances, et à leur publication. Les hautes sources auxquelles l'auteur annonce avoir puisé, donnent à son ouvrage une importance historique qui ne permet point, en ce qui me concerne, de consacrer par mon silence les erreurs qu'il renferme. La plupart des détails relatifs aux événemens et aux négociations qui ont eu lieu depuis le 31 mars jusqu'au 12 avril, sont inexacts.

« Quant au congrès de Châtillon, si les événemens ont justifié le désir que j'avais de voir la paix rendue à ma patrie, il serait injuste de laisser ignorer à la France, à l'histoire, les motifs d'intérêt national et d'honneur qui empêchèrent l'Empereur de souscrire aux conditions que les étrangers voulaient nous imposer.

« Je remplis donc le premier des devoirs, celui d'être équitable et vrai, en faisant connaître ces motif par l'extrait suivant des ordres de l'Empereur. »

« Paris, 19 janvier 1814.

« .... La chose sur laquelle l'Empereur insiste le
« plus, c'est la nécessité que la France conserve ses li-
« mites naturelles; c'est là ma condition, *sine quâ non.*
« Toutes les puissances, l'Angleterre même, ont re-
« connu ces limites à Francfort. La France, réduite à ses
« limites anciennes, n'aurait pas aujourd'hui les deux
« tiers de la puissance relative qu'elle avait il y a vingt

volontairement, et en lui préférant notre salut et son honneur. L'histoire apprécierait digne-

« ans. Ce qu'elle a acquis du côté du Rhin ne compense
« point ce que la Russie, l'Autriche et la Prusse ont
« acquis par le démembrement de la Pologne. Tous ces
« États ce sont agrandis : vouloir ramener la France à
« son état ancien, ce serait la faire déchoir et l'avilir.
« La France, sans les départemens du Rhin, sans la Bel-
« gique, sans Ostende, sans Anvers, ne serait rien. Le
« système de ramener la France à ses anciennes fron-
« tières est inséparable du rétablissement des Bour-
« bons, parce qu'eux seuls pourraient offrir une garan-
« tie du maintien de ce système. L'Angleterre le sent
« bien ; avec tout autre système, la paix, sur une telle
« base, serait impossible, et ne pourrait durer. Ni l'Em-
« pereur, ni la république, si des bouleversemens la
« faisaient renaître, ne souscriraient jamais à une telle
« condition. Pour ce qui est de Sa Majesté, sa résolu-
« tion est bien prise, elle est immuable ; elle ne laissera
« pas la France moins grande qu'elle ne l'a reçue. Si
« donc les alliés voulaient changer les bases proposées et
« acceptées, les limites naturelles, l'Empereur ne voit
« que trois partis : ou combattre et vaincre, ou combattre
« et mourir glorieusement ; ou enfin, si la nation ne
« le soutenait pas, d'abdiquer. Il ne tient pas aux gran-
« deurs, il n'en achètera jamais la conservation par
« l'avilissement. »

« J'attends, Monsieur, de votre impartialité, que vous voudrez bien donner place à cette lettre dans votre journal, et je saisis cette occasion pour vous offrir l'assurance de ma considération distinguée.

« Signé : CAULINCOURT, duc de Vicence. »

ment ce sublime sacrifice. La puissance et la vie sont passagères; la gloire seule demeure, elle est immortelle.

Mais, demandait alors l'Empereur, l'histoire serait-elle bien juste, pourrait-elle l'être? On était inondé, disait-il, de tant de pamphlets et de mensonges, ses actions étaient tellement défigurées, son caractère si obscurci, si méconnu! etc., etc. On répondait que le temps de sa vie serait précisément le plus incertain; que ses contemporains seuls pourraient tout au plus être injustes; que les nuages disparaîtraient, ainsi qu'il l'avait déjà dit lui-même, à mesure qu'il s'avancerait dans la postérité; qu'il gagnait déjà chaque jour; que l'homme de génie s'en saisirait comme du plus beau sujet de l'histoire; que la première catastrophe seule eût été peut-être fatale à sa mémoire, beaucoup de voix étant alors contre lui; mais que les prodiges de son retour, les actes de sa courte administration, son exil à Ste-Hélène, le laissaient aujourd'hui rayonnant de gloire aux yeux des peuples et au pinceau de l'avenir.

« Il est vrai, a-t-il repris avec une espèce de
« satisfaction, que ma destinée se montre au

« rebours des autres, la chute les abaisse d'or-
« dinaire, la mienne me relève infiniment. Cha-
« que jour me dépouille de *ma peau de tyran*,
« de meurtrier, de féroce... »

Et après quelques secondes de silence, il est revenu sur Anvers et l'expédition anglaise.
« Le gouvernement anglais et son général ont
« lutté d'impéritie, a-t-il dit. Si lord Chatam,
« que nos soldats n'appelèrent que *milord*
« *j'attends*, se fût précipité vigoureusement,
« sans doute il pouvait peut-être détruire notre
« bel et précieux établissement, par un coup de
« main ; mais le premier moment perdu, et
« notre flotte rentrée, la place se trouvait à
« l'abri. On a fait beaucoup trop d'étalage
« des efforts et des mesures prises pour son
« salut. On n'avait excité le zèle des citoyens
« que dans des intentions mystérieuses et cou-
« pables. » Et comme je lui fournissais quel-
ques détails dont j'avais été le témoin, et qu'il m'est arrivé de dire que d'ordinaire les maréchaux passent les armées en revue ; mais qu'ici, c'était l'armée qui semblait passer les maréchaux en revue, en ayant eu trois successive-
ment en très-peu de temps. « C'est que les

« circonstances politiques le commandaient
« ainsi, a dit Napoléon. J'y envoyai Bessières,
« parce que la crise demandait un homme de
« confiance et tout-à-fait sûr; dès qu'elle fut
« passée, je ne tardai pas à le remplacer, pour
« le ravoir auprès de moi. »

Les travaux maritimes d'Anvers, quelqu'immenses qu'ils aient été, ne sont qu'une petite portion de ceux que l'on doit à Napoléon. Attaché, comme membre du Conseil d'Etat, à la section de la marine, je possède *ex officio* la notice de ces travaux; on me saura gré, sans doute, d'en consigner ici la nomenclature, que j'établis dans son ordre géographique, en allant du Midi au Nord.

1º Le fort Boyard, construit pour agrandir et défendre le mouillage de l'île d'Aix, duquel mouillage, à force de persévérance et d'audace, on était venu à bout de découvrir, pour les vaisseaux de ligne même, un passage hors de la vue de l'ennemi, entre Oléron et la terre, pour atteindre les mouillages de la Gironde et ses débouquemens.

2º Les grands et beaux travaux de Cherbourg. — La digue, commencée sous Louis XVI ayant éprouvé beaucoup d'altération sous l'époque révolutionnaire; elle a été réparée, et on a élevé la partie centrale de 9 pieds au-dessus du niveau des plus hautes mers, sur cent toises d'étendue, pour y établir une batterie de 20 pièces du plus gros calibre; ce qui a été exécuté en moins de deux ans, de 1802 à 1804, et avec un tel succès que, bien que dépourvu d'entretien depuis 1813, cet ouvrage s'est maintenu, sans nulle dégradation, dans la plus parfaite solidité.

On a élevé une grosse tour ou pâté elliptique en pierre de taille de granit, au centre et au dedans de la digue, qu'elle soutient, et dont à son tour elle est recouverte. La masse volumineuse des fondations de ce pâté, dont la construction, en pleine mer, offrait de si grandes difficultés, a été terminée à la fin de 1812, et élevée à la hauteur de 6 pieds au-dessus du niveau des plus hautes marées. La stabilité qu'elle a conservée depuis cette époque, bien qu'abandonnée, sans nul entretien, à la plus violente action des flots, est un garant incontestable de la solidité de la défense projetée, sur ce rocher artificiel, lorsque le moment sera venu de terminer l'ensemble du projet, qui consistait à élever au premier étage une caserne propre à la garnison, le magasin à poudre, citerne, etc.; le tout surmonté d'une plate-forme voutée à l'abri de la bombe, de manière à recevoir une batterie casematée de 19 pièces de 36, et par-dessus celle-ci encore une seconde plate-forme propre à recevoir au besoin une batterie sur affût de côte, le tout servant de couronnement à la batterie centrale déjà existante sur la digue même. Ce qui devait présenter à l'ennemi quatre rangs de batteries les unes au-dessus des autres.

On a creusé, dans le roc vif, et en moins de huit ans, un port militaire propre à contenir 15 vaisseaux de guerre, le nombre proportionné de frégates; trois formes de construction, etc. Cet asile si nécessaire aux vaisseaux de ligne, par l'état naturel de la rade de Cherbourg, trop ouverte à la violence des flots, a été creusé de 30 pieds au-dessous des plus basses marées, afin de procurer aux vaisseaux de premier rang une station toujours sûre et exempte de tout danger. Quand il fut ouvert, en 1813, ses môles et ses digues étaient portés au dernier terme d'achèvement sur toute son étendue. A cette époque il présenta à l'Impératrice Marie-Louise et à toute sa Cour le spectacle magnifique et sublime de l'irruption soudaine de l'Océan, qui en prit possession par la simple rupture spontanée de l'immense batardeau qui en avait jusque là contenu les efforts. Les vaisseaux du plus haut rang furent immédiatement admis dans son enceinte, et ils y ont toujours depuis constamment joui d'une station commode, ainsi que de tous les moyens de radoub, de construction ou d'armement, en un mot, de toutes les facilités que pouvait prétendre une aussi importante création que l'art et la marine doivent à Napoléon, et qui est considérée à juste titre comme l'un des grands monumens de son règne. Cet ouvrage, dans l'idée de l'Empereur, n'était encore qu'un avant ou premier port; il avait fait ménager latéralement à celui-ci un espace propre à composer un second ou arrière port qui devait être travaillé immédiatement et sans embarras, par les précautions prises d'avance; il devait être propre à recevoir 25 autres vaisseaux de ligne; et en arrière encore de ces deux ports, sur leur longueur réunie, et dans une forme semi-circulaire, l'Empereur avait arrêté en outre la construction de 30 formes recouvertes, calculées pour admettre autant de vaisseaux de ligne, constamment en état de prendre la mer. Telle est l'immensité des travaux exécutés ou projetés sur le seul point de Cherbourg.

3º Les nombreux travaux nécessités par la flotille destinée à l'invasion de l'Angleterre. — Il fallait lui préparer des mouillages, combiner ses appareillages et lui ménager toutes les opérations offensives et défensives, ce qui nécessita sur plusieurs points des constructions de forts en maçonnerie et en bois, des quais, des creusemens, des jetées, des barrages, des écluses, etc., etc.

Boulogne fut choisi pour le centre du rassemblement; Vimereux, Ambleteuse et Étaples, pour ses ailes ou succursales. Boulogne fut mis à même de recueillir à lui seul plus de 2 mille bâtimens de diverses espèces. Outre son port naturel, on y obtint un bassin artificiel à l'aide d'un barrage fermé au milieu par une écluse de 24 pieds de largeur. Ce bassin reçut 8 ou 900 bâtimens toujours à flots et en constant état d'appareillage; et l'écluse, par la retenue qui la précède, eut l'avantage de procurer encore des chasses qui entretenaient le vrai port à une bonne profondeur, et débarrassaient son entrée des bancs de sable trop sujets à l'obstruer. Vimereux, Étaples, Ambleteuse, de leur côté, furent mis à même simultanément de recevoir un nombre analogue de bâtimens: environ mille à eux trois, et le tout s'exécuta dans l'espace de deux ans.

4° Des réparations et améliorations locales importantes à tous les ports de la côte. — Le Hâvre, qu'on a rendu accessible aux frégates, en détruisant, à l'aide d'une forte écluse de chasse, le banc de galets qui en obstruait l'entrée; St.-Valery, Dieppe, Calais, Gravelines, Dunkerque, dont on a désencombré le port et fait disparaître le marais qui couvrait la ville; Ostende, qu'on avait destiné à recevoir une seconde flotille, et dont on assura la libre entrée par le dévasement de son chenal, etc., etc.

5° Les travaux de Flessingue. — Cette ville étant tombée momentanément au pouvoir des Anglais qui, en l'évacuant, détruisirent tous les établissemens militaires, l'Empereur profita de cet accident pour ordonner la reconstruction de tous les travaux, sur un pied beaucoup plus large. Appréciant toute l'importance de sa position géographique, il voulut qu'on recreusât et agrandît le bassin ainsi que son entrée; qu'on approfondît le chenal, de manière à ce que ce bassin pût admettre, à l'avenir, même les vaisseaux de 80, et y laisser hiverner une escadre de 20 vaisseaux toujours prête à mettre à la voile en une ou deux marées; ce qu'on devait obtenir à l'aide d'une idée fort ingénieuse fournie par le commandant maritime de la place: la simple retenue des eaux de la marée haute dans les fossés de la ville. L'acquisition de ce bassin devenait des plus précieuses, en ce qu'en appareillant en dehors de tous les embarras de l'Escaut, on se trouvait immédiatement rendu sur les côtes de l'Angleterre, ce qui devait, de nécessité, tenir les Anglais constamment en alarmes et toujours en croisière; tandis que jusque-là, dès qu'ils savaient nos vaisseaux désarmés dans Flessingue, ou remontés à Anvers, par l'approche de l'hiver, ils rentraient tranquillement chez eux, n'ayant plus rien à surveiller jusqu'au retour de la belle saison. Mais les fortifications de Flessingue devaient répondre à un dépôt aussi précieux que toute une escadre; aussi on les multiplia sur plusieurs points, et en reconstruisant certains magasins et établissemens, il fut prescrit de les voûter à l'abri de la bombe, et d'armer leurs sommités de batteries. Flessingue eût été hérissé de canons, et fût devenu inattaquable.

6° Les travaux commencés à Terneuse. —L'embouchure occidentale de l'Escaut était tellement importante pour les manœuvres d'entrée et de sortie de notre flotte, et les inconvéniens de l'hiver, qui, chaque année, obligeaient de les faire remonter jusqu'à Anvers, créaient de telles difficultés, que l'Empereur avait décidé un moment de fonder un arsenal plus important encore que Flessingue, à l'embouchure même du fleuve. Le point de Terneuse, sur la rive gauche de l'Escaut, à trois lieues de son embouchure, fut choisi, et les travaux immédiatement commencés. Toutefois ils furent restreints ensuite, et l'ensemble ajourné à cause de la longueur du temps qu'ils eussent exigé, aussi bien que par l'énormité de leurs dépenses.

7° Les grands et immenses travaux d'Anvers. — Cette ville, à près de vingt lieues de la mer dont elle est séparée par une route sinueuse et très-difficile, semblait se refuser aux avantages désirables dans un arsenal maritime; il ne s'y trouvait que de faibles établissemens de commerce. Une flotte qui y serait construite aurait beaucoup de peine à descendre; elle aurait peu d'abris contre les coups de vent et les entreprises de l'ennemi; elle serait inutile pendant près d'un tiers de l'année, l'approche de l'hiver et des glaces la forçant de remonter et de chercher ensuite un abri hors du courant et des glaces du fleuve, car il n'y existait pas de bassins flottables. Mais toutes ces difficultés ne furent rien aux yeux de Napoléon. Dans son impatience de faire sentir aux Anglais le danger de l'Escaut, qu'ils avaient si souvent eux-mêmes désigné comme devant leur être si redoutable, il ordonna, il voulut; et, en moins de huit années, Anvers se montra un arsenal maritime de première importance, et l'Escaut portait déjà une flotte considérable. Tout y fut pris à la fondation et fait à neuf. Les magasins de toute espèce, les quais, les chantiers, etc. Un asile provisoire fut trouvé pour les vaisseaux, contre les glaces du fleuve, au Rupel, tandis qu'on achevait de creuser dans la ville même deux grands bassins à flot, convenables pour les vaisseaux de tous rangs, complétement armés. 20 cales de construction, sur un même alignement, furent élevées comme par enchantement, et 20 bâtimens, posés à la fois sur ces chantiers, offraient au voyageur, qui arrivait par la Tête-de-Flandres, le spectacle imposant et singulier de 20 vaisseaux de ligne, se présentant rangés en forme d'escadron. La plupart de tant de choses n'étaient pourtant encore dans la pensée de Napoléon qu'un provisoire momentanément emprunté au commerce. Il avait l'intention d'établir un arsenal complet et bien plus grand en face d'Anvers, sur la rive opposée à la Tête-de-Flandres. Il avait d'abord eu le projet hardi de jeter un pont au travers de ce fleuve difficile; mais il finit par se décider pour des ponts volans très-ingénieux. L'Empereur, ainsi que je l'ai déjà mentionné plus haut, avait sur Anvers les idées les plus gigantesques; il en eût prolongé l'ensemble, les détails et les moyens jusqu'à la mer. Aussi avait-il dit qu'il voulait qu'Anvers à lui seul finît par devenir toute une province, un petit royaume. Il s'y était attaché comme à une de ses plus importantes créations. Il y fit plusieurs voyages, inspectant et discutant lui-même les plus petits détails.

C'est une de ces occasions qui le mit un jour aux prises sur le métier avec un capitaine ou lieutenant-colonel du génie, qui, modestement et obscurément, concourait aux fortifications de la place. A quelque temps de là, cet officier reçut inopinément une lettre d'avancement : sa nomination d'aide-de-camp de l'Empereur, et l'ordre de se rendre en service aux Tuileries. Le pauvre officier crut rêver, ou ne douta pas qu'on ne se fût trompé. Ses mœurs étaient si innocentes, et ses connaissances si restreintes, que se rappelant de m'avoir vu jadis une fois à Anvers, il me prit pour une de ses ressources, et, en arrivant à Paris, vint me confier toute son ignorance de la Cour et son extrême embarras d'y paraître. Mais il était facile à rassurer; il y entrait par la belle porte, et s'y présentait avec un bon fonds. Cet officier est le général *Bernard*, dont cette circonstance mit les talens au grand jour; et qui, lors de nos catastrophes, a été recueilli par les États-Unis, qui l'ont placé à la tête de leurs travaux militaires.

Napoléon accoutumait du reste à de pareilles

surprises. Partout où il devinait le talent, il s'en saisissait et le mettait à sa place, sans qu'aucunes considérations secondaires l'arrêtassent. C'était là une de ses grandes nuances caractéristiques.

8° *Les travaux en Hollande.* — A peine la Hollande fut-elle sous la main de Napoléon, que son ardeur créatrice se porta sur toutes les branches de son économie politique. Il répara et accrut aussitôt les arsenaux de la Meuse : Rotterdam et Helvœtsluys. Les vaisseaux de guerre n'atteignaient Amsterdam et n'en sortaient qu'à force d'argent, de temps et d'efforts ; il fallait les traîner vides et désarmés sur des chameaux, à l'ouverture du Zuiderzée. C'étaient des opérations qui ne convenaient plus à la célérité et aux grands moyens du temps. L'Empereur résolut de transporter l'arsenal du Nord en dehors de tous ces grands embarras, et ordonna la création ou l'amélioration du Nievendip, où, en peu de temps, 25 vaisseaux pouvaient déjà hiverner en sûreté, et s'amarrer à des quais magnifiques. Ce point précieux fut placé sous la défense du système militaire du Helder, clef de la Hollande, dont l'étendue avait été calculée, dans la pensée de l'Empereur, de manière à faire du Nievendip l'Anvers du Zuiderzée.

9° *Travaux du Veser, de l'Ems, de l'Elbe.* — Dès que Napoléon eut réuni les pays de Brême, Hambourg et Lubeck à l'Empire, ses travaux et ses créations s'y répandirent avec sa domination. Il ordonna des travaux pour rendre l'Elbe accessible à des vaisseaux de ligne, et projeta de construire un arsenal maritime à Delfzyl, à l'embouchure de l'Ems; mais ce qui l'occupa surtout, ce fut un système de canalisation à l'aide de l'Ems, du Veser et de l'Elbe, qui pût joindre la Hollande à la Baltique; ce qui nous eût permis désormais de communiquer en toute sûreté et par une simple navigation intérieure, de Bordeaux et de la Méditerranée, avec les puissances du Nord. Nous en eussions reçu à notre aise toutes les productions navales pour chacun de nos ports, et eussions pu faire déboucher contre elles, au besoin, nos flotilles de la Manche et de la Hollande, etc., etc.

Tant et de si grands travaux furent conçus, et la plupart exécutés en un clin-d'œil. La volonté créatrice de Napoléon les ordonna; le ministre Decrès les poursuivit avec obstination. Les Prosny, les Sganzin, les Cachin et autres en fournirent les plans et les exécutèrent. Heureux les noms qui se rattachent à de tels monumens, ils ne périssent jamais!

Si, à ce que nous venons d'énumérer, on joint d'autres prodiges simultanés dans toutes les autres branches et sur toutes les autres parties du territoire, et si l'on considère qu'ils s'exécutaient au milieu d'une guerre perpétuelle, et sans plus, peut-être même avec moins de charges qu'il n'en pèse aujourd'hui, après une longue paix, sur chacun des pays qui composaient ce vaste Empire, on aura le droit sans doute de s'extasier de surprise et d'admiration, tant est grande pourtant l'influence d'une volonté ferme, des lumières armées du pouvoir, et des finances sagement et rigoureusement conduites! Certes, si à ce que nous venons de mentionner, on veut unir, par la pensée, la masse des fortifications, la multitude des routes, la foule des ponts, celle des canaux, la grande quantité d'édifices, on n'hésitera pas à prononcer que jamais homme sur la terre ne fit autant de choses en aussi peu de temps et en surchargeant moins les peuples.

L'Italie, dont il était le Roi, eut aussi sa part de ses magnifiques créations. Il brisa les Alpes en plusieurs points, sillonna les Apennins des plus belles routes, construisit un arsenal maritime à Gênes; fortifia Corfou de manière à en faire la clef de la Grèce; répara et agrandit le port de Venise, dont il voulait faire creuser les passes, et qu'en attendant on rendit propres à nos gros vaisseaux français, à l'aide du système des chameaux de la Hollande; et, comme dès en sortant ils couraient risque d'être attaqués dans cette attitude dangereuse sur leurs chameaux, il fut ordonné de voir si ceux-ci ne pouvaient pas être armés eux-mêmes de leurs propres batteries, ce qui, je crois, a été exécuté ou allait l'être. Napoléon, en outre, méditait encore un arsenal maritime à Raguse, un autre à Pola en Istrie; un autre à Ancone; il arrêtait l'heureuse et hardie mesure d'unir le golfe de Venise à celui de Gênes, à l'aide du Pô et d'un canal qui, partant d'Alexandrie, eût gagné Savonne au travers de l'Apennin; résultat immense, qui, indépendamment de tous les grands profits du commerce, eût eu, sous le rapport militaire, l'inappréciable avantage de mettre en communication directe et à l'abri de l'ennemi, Venise et toutes les productions navales de l'Adriatique avec Toulon et tous ses besoins maritimes. Enfin Napoléon désencombrait Rome, restaurait grand nombre d'anciens vestiges des Romains, projetait le dessèchement des marais Pontins, etc., etc.

Du reste, voici le préambule de l'exposé de la situation de l'empire, présenté au Corps Législatif, dans la séance du 25 février 1813, par le comte de Montalivet, ministre de l'intérieur. C'est dans ce magnifique exposé, fondé dans tous ses points sur des documens authentiques à l'appui, qu'on pourrait prendre une idée juste de l'ensemble des merveilles de l'administration de l'Empereur Napoléon. Nous avons cru nous rendre agréable en terminant par le détail officiel des dépenses en travaux publics sous cette époque à jamais mémorable.

« Messieurs, Sa Majesté m'a ordonné de vous
« faire connaître la situation de l'intérieur de
« l'empire dans les années 1811 et 1812.
« Vous verrez avec satisfaction que, malgré
« les grandes armées que l'état de la guerre

« maritime et continentale oblige de tenir sur
« pied, la population a continué de s'accroître,
« que notre industrie a fait de nouveaux pro-
« grès, que jamais les terres n'ont été mieux
« cultivées, les manufactures plus florissantes;
« qu'à aucune époque de notre histoire la ri-
« chesse n'a été plus répandue dans les diverses
« classes de la société.

« Le simple cultivateur aujourd'hui connaît
« les jouissances qui lui furent jusqu'à présent
« étrangères; il achète au plus haut prix les
« terres qui sont à sa convenance; ses vêtemens
« sont meilleurs, sa nourriture est plus abon-
« dante et plus substantielle; il reconstruit ses
« maisons plus commodes et plus solides.

« Les nouveaux procédés dans l'agriculture,
« dans l'industrie, dans les arts utiles, ne sont
« plus repoussés, par cela même qu'ils sont
« nouveaux. Partout on tente des essais, et ce
« que l'expérience démontre préférable, est
« utilement substitué aux anciennes routines.
« Les prairies artificielles se sont multipliées;
« le système des jachères s'abandonne; des
« assolemens mieux entendus, de nouvelles
« cultures augmentent le produit de nos terres.

« Les bestiaux se multiplient, les races s'amé-
« liorent ; de simples laboureurs ont acquis les
« moyens de se procurer, à de hauts prix, les bé-
« liers de race espagnole, les étalons de nos
« meilleures espèces de chevaux ; éclairés sur
« leurs vrais intérêts, ils n'hésitent pas à faire
« ces utiles achats. Ainsi les besoins de nos
« manufactures, de notre agriculture et de nos
« armées sont chaque jour mieux assurés.

« Ce degré de prospérité est dû aux lois libé-
« rales qui régissent ce grand empire, à la sup-
« pression de la féodalité, des dîmes, des main-
« mortes, des ordres monastiques ; suppression
« qui a constitué ou affranchi ce grand nombre de
« propriétés particulières, aujourd'hui le patri-
« moine libre d'une multitude de familles jadis
« prolétaires ; il est dû à l'égalité des partages,
« à la clarté et à la simplification des lois sur la
« propriété et sur les hypothèques, à la promp-
« titude avec laquelle sont jugés les procès dont le
« nombre décroît chaque jour. C'est à ces mêmes
« causes, et à l'influence de la vaccine, que l'on
« doit attribuer l'accroissement de la population.
« Et pourquoi ne dirions-nous pas que la cons-
« cription elle-même, qui, chaque année fait

« passer sous nos drapeaux l'élite de notre jeu-
« nesse, a contribué à cet accroissement en mul-
« tipliant le nombre des mariages, en les favo-
« risant, parce qu'ils fixent pour toujours le sort
« du jeune Français, qui, pour une première
« fois, a obéi à la loi. »

Détails officiels des dépenses en travaux publics, depuis l'avénement de Napoléon au trône impérial, présenté au Corps Législatif, par M. le Ministre de l'intérieur, avec les pièces à l'appui.

Palais impériaux et bâtimens de la couronne.....	62,000,000
Fortifications	144,000,000
Ports maritimes........................	117,000,000
Grandes routes, chaussées, etc...........	277,000,000
Ponts à Paris et départemens	31,000,000
Canaux, navigation et desséchement	125,000,000
Travaux de Paris........................	102,000,000
Édifices publics des départemens et grandes villes	149,000,000
Total.....	1,005,000,000

Dimanche 3.

L'Empereur très-souffrant; mélancolie. — Anecdotes de gaîté. — Deux aides-de-camp. — Echauffourée du général Mallet.

L'Empereur a continué de se renfermer her-métiquement. Sur la fin du jour il m'a fait appeler : il souffrait moins, me disait-il, de sa fluxion; mais il ne se trouvait guère mieux de

tout le reste; en somme il éprouvait beaucoup d'affaiblissement, et se sentait, me disait-il, de la tristesse et de la mélancolie; aussi avait-il voulu, ajoutait-il, passer tout le jour en *idées noires*. Il était dans son bain; après quelques momens de silence, comme en se réveillant, et avec un effort pour se distraire : « Allons, ma
« *sœur Dinarzade,* a-t-il dit, si vous ne dormez
« pas, racontez-moi une de ces histoires que
« vous savez si bien. Il y a long-temps, mon
« cher, que vous ne m'avez parlé de vos amis
« du faubourg Saint-Germain; allons. — Mais,
« Sire, il y a long-temps que je raconte, et je
« dois être au bout. J'ai épuisé toutes les jolies
« histoires vraies ou fausses qui s'y débitent; il
« ne resterait plus que le scandale, et Votre
« Majesté sait ou doit savoir qu'il ne s'y en
« passe jamais; toutefois voici encore quelque
« chose qui me revient en cet instant : Un jour
« M. de T........., partant pour son ministère,
« dit à Mme de T........., qu'il lui ramènerait à
« dîner M. Denon, et qu'elle voulût bien s'ef-
« forcer de lui être agréable; que le meilleur
« moyen d'y réussir serait de parcourir son
« ouvrage, et de lui en parler; qu'elle le trou-

« verait dans sa bibliothèque, à tel endroit, tel
« rayon. Mme de T......... va prendre l'ouvrage
« qui fait ses délices, et se fait une joie d'en
« entretenir bientôt le héros. Aussi, à peine à
« table, elle dit à M. Denon, qu'elle avait soi-
« gneusement placé à côté d'elle, qu'elle venait
« de lire son livre, qui l'avait rendue tout-à-fait
« heureuse, et M. Denon de s'incliner; qu'il
« avait parcouru de bien mauvais pays, et avait
« dû bien souffrir, et M. Denon de s'incliner
« encore; qu'elle avait bien sincèrement par-
« tagé ses peines. Jusque-là tout allait à mer-
« veille; mais mon ravissement, s'écria-t-elle,
« a été au comble, quand, dans votre solitude,
« j'ai vu vous arriver le fidèle *Vendredi*; l'avez-
« vous toujours? A ces mots M. Denon effaré,
« se penchant vers son voisin. — Est-ce qu'elle
« me prendrait pour Robinson? Et en effet
« l'innocence de Mme de T......... ou la malice
« de la société de Paris, voulait qu'au lieu du
« Voyage d'Égypte, elle eut pris les Aventures
« de Robinson. » L'Empereur en riait à pleurer,
et l'a raconté depuis, lui-même, à son tour, plus
d'une fois.

Cela a conduit à s'étendre sur la méchanceté

inventive des sociétés de Paris, qui avaient brodé, par exemple, le plus joli conte sur la gaucherie de cet ébéniste, découvrant à B......., sans le vouloir, le secret d'un bureau renfermant aussi ceux de son ménage; la violente colère de B....... contre *Ventre-de-Biche*; son apitoiement auprès de Mme V.......; la singulière consolation qu'il en recevait, etc., etc. L'Empereur, qui s'en amusait beaucoup, ignorait, disait-il, la plus grande partie de ces détails, qu'il trouvait des plus plaisans; ajoutant néanmoins qu'il était porté à croire que le tout n'était pas inventé. Toutefois il renouvelait sa sortie contre nos salons, qu'il qualifiait de véritablement infernaux : disant qu'ils étaient en médisance et en calomnie permanentes, et qu'ils eussent mérité, à ce titre, d'occuper, en permanence aussi, tous les tribunaux de police correctionnelle de la capitale, etc., etc.

De-là l'Empereur, s'étant ranimé, s'est mis à causer à son tour, beaucoup et long-temps. Mentionnant un officier qu'il ne traitait rien moins que bien; et m'étant permis de dire que j'avais cru, pourtant, qu'il avait été l'aide-de-camp d'un général distingué. « Qu'importe,

« a-t-il repris ? Et puis il a ajouté, en souriant
« je vois bien, mon cher, que vous ne savez pas
« qu'on a parfois deux aides-de-camp : celui du
« feu et celui de la cuisine ou de la chambre à
« coucher, etc., etc.

Plus tard il s'étendait sur notre peu d'aptitude nationale à clore une révolution, à s'adonner à la fixité, et il a fini par citer en preuve la célèbre affaire Mallet, qu'il disait plaisamment être, en petit, son retour de l'île d'Elbe, sa caricature. « Cette extravagance, ajoutait-il,
« ne fut au fond qu'une véritable mystification :
« c'est un prisonnier d'état, homme obscur,
« qui s'échappe pour emprisonner, à son tour,
« le préfet, le ministre même de la police, ces
« gardiens de cachots, ces flaireurs de conspi-
« rations, lesquels se laissent moutonnement
« garrotter. C'est un préfet de Paris, le répon-
« dant-né de son département, très-dévoué
« d'ailleurs; mais qui se prête, sans la moindre
« opposition, aux arrangemens de réunion d'un
« nouveau gouvernement qui n'existe pas. Ce
« sont des ministres, nommés par les conspira-
« teurs, occupés de bonne foi à ordonner leur
« costume et faisant leur tournée de visites,

« quand ceux qui les avaient nommés étaient
« déjà rentrés dans les cachots. C'est enfin toute
« une capitale apprenant au réveil l'espèce
« de débauche politique de la nuit, sans en
« avoir éprouvé le moindre inconvénient. Une
« telle extravagance, répétait l'Empereur, ne
« pouvait avoir absolument aucun résultat. La
« chose eût-elle en tout réussi, elle serait tom-
« bée d'elle-même quelques heures après; et les
« conspirateurs victorieux n'eussent eu d'au-
« tres embarras que de trouver à se cacher au
« sein du succès. Aussi je me sentis bien moins
« choqué de l'entreprise du coupable, que de
« la facilité avec laquelle ceux même qui m'é-
« taient le plus attachés, se seraient rendus ses
« complices. A mon arrivée, chacun me ra-
« contait, avec tant de bonne foi, tous les dé-
« tails qui les concernaient et qui les accusaient
« tous! Ils avouaient naïvement qu'ils y avaient
« été attrapés; qu'ils avaient cru un moment
« m'avoir perdu. Ils ne dissimulaient pas, dans
« la stupeur qui les avait frappés, avoir agi
« dans le sens des conspirateurs, et se réjouis-
« saient avec moi du bonheur avec lequel ils
« y avaient échappé. Pas un seul n'avait à men-

« tionner la moindre résistance, le plus petit
« effort pour défendre et perpétuer la chose
« établie. On ne semblait pas y avoir songé,
« tant on était habitué aux changemens, aux
« révolutions, c'est-à-dire que chacun s'était
« montré prêt et résigné à en voir surgir une
« nouvelle. Aussi tous les visages changèrent,
« et l'embarras de plusieurs devint extrême
« quand, d'un accent sévère, je leur dis : Eh
« bien ! Messieurs, vous prétendez et vous dites
« avoir fini votre révolution ! Vous me croyiez
« mort, dites-vous, je n'ai rien à dire à cela...
« Mais le roi de Rome ! vos sermens, vos prin-
« cipes, vos doctrines !... Vous me faites frémir
« pour l'avenir... Et alors je voulus un exemple
« pour éclairer du moins et tenir en garde les
« esprits. Il tomba sur le pauvre Frochot, le
« préfet de Paris, qui assurément m'était fort
« attaché. Mais à la simple requête de l'un de
« ces saltimbanques, au lieu d'efforts qui étaient
« l'obligation de sa place, d'une résistance dé-
« sespérée qui eût dû le faire mourir à son
« poste, il convenait avoir ordonné tout bonne-
« ment de préparer le lieu des séances du nou-
« veau gouvernement !.... C'est, remarquait

« l'Empereur, que nous sommes le peuple de
« l'Europe le plus propre à prolonger nos mu-
« tations : un tel état ne pourrait même être
« supporté que par nous seuls. Aussi voyez
« comme chacun, de quelque parti qu'il soit,
« semble intimement convaincu que rien n'est
« encore fini; et l'Europe partage cette opinion,
« parce qu'elle la fonde au moins autant sur notre
« inconstance, notre mobilité naturelles, que
» sur la masse des événemens arrivés depuis
« 30 ans, etc., etc. »

Lundi 4.

Continuation de souffrances et de réclusion. — Eût dû mourir à Moscow ou à Waterloo. — Eloge de sa famille.

Aujourd'hui l'Empereur n'a encore voulu recevoir personne de tout le matin; il m'a fait appeler à l'heure de son bain, durant lequel et après encore nous avons causé fort long-temps sur la chaîne de nos connaissances anciennes, les historiens qui nous les ont transmises, les fils qu'ils avaient attachés, etc. La conclusion forcée revenait toujours à l'extrême jeunesse de notre univers, ou bien plus sûrement encore à celle de la race humaine. De-là nous sommes passés à la charpente du globe, aux irrégularités de sa surface, à l'inégalité du partage des terres et des mers, au total de sa population, à l'échelle suivant laquelle elle est répandue, aux diverses associations politiques qu'elle forme, etc. Je trouvais à l'Europe 170 millions d'habitans : il remarquait qu'il en avait gouverné 80 mille; j'ajoutais qu'après l'alliance de la Prusse et de l'Autriche, il marchait à la tête de plus de 100. Il a changé assez brusquement de conversation. Mon Atlas a été demandé; il s'est mis à parcourir l'Asie, faisant concorder les marges et le tableau, et il s'interrompait parfois pour dire que c'était vraiment un ouvrage sans prix pour la jeunesse et les salons.

Plus tard l'Empereur, parlant des merveilles de sa vie et des vicissitudes de sa fortune, disait qu'il eût dû mourir à Moscow; que sa gloire militaire eût été sans revers, et sa carrière politique sans exemple dans l'histoire du monde; et il fit alors un de ces tableaux rapides et animés qui lui sont si familiers, et qu'il porte la plupart du temps au sublime. Et comme il n'apercevait pas une figure précisément approbative; « Ce « n'est pas votre opinion, a-t-il dit, vous ne pensez

« pas que j'aurais dû finir à Moscow ? — Non,
« Sire, lui a-t-il été répondu ; et pour cette même
« histoire, elle serait privée du retour de l'île
« d'Elbe, de l'acte le plus généreux, le plus
« héroïque qu'aucun homme ait jamais accom-
« pli ; du mouvement le plus grand, le plus
« magnifique, le plus sublime qu'on ait pu con-
« templer. — Eh bien ! je conçois, dit l'Empe-
« reur, il y a là quelque chose ; mais disons
« Waterloo, c'est là que j'aurais dû mourir ? —
« Sire, a reparti l'interlocuteur, si j'ai obtenu
« grâce pour Moscow, je ne vois pas pourquoi
« je ne la demanderais pas pour Waterloo. L'a-
« venir est hors de la volonté, du pouvoir des
« hommes, il est dans le sein de Dieu seul.... »

Dans un autre moment l'Empereur est revenu encore sur tous les siens ; le peu de secours qu'il en avait reçus ; les embarras, le mal qu'ils lui avaient causés. Il s'arrêtait surtout sur cette fausse idée de leur part, qu'une fois à la tête d'un peuple, ils avaient dû s'identifier avec lui de manière à préférer ses intérêts à celui de la patrie commune, sentiment dont la source pouvait avoir quelque chose d'honorable, convenait-il, mais dont ils avaient fait une appli-

cation fausse, nuisible, en ce que, dans leur travers d'indépendance absolue, ils se considéraient isolément, méconnaissant qu'ils ne faisaient partie que d'un tout au mouvement duquel ils devaient aider, au lieu de le contrarier. Mais après tout, concluait-il, ils étaient bien neufs, bien jeunes, entourés de pièges et de flatteurs, d'intrigans de toute espèce, de vues secrètes et mal intentionnées. Et passant subitement des torts aux qualités, il a ajouté. « Du reste, il faut
« toujours juger en dernier ressort par les ana-
« logues : quelle famille, dans les mêmes cir-
« constances, eût mieux fait ? Il n'est pas donné
« à chacun d'être homme d'état : cette charge
« requiert une contexture toute particulière,
« et ne se rencontre pas à profusion. Tous
« mes frères se sont trouvés, à cet égard, dans
« une situation singulière ; il leur est arrivé
« à tous d'avoir *trop* ou *trop peu* : ils se sont
« trouvés trop forts pour s'abandonner aveuglé-
« ment à un conseiller moteur, et pas assez pour
« pouvoir s'en passer tout à fait. Après tout, une
« famille si nombreuse présente un ensemble
« dont je peux assurément m'honorer.

« *Joseph* par tout pays serait l'ornement de

« la société; *Lucien* celui de toute assemblée
« politique. *Jérôme*, en mûrissant, eût été pro-
« pre à gouverner; je découvrais en lui de véri-
« tables espérances. *Louis* eût plu et se fût fait
« remarquer partout. Ma sœur *Elisa* était une
« tête mâle, une ame forte; elle aura montré
« beaucoup de philosophie dans l'adversité.
« *Caroline* est fort habile et très-capable. *Pau-*
« *line*, la plus belle femme de son temps peut-
« être, a été et demeurera jusqu'à la fin la meil-
« leure créature vivante. Quant à ma mère, elle
« est digne de tous les genres de vénérations.
« Quelle famille aussi nombreuse pourrait pré-
« senter un plus bel ensemble! Ajoutez qu'en
« dehors de la tourmente politique, nous nous
« aimions. Pour moi je n'ai jamais cessé un ins-
« tant de me sentir le cœur d'un frère. Je les ai
« tous aimés, et je crois bien qu'au fond ils me
« l'ont tous rendu, et qu'au besoin ils m'en don-
« neraient tous des preuves, etc., etc. »

Après dîner il nous a reçus tous près d'une demi-heure. Il était dans son lit, mais parlait beaucoup plus facilement, et se trouvait évidemment mieux. Nous l'avons quitté avec l'espoir de le revoir bientôt rétabli. Nous lui avons fait observer qu'il y avait douze jours qu'il n'avait pas dîné avec nous, que, sans lui, nos journées, notre vie, nos momens se trouvaient tout désorientés et sans couleur.

Mardi 5.

La géographie, passion du moment. — Mon Atlas. — Lit de parade arrivé de Londres; vrai piége à rats. — Anecdotes apprises des Anglais; lettres de Sainte-Hélène, etc.

L'Empereur continuait de demeurer enfermé chez lui. A l'heure de son bain il m'a fait appeler comme les jours précédens. La guérison de sa bouche avançait; mais ses dents demeuraient encore fort sensibles. Il a repris la conversation de la veille sur la contexture des parties du globe; c'était en ce moment, de la part de l'Empereur, une véritable veine de passion géographique. Il a pris ma Mappemonde et parcourait la distribution irrégulière des terres et des mers; il s'arrêtait sur le grand plateau de l'Asie, passait à l'étendue de la mer Pacifique, au resserrement de l'Atlantique; il se posait des questions sur les vents variables et les vents alisés, les moussons de l'Inde, le calme de la mer Pacifique, les ouragans des Antilles, etc..., et trouvait sur la carte aux lieux mêmes, les solutions physiques et spéculatives que la science donne en ce moment sur ces objets. Cet à propos le ravissait ; il comparait, méditait, objectait, prononçait et disait : « Ce n'est vraiment « qu'avec des tableaux que l'on peut faire des « rapprochemens : ils éveillent les idées et les « provoquent. Que vous avez bien fait de met- « tre en tableaux l'histoire, la géographie, « leurs circonstances remarquables, leurs diffi- « cultés, leurs phénomènes, etc., etc... Votre « livre m'attache chaque jour davantage *. »

L'Empereur a terminé par faire demander les plus anciens voyageurs. On lui a apporté le

---

* En effet, je n'en avais qu'un exemplaire à Sainte-Hélène, et il était constamment dans sa chambre ; s'il m'arrivait de l'emporter pour m'en servir ou y introduire quelques corrections, il était presque aussitôt redemandé. Au moment de mon départ, le comte Bertrand m'ayant prié de le lui laisser pour l'instruction de ses enfans, il m'a dit depuis n'avoir pu en faire aucun usage. L'Empereur s'en était tout à fait emparé ; et lorsqu'il a désigné, dans ces derniers momens, pour son fils, un choix des livres de sa bibliothèque particulière, l'Atlas s'y est trouvé compris. Qu'on me pardonne de ne pouvoir résister à mentionner un tel suffrage.

moine Rubruquis, l'Italien, Marco-Polo : il les a parcourus, se plaignant qu'on y trouvât à peine quelque chose : ils n'avaient plus d'autre prix, disait-il, que leur vieillesse.

Au sortir du bain il est venu dans sa chambre à coucher, voir le grand lit envoyé de Londres pour lui, et qu'on venait d'y dresser. C'était une espèce de baldaquin supporté par quatre grosses colonnes, si hautes qu'il avait fallu rogner les pieds du lit, pour qu'il trouvât sa hauteur dans la petite chambre à coucher de l'Empereur, qui en était remplie presque tout à fait : de plus il sentait fort mauvais. Le tout était si massif et pourtant si peu solide, qu'il donnait l'idée d'un château branlant. L'Empereur l'a appelé un véritable piége à rats, assurant qu'il ne s'exposerait pas à s'y faire prendre ; aussi a-t-il ordonné qu'on le débarassât de suite de pareille ordure. On l'a donc démonté pour replacer le lit de campagne accoutumé. Ce dérangement et ces inconvéniens l'ont fort contrarié.

Dans le jour j'ai eu l'occasion de causer longtemps avec un marin anglais fort enthousiaste de l'Empereur, qui m'a repayé de tout le bien que je lui en disais, par des traits qui m'ont, d'autant plus surpris qu'ils m'étaient tout-à-fait inconnus; ils n'en étaient pas moins vrais : le narrateur en tenait quelques-uns de sources incontestables, et avait été lui-même témoin ou acteur de quelques autres. Plus tard, ayant été mentionnés devant l'Empereur, il les a reconnus et avoués. Toutefois, mon marin convenait qu'à son grand étonnement, ces anecdotes avaient peu circulé en Angleterre; et que, de même que chez nous, ce qui eût pu honorer davantage Napoléon, et peindre le mieux son caractère, y demeurait perdu par cette fatalité que j'ai souvent mentionnée; de même, chez eux, la calomnie et le mensonge y avaient constamment étouffé tout espèce de bien, sous la masse du mal qu'ils forgeaient. Voici quelques-unes de ces anecdotes.

« On nous traitait parfaitement à Verdun,
« dépôt des prisonniers de guerre de notre na-
« tion, me disait mon narrateur; nous y jouis-
« sions des mêmes avantages que les habitans.
« C'est une ville très-agréable; les provisions et
« le vin y sont à bas prix. Il nous était permis
« de nous promener à quelques milles hors de

« la ville sans être astreints à le demander; nous
« pouvions même obtenir de nous absenter pour
« plusieurs jours; nous y étions si protégés
« contre toutes vexations, que le général, sous
« l'autorité duquel nous vivions, ayant des re-
« proches à se faire à notre égard, fut mandé à
« Paris par l'ordre spécial de Napoléon, et, dans
« la crainte du châtiment, il se suicida. Or, il
« arriva qu'une fois on nous consigna dans nos
« logemens, ce qui devait durer, disait-on,
« deux ou trois jours : c'est que l'Empereur
« devait passer, et que l'on n'avait pas cru qu'il
« fût bien de le laisser entouré d'un si grand
« nombre de prisonniers ennemis. Outre que
« nous avions grande curiosité de le voir, cet
« ordre nous blessa extrêmement. Se défierait-
« on, disions-nous, de braves et loyaux marins?
« Aurait-on la pensée de les confondre avec
« des assassins ? Nous en étions là, quand,
« le jour même de l'arrivée de Napoléon,
« on vint nous annoncer, à notre grande sur-
« prise, que nous redevenions libres, et qu'il
« avait fort désapprouvé la mesure prise à notre
« égard. Nous nous précipitâmes donc sur son
« passage, et il nous traversa sans escorte dans

« une sécurité parfaite, et même avec une sorte
« de bienveillance marquée, ce qui nous gagna
« tous ; et nos acclamations furent aussi sincères
« que celles des Français eux-mêmes.

« Napoléon et Marie-Louise revenant de
« leur voyage de Hollande, arrivèrent à Givet
« sur la Meuse, où se trouvaient plusieurs cen-
« taines de prisonniers anglais. Le temps devint
« subitement horrible ; il plut en abondance, la
« rivière déborda, le pont de bateaux se rompit,
« et le passage devint impraticable. Cependant
« l'Empereur, très-impatient de continuer sa
« route, et qui avait pris l'habitude de ne
« trouver rien d'impossible, résolut de tra-
« verser la rivière à tout prix. On rassembla à
« cet effet les mariniers des environs ; mais tous
« prononcèrent qu'ils n'oseraient jamais le ten-
« ter. Pourtant, répliqua Napoléon, je veux
« être de l'autre côté avant le milieu du jour ;
« et se rendant lui-même sur les lieux, il com-
« manda qu'on lui amenât quelques-uns des
« principaux prisonniers anglais. Y a-t-il beau-
« coup de marins parmi vous ? leur dit-il ; êtes-
« vous nombreux ? — Nous sommes 500 ; et
« tous marins. — Eh bien ! faites-m'en venir un

« certain nombre, je veux savoir s'ils croient
« le passage de la rivière possible, et s'ils veulent
« se charger de me transporter à l'autre rive.
« La chose était vraiment dangereuse, pourtant
« quelques-uns de nos vieux marins s'engagèrent
« à en venir à bout. Napoléon se livra à nous
« avec une confiance qui nous émerveilla tous,
« et, rendu de l'autre côté, il nous remercia,
« donna l'ordre de faire habiller à neuf tous
« ceux qui lui avaient rendu ce service, y
« ajouta un présent pécuniaire, et les rendit à
« la liberté.

« Un jeune matelot anglais, travaillé de la
« maladie du pays, s'échappa d'un dépôt, et
« parvint à gagner les bords de la mer, dans les
« environs de Boulogne, où il vivait caché dans
« les bois. Dans sa passion de revoir son pays à
« tout prix, il essaya de construire un petit
« canot qui pût lui servir à gagner les croiseurs
« anglais, qu'il était occupé une grande partie
« du jour à guetter de la cime de quelques
« arbres. Il fut saisi au moment où, chargé de
« son esquif, il allait le jeter à l'eau et s'y
« aventurer. On l'emprisonna comme espion
« ou voleur. La chose étant parvenue jusqu'à

« Napoléon qui se trouvait à Boulogne, il eut la
« curiosité de voir cette embarcation, dont on
« parlait beaucoup; il ne put croire, à sa vue,
« qu'il fût un être assez insensé pour avoir osé
« en faire usage; et il se fit amener le matelot,
« qui lui confirma que telle avait été sa résolu-
« tion, lui demandant pour toute faveur la
« grâce de lui permettre de l'exécuter. — Mais
« tu as donc une bien grande envie de revoir
« ton pays, lui dit l'Empereur, y aurais-tu laissé
« quelque maîtresse?—Non, répondit le matelot,
« ce n'est que ma mère qui est vieille et infirme
« et que je voudrais revoir. — Eh bien! tu la
« reverras, s'écria Napoléon; et il commanda
« aussitôt qu'on prît soin de ce jeune homme,
« qu'on l'habillât et qu'on le transportât à
« bord du premier croiseur de sa nation; voulant
« en même temps qu'en lui donnât une petite
« somme pour sa mère, faisant la remarque
« qu'elle devait être une bonne mère, puis-
« qu'elle avait un si bon fils*. »

---

* Depuis mon retour en Europe, il a été publié des
lettres de Ste.-Hélène, dans lesquelles j'ai retrouvé ces
anecdotes presque mot à mot. Cette circonstance et
d'autres m'ont fait prendre des renseignemens sur cette

En fait de bienveillance, de la part de l'Empereur, exercée envers des Anglais détenus en France, j'ai connu pour mon compte celle dont fut l'objet un M. Manning, fort de ma connaissance à Paris, lequel, s'étant consacré aux voyages dans l'intérêt de la science, n'imagina d'autre moyen, pour recouvrer sa liberté, que de s'adresser directement à Napoléon par la voie d'une simple pétition, lui demandant qu'il lui permît d'aller visiter le plateau central de l'Asie. Nous lui rîmes au nez, dans nos salons, sur sa simplicité; mais il nous le rendit à son tour quand, au bout de quelques semaines, il vint triomphant nous apprendre son succès et sa liberté. Je lis dans l'ouvrage du docteur O' Méara, et ce n'est pas une des moindres singularités du hasard, que ce même M. Manning, après plusieurs années de longues pérégrinations, se trouvant, dans son retour en Europe, passer à Sainte-Hélène, y sollicite de tous ses moyens la faveur d'aborder Napoléon pour lui exprimer sa reconnaissance, déposer quelques

---

publication, et ils m'ont mis à même de pouvoir affirmer que, bien qu'elle soit anonyme, elle est de la plus grande authenticité, et mérite toute confiance.

présens à ses pieds, et répondre aux questions de l'Empereur sur l'existence et les particularités du grand Lama, qu'il avait été visiter par sa faveur particulière.

Mercredi 6.

Situation physique de la Russie; sa puissance politique; paroles remarquables — Notice sur l'Inde anglaise. — Pitt et Fox. — Idées de l'économie politique; compagnies ou commerce libre. — Les créneaux contre les métiers, etc. — M. de Suffren. — Sentimens de l'Empereur pour la marine.

L'Empereur a été de mieux en mieux. Il a reçu quelques personnes vers midi. Je m'y suis trouvé avec Mme de Montholon. L'Empereur est devenu très-causant sur les sociétés de Paris, et diverses anecdotes des Tuileries.

Le soir, même amour encore de géographie. L'Empereur s'est arrêté spécialement sur l'Asie; la situation politique de la Russie, la facilité avec laquelle elle pourrait faire une entreprise sur l'Inde et même sur la Chine; les inquiétudes qu'en devraient concevoir les Anglais; le nombre de troupes que la Russie devrait employer, leur point de départ, la route qu'elles auraient à suivre, les richesses métalliques qu'elles en rapporteraient, etc., etc; et il a donné, sur la plupart de ces points des détails bien précieux. J'ai le regret de n'en trouver ici que l'indication, et je n'oserais me fier à mes souvenirs pour les reproduire.

L'Empereur a passé de-là à ce qu'il appelait la situation admirable de la Russie contre le reste de l'Europe, à l'immensité de sa masse d'invasion. Il peignait cette puissance assise sous le pôle, adossée à des glaces éternelles qui au besoin la rendaient inabordable; elle n'était attaquable, disait-il, que trois ou quatre mois ou un quart de l'année, tandis qu'elle avait toute l'année entière, ou les douze mois contre nous; elle n'offrait aux assaillans que les rigueurs, les souffrances, les privations d'un sol désert, d'une nature morte ou engourdie, tandis que ses peuples ne se lançaient qu'avec attrait vers les délices de notre midi.

A ces circonstances physiques, ajoutait l'Empereur, se joignaient une immense population brave, endurcie, dévouée, passive, et d'immenses peuplades, dont le dénuement et le vagabondage sont l'état naturel. « On ne peut « s'empêcher de frémir, disait-il, à l'idée d'une

« telle masse, qu'on ne saurait attaquer, ni
« par les côtés, ni sur les derrières; qui déborde
« impunément sur vous; inondant tout si elle
« triomphe, ou se retirant au milieu des glaces,
« au sein de la désolation, de la mort, deve-
« nues ses réserves, si elle est défaite; le tout
« avec la facilité de reparaître aussitôt, si le
« cas le requiert. N'est-ce pas là la tête de
« l'hydre, l'Antée de la fable, dont on ne sau-
« rait venir à bout, qu'en le saisissant au corps
« et l'étouffant dans ses bras; mais où trouver
« l'Hercule? Il n'apppartenait qu'à nous d'oser
« y prétendre, et nous l'avons tenté gauche-
« ment, il faut en convenir. »

L'Empereur disait que dans la nouvelle combinaison politique de l'Europe, le sort de cette
partie du monde ne tenait plus qu'à la capacité,
aux dispositions d'un seul homme. « Qu'il se
« trouve, disait-il, un Empereur de Russie,
« vaillant, impétueux, capable, en un mot un
« Czar qui ait de la barbe au menton (ce qu'il
« exprimait, du reste, beaucoup plus énergi-
« quement), et l'Europe est à lui. Il peut com-
« mencer ses opérations sur le sol allemand
« même, à 100 lieues des deux capitales, Ber-

« lin et Vienne, dont les souverains sont les
« seuls obstacles. Il enlève l'alliance de l'un
« par la force, et avec son concours, abat l'au-
« tre d'un revers, et dès cet instant il est au
« cœur de l'Allemagne, au milieu des princes
« du second ordre, dont la plupart sont ses
« parens ou attendent tout de lui. Au besoin,
« si le cas le requiert, il jette en passant, par-
« dessus les Alpes, quelques tisons enflammés
« sur le sol italien, tout prêt pour l'explosion,
« et marche triomphant vers la France, dont il
« se proclame de nouveau le libérateur. Assu-
« rément, moi, dans une telle situation, j'arri-
« verais à Calais à temps fixe et par journées
« d'étape, et je m'y trouverais le maître et l'ar-
« bitre de l'Europe.... » Et après quelques instans de silence, il a ajouté : « Peut-être, mon
« cher, êtes-vous tenté de me dire, comme le
« ministre de Pirrhus à son maître : *Et après*
« *tout, à quoi bon ?* Je réponds : A fonder une
« nouvelle société, et à sauver de grands mal-
« heurs. L'Europe attend, sollicite ce bienfait ;
« le vieux système est à bout, et le nouveau
« n'est point assis et ne le sera pas, sans de
« longues et furieuses convulsions encore. »

L'Empereur a gardé de nouveau le silence; mesurant avec un compas des distances sur la carte, et disait Constantinople placée pour être le centre et le siége de la domination universelle, etc., etc.

Il est revenu ensuite sur l'Inde anglaise, et m'a demandé si j'étais bien au fait de son histoire. Je lui ai dit le peu que j'en savais.

Élisabeth créa une compagnie des Indes, en vertu de sa prérogative royale.

Cent ans plus tard, le parlement en créa une autre. Bientôt après, ces deux compagnies, qui se nuisaient par leur concurrence, furent réunies dans une même charte nationale.

En 1716, la compagnie obtint, des souverains de l'Inde, le fameux firman ou charte indienne, pour exporter et importer sans payer aucun droit.

En 1741, la compagnie, pour la première fois, interféra militairement dans la politique de l'Inde, en opposition à la compagnie française, qui prit le parti adverse. Depuis ce temps les deux nations se battirent sur ce terrain éloigné, toutes les fois qu'elles eurent la guerre en Europe. La France eut un moment très-brillant dans la guerre de 1740; elle fut écrasée dans celle de 1755, soutint l'égalité dans celle de 1779, et disparut tout à fait dans celle de la révolution.

Aujourd'hui la compagnie des Indes anglaises domine toute la péninsule, qui compte une population de plus de 60 millions dont 20 sont ses sujets, 20 autres ses tributaires ou ses alliés; le reste se trouve enchaîné dans son système, et forcé de marcher avec elle *.

Telle est cette fameuse compagnie des Indes qui se trouve tout à la fois marchande et souveraine, dont les richesses se composent des profits de son commerce et des revenus de son territoire; d'où il résulte que le marchand est souvent poussé par l'ambition du souverain, et que le souverain combine, ordonne, exécute avec la cupidité du marchand; c'est dans cette circonstance toute particulière, dans ce double caractère ainsi que dans la nature et le nombre des employés, la distance du théâtre sur lequel on opère, qu'il faut chercher la clef des pro-

---

* Ceci a été écrit en 1816, avant les derniers événemens de l'Inde, qui semblent avoir accompli la sujétion de toute la péninsule.

grès, des mesures, des tiraillemens, des contradictions, des désordres et des clameurs qui composent l'histoire de cette célèbre compagnie.

La compagnie des Indes anglaises a été longtemps tout à fait maîtresse et indépendante ; elle était et continue d'être représentée par une cour de directeurs choisis par la masse des propriétaires ; ces directeurs délèguent et dirigent dans l'Inde, par leurs dépêches, une régence ou conseil composé d'un gouverneur et de quelques assesseurs qui y représentent et y exercent l'autorité souveraine.

En 1767, pour la première fois, la couronne mit en avant des droits sur son territoire et ses revenus ; mais la compagnie acheta le désistement pour un subside de dix ou douze millions de francs.

Vers 1773, la compagnie des Indes, se trouvant extrêmement dérangée dans ses affaires, eut recours au Parlement, qui profita de ses embarras pour consacrer sa dépendance. Il traça des réglemens politiques, judiciaires et financiers, auxquels il soumit toutes les possessions de cette compagnie ; mais ces premiers réglemens ne furent point heureux : ils portèrent le désordre au comble dans la péninsule de l'Inde, en y introduisant surtout une cour suprême de justice, qui se montra la rivale du conseil souverain, et qui, chargée d'introduire les lois anglaises dans le pays, porta le bouleversement et l'effroi parmi les naturels. La fureur des partis, leurs dénonciations réciproques, leurs plaintes, leurs déclamations, nous ont transmis des actes odieux, une rapacité sans frein, une tyrannie atroce. Cette époque est la plus orageuse et la moins honorable de l'histoire de la compagnie.

En 1783, pour y porter un remède radical, M. Fox, alors ministre, proposa son fameux bill dont le non-succès le fit sortir du ministère. L'année suivante, M. Pitt, qui avait été son antagoniste, en présenta un autre qui commença sa grande réputation, et gouverne encore aujourd'hui la compagnie. Le bill de M. Fox était une véritable saisie judiciaire; il retirait à la compagnie toutes ses propriétés, et les plaçait en régie entre les mains d'un comité chargé de gérer pour elle, de liquider ses dettes, et de disposer de tous les emplois. Les membres du comité, nommés par le Roi ou le parlement, devaient être inamovibles, et siéger jusqu'à ce qu'ils eussent mis les affaires sur un meilleur pied. On cria de toute part sur un ordre de chose qui, disait-on, allait mettre entre les mains de quelques-uns de si grands intérêts, un si grand patronage, une si énorme influence. C'était, disait-on, introduire un quatrième pouvoir dans l'Etat, créer un rival à la couronne même. On fut jusqu'à accuser M. Fox de vouloir se perpétuer dans le ministère, et se ménager une espèce de souveraineté occulte supérieure à celle du Roi; car comme il était ministre, et gouvernait en ce moment le parlement, il eût nommé et gouverné ce comité. A l'aide de l'influence de ce comité, il eût composé et gouverné le parlement, et à l'aide du parlement, il eût consacré et perpétué le comité : il n'y avait plus de fin. La clameur fut extrême, et le Roi en fit une affaire personnelle. Il en appela à ses propres amis, à ceux qui, dans la chambre des pairs, lui étaient attachés de cœur, comme d'un objet attaquant son existence même. M. Fox échoua, et fut contraint de quitter le ministère.

M. Pitt montra plus de modération en apparence, et fut plus adroit : il se contenta, par son bill, de mettre la compagnie en tutelle : il soumit toutes ses opérations à un comité chargé de les reviser et de les contre-signer : il laissa à la compagnie la nomination de tous les employés; mais réserva à la couronne la nomination du gouverneur-général et le véto sur toutes les autres nominations. Ce comité, nommé par le Roi, formait une branche nouvelle dans le ministère. On se récria vivement encore sur l'immense influence que cette mesure allait ajouter à l'autorité royale, et qui devait infailliblement briser, disait-on, l'équilibre constitutionnel. On avait reproché à monsieur Fox d'avoir voulu tenir cette influence tout-à-fait étrangère au Roi; on accusa M. Pitt de l'avoir mise toute entre ses mains. Tout ce que l'un avait voulu faire pour le peuple, disait-on, l'autre le faisait pour le monarque. Et en effet, ces deux caractères distincts, ces deux inconvéniens opposés, étaient toute la différence des deux bills; c'était, au vrai, une bataille décisive entre les Torys et les Vights. M. Pitt l'emporta, et les Torys triomphèrent.

Les vices du bill de M. Fox sont demeurés

hypothétiques, puisqu'ils n'ont pas été mis en essai; mais les inconvéniens prévus de celui de M. Pitt se sont formellement accomplis : l'équilibre des pouvoirs a été rompu, la vraie constitution d'Angleterre a cessé d'exister, l'autorité royale, journellement accrue, a tout envahi, et marche aujourd'hui sans obstacle dans la grande route de l'arbitraire et de l'absolu.

Les ministres disposent du parlement par une majorité qu'ils ont créée, laquelle perpétue leurs pouvoirs et légalise leurs violences. Ainsi la liberté anglaise est enchaînée chaque jour davantage au nom et par les formes mêmes qui devraient la défendre; et l'avenir paraît sans remède, ou menace des plus grands malheurs! Quels plus funestes résultats eût donc pu produire le plan de M. Fox? Car les grandes altérations de la constitution anglaise sont en effet venues de l'Inde. Le poids que M. Fox voulait mettre du côté populaire, eût-il donc pu être aussi désastreux pour la liberté que celui dont M. Pitt a surchargé la prérogative royale?

Aussi, bien des gens prononcent hardiment aujourd'hui que M. Fox avait raison, qu'il était bien plus sage, et ne pouvait être aussi nuisible que son rival.

Aux noms de Pitt et de Fox, l'Empereur s'est arrêté long-temps sur leur caractère, leur système et leurs actes; et il a terminé en répétant ce qu'il a déjà dit plus d'une fois : « M. Pitt a été « le maître de toute la politique européenne; « il a tenu dans ses mains le sort moral des peu- « ples ; il en a mal usé ; il a incendié l'univers « et s'inscrira dans l'histoire à la manière d'É- « rostrate, parmi des flammes, des regrets et des « larmes !.... D'abord, les premières étincelles « de notre révolution, puis toutes les résistan- « ces au vœu national ; enfin, tous les crimes « horribles qui en furent la conséquence, sont « son ouvrage. Cette conflagration universelle « de 25 ans; ces nombreuses coalitions qui l'ont « entretenue; le bouleversement, la dévastation « de l'Europe; les flots de sang des peuples qui « en ont été la suite; la dette effroyable de « l'Angleterre, qui a payé toutes ces choses ; le « système pestilentiel des emprunts sous lequel « les peuples demeurent courbés ; le malaise « universel d'aujourd'hui, tout cela est de sa « façon. La postérité le reconnaîtra; elle le

« signalera comme un vrai fléau : cet homme,
« tant vanté de son temps, ne sera plus un
« jour que le génie du mal; non que je le tienne
« pour atroce, ni même que je doute qu'il ne fut
« convaincu qu'il faisait le bien : la Saint-Bar-
« thélemy a bien eu ses persuadés; le pape et
« les cardinaux en ont chanté un *Te Deum*, et
« parmi toutes ces bonnes gens il s'en trouvait
« bien, sans doute, quelques-uns de bonne foi.
« Voilà les hommes, leur raison, leurs ju-
« gemens! Mais ce que la postérité reprochera
« surtout à M. Pitt, ce sera la hideuse école
« qu'il a laissée après lui; le machiavélisme in-
« solent de celle-ci, son immoralité profonde,
« son froid égoïsme, son mépris pour le sort des
« hommes ou la justice des choses.

« Quoiqu'il en soit, par admiration réelle ou
« pure reconnaissance, ou même encore simple
« instinct et seule sympathie, M. Pitt a été
« et demeure l'homme de l'aristocratie euro-
« péenne; c'est qu'en effet il y a eu en lui du
« Sylla. C'est son système qui a ménagé l'asser-
« vissement de la cause populaire et le triom-
« phe des patriciens. Quant à M. Fox, ce n'est
« pas chez les Anciens qu'il faut lui chercher

« un modèle, c'est à lui d'en servir, et son école
« tôt ou tard doit régir le monde. »

L'Empereur s'est fort étendu alors sur M. Fox ; il répétait l'avoir fort goûté, beaucoup aimé. Il avait placé son buste à la Malmaison avant de le connaître personnellement. Il a conclu en disant ce qu'il a déjà exprimé souvent et sous bien des formes : « Assurément l'instant de
« la mort de M. Fox est une des fatalités de
« ma carrière, a-t-il dit ; s'il eût continué de
« vivre, les affaires eussent pris une tout au-
« tre tournure, la cause des peuples l'eût em-
« porté, et nous eussions fixé un nouvel ordre
« de choses en Europe. »

L'Empereur, revenant ensuite à la compagnie des Indes, a dit que c'était une grande question que le monopole d'une compagnie, ou la liberté du commerce pour tous. « Une com-
« pagnie, observait-il, plaçait de très-grands
« avantages entre les mains de quelques-uns
« qui peuvent faire très-bien leurs affaires,
« tout en négligeant celles de la masse ; aussi
« toute compagnie dégénérait-elle bientôt en
« oligarchie, toujours amie du pouvoir, et
« prête à lui donner secours ; et, sous ce rapport,

« les compagnies tenaient tout-à-fait du vieux
« temps et des anciens systèmes. Le commerce
« libre, au contraire, tenait à toutes les classes;
« agitait toutes les imaginations, remuait tout
« un peuple; il était tout-à-fait identique avec
« l'égalité, et portait naturellement à l'indé-
« pendance; et, sous ce rapport, tenait beau-
« coup plus à notre système moderne.

« Après le traité d'Amiens, qui rendait à la
« France ses possessions dans l'Inde, j'ai fait
« discuter devant moi, long-temps et à fond,
« cette grande question; j'ai écouté des hommes
« du commerce, entendu des hommes d'Etat;
« et j'ai prononcé pour le commerce libre, et
« rejeté les compagnies. »

De là l'Empereur est passé à plusieurs points
d'économie politique, consacrés par Smith dans
sa Richesse des Nations. Il les avouait vrais en
principe; mais les démontrait faux dans leur
application. Malheureusement ici encore je ne
retrouve que de stériles indications.

Il a terminé en disant : « Jadis on ne con-
« naissait qu'une espèce de propriété, celle du
« terrain; il en est survenu une nouvelle, celle
« de l'industrie, aux prises en ce moment avec

« la première; puis une troisième, celle déri-
« vant des énormes charges perçues sur les
« administrés, et qui, distribuées par les mains
« neutres et impartiales du gouvernement,
« peuvent garantir du monopole des deux au-
« tres, leur servir d'intermédiaire, et les em-
« pêcher d'en venir aux mains. » Il appelait cette grande lutte de nos jours, la guerre des *champs* contre les *comptoirs*, celle des *créneaux* contre les *métiers*.

« C'est pourtant, disait-il, pour n'avoir pas
« voulu reconnaître cette grande révolution
« dans la propriété, pour s'obstiner à fermer
« les yeux sur de telles vérités, qu'on fait tant
« de sottises aujourd'hui, et que l'on s'expose
« à tant de bouleversemens. Le monde a éprouvé
« un grand déplacement, et il cherche à se ras-
« seoir; voilà en deux mots, terminait-il, toute
« la clé de l'agitation universelle qui nous
« tourmente. On a désarrimé le vaisseau, trans-
« porté du lest de l'avant à l'arrière, et de là
« ces furieuses oscillations qui peuvent ame-
« ner le naufrage à la première tempête, si
« l'on s'obstine à vouloir le manœuvrer comme

« de coutume, sans avoir obtenu un équilibre
« nouveau. »

Ce jour a été riche pour mon journal. Outre les sujets déjà traités, il a été question de plusieurs autres encore. En parlant des Indes et de la compagnie anglaise, le nom de M. de Suffren a été mentionné.

L'Empereur n'en avait pas une exacte connaissance : il savait confusément que cet officier avait rendu de grands services, et lui, Napoléon, avait, par ce seul sentiment, disait-il, accordé beaucoup à sa famille. Il m'a questionné à son sujet. Je ne l'avais pas connu, je ne pouvais que lui rendre les traditions du corps. Or, il était admis, lui disais-je, parmi nous dans la marine, que M. de Suffren était, depuis Louis XIV, le seul qui rappelât les grands marins de notre belle époque navale.

M. de Suffren avait du génie, de la création, beaucoup d'ardeur, une forte ambition, un caractère de fer ; c'était un de ces hommes que la nature a rendus propres à tout. J'ai entendu des gens très-sensés et très-forts dire que sa mort, en 89, pouvait avoir été une calamité nationale ; qu'admis au conseil du Roi, dans la crise du moment, il eût été de taille à donner une autre issue aux affaires. M. de Suffren, très-dur, très-bizarre, extrêmement égoïste ; mauvais coucheur, mauvais camarade, n'était aimé de personne, mais était apprécié, admiré de tous.

C'était un homme avec qui l'on ne pouvait pas vivre, et il était surtout fort difficile à commander, obéissait peu, critiquait tout, déclamant sans cesse sur l'inutilité de la tactique, par exemple, et se montrant au besoin le meilleur tacticien. Il en était de même de tout le reste; c'était l'inquiétude et la mauvaise humeur du génie et de l'ambition qui n'a pas ses coudées franches.

Parvenu au commandement de l'escadre de l'Inde, et conduit au Roi pour prendre congé, un huissier faisait avec peine ouvrir la foule, pour qu'il pût parvenir. « Je vous remercie « aujourd'hui, disait-il à l'huissier en grognant « et nazillant d'après sa nature; mais au retour, « Monsieur, vous verrez que je saurai bien me « faire faire place moi-même. » Et il tint parole.

Arrivé dans l'Inde, il ouvrit une scène nou-

velle à nos armes, il y fit des prodiges qu'on n'a peut-être pas assez appréciés en Europe; ce furent immédiatement des actes et des mœurs de commandement inconnus jusque-là; prenant tout sur lui, osant tout, imaginant tout, prévoyant à tout, démontant ses capitaines au besoin, nommant ses officiers, équipant et faisant combattre des vaisseaux condamnés depuis long-temps; trouvant un hivernage sur les lieux mêmes, dans l'Inde, quand la routine voulait qu'on fût les chercher à 12 ou 15 cents lieues de là, à l'île de France; enfin on le vit, devançant la manière de nos jours, s'approcher de la côte, embarquer des soldats qui avaient combattu la veille l'ennemi, aller battre avec eux l'escadre anglaise, et les reporter le lendemain à leur camp pour qu'ils puissent combattre de nouveau. Aussi notre pavillon prit-il tout à coup une supériorité qui dérouta l'ennemi. « Oh!
« pourquoi cet homme, s'est écrié l'Empereur,
« n'a-t-il pas vécu jusqu'à moi, ou pourquoi
« n'en ai-je pas trouvé un de sa trempe, j'en
« eusse fait notre Nelson, et les affaires eussent
« pris une autre tournure! Mais j'ai passé tout
« mon temps à chercher l'homme de la marine,

« sans avoir jamais rien pu rencontrer. Il y a
« dans ce métier une spécialité, une technicité
« qui arrêtaient toutes mes conceptions. Pro-
« posais-je une idée nouvelle, aussitôt j'avais
« Ganthaume sur les épaules et la section de
« marine. — Sire, cela ne se peut pas. — Et
« pourquoi? — Sire, les vents ne le permettent
« pas, et puis les calmes, les courans; et j'étais
« arrêté tout court. Comment continuer la dis-
« cussion avec ceux dont on ne parle pas le lan-
« gage. Combien de fois, au Conseil d'État, leur
« ai-je reproché d'abuser de cette circonstance.
« A les entendre, il eût fallu naître dans la
« marine pour y connaître quelque chose. Et je
« leur ai dit souvent qu'ils abusaient encore,
« que je n'eusse demandé que de faire la traver-
« sée de l'Inde avec eux, et qu'au retour je me
« serais fait fort d'être aussi familier avec leur
« métier qu'avec mes champs de bataille. Ils
« n'en croyaient rien, et revenaient toujours à ce
« qu'on ne pouvait être bon marin si on ne s'y
« prenait dès le berceau; et ils me firent faire
« quelque chose à cet égard qui m'a long-temps
« pesé, ce fut l'enrôlement de plusieurs milliers
« d'enfans de six à huit ans.

« J'eus beau me débattre, il me fallut céder
« à leur unanimité, en les prévenant toutefois
« que j'en chargeais leur conscience. Qu'en
« résulta-t-il? que le public murmura, déclama
« beaucoup et nous couvrit de ridicule; qua-
« lifiant l'opération de massacre des innocens.
« Voilà que, plus tard, de Winter, Verhuel, tous
« les marins du Nord et d'autres encore sont
« venus me dire et ont soutenu que 18, 20 ans,
« l'âge de la conscription, n'était pas trop tard
« pour commencer à être matelot; les Danois,
« les Suédois y emploient leurs soldats; chez les
« Russes, la flotte n'est qu'une portion de l'ar-
« mée principale, ce qui donne l'avantage inap-
« préciable de l'avoir en permanence, et à deux
« fins.

« J'avais imaginé moi-même, a-t-il ajouté,
« quelque chose de la sorte en créant mes équi-
« pages de haut-bord; mais que d'obstacles ne
« rencontrai-je pas, que de préjugés j'eus à
« vaincre, quelle force de volonté je dus em-
« ployer pour parvenir à donner un uniforme
« à ces pauvres matelots, à les enrégimenter, à
« leur faire faire l'exercice; je gâtais tout, di-
« sait-on, et pourtant de quelle utilité n'ont-

« ils pas été ! Quelle plus heureuse idée que
« d'avoir deux services pour une seule paye. Ils
« n'ont pas été moins bons matelots, et se sont
« montrés les meilleurs des soldats. On les a
« trouvés, au besoin, matelots, soldats, artil-
« leurs, pontonniers, tout. Si, dans la marine,
« au lieu d'avoir des obstacles à combattre,
« j'avais rencontré quelqu'un qui eût abondé
« dans mon sens et devancé mes idées, quel
« résultat n'eussions-nous pas obtenu; mais,
« sous mon règne, il n'a jamais pu s'élever dans
« la marine quelqu'un qui s'écartât de la rou-
« tine, et sût créer. J'aimais particulièrement
« les marins, j'estimais leur courage, j'estimais
« leur patriotisme; mais je n'ai jamais pu trou-
« ver entre eux et moi d'intermédiaire qui sût
« les faire agir et les faire mériter, etc., etc. »

Jeudi 7.

Organisation impériale; préfets, auditeurs au Conseil d'Etat; motifs des gros appointemens; intentions futures, etc., etc.

Napoléon, parlant de son organisation impériale, disait qu'il en avait fait le gouvernement le plus compact, de la circulation la plus ra-

pide, et des efforts les plus nerveux qui eût jamais existés : « Et il ne fallait rien moins que
« tout cela, remarquait-il, pour pouvoir triom-
« pher des immenses difficultés dont nous étions
« entourés, et produire toutes les merveilles que
« nous avons accomplies ; l'organisation des pré-
« fectures, leur action, les résultats étaient
« admirables et prodigieux. La même impulsion
« se trouvait donnée au même instant à plus de
« 40 millions d'hommes; et, à l'aide de ces
« centres d'activité locale, le mouvement était
« aussi rapide à toutes les extrémités qu'au cœur
« même.

« Les étrangers qui nous visitaient, et qui
« savaient voir et juger, en étaient émerveillés.
« Et c'est à cette uniformité d'action, sur un
« aussi grand terrain, qu'ils attribuaient sur-
« tout ces prodigieux efforts, ces immenses
« résultats, qu'ils avouaient n'avoir pas pu
« comprendre jusque-là.

« Les préfets, avec toute l'autorité et les
« ressources locales dont ils se trouvaient in-
« vestis, ajoutait l'Empereur, étaient eux-mêmes
« *des Empereurs au petit pied;* et comme ils
« n'avaient de force que par l'impulsion pre-

« mière, dont ils n'étaient que les organes, que
« toute leur influence ne dérivait que de leur
« emploi du moment, qu'ils n'en avaient point
« de personnelle, qu'ils ne tenaient nullement
« au sol qu'ils régissaient, ils avaient tous les
« avantages des anciens grands agens absolus,
« sans aucun de leurs inconvéniens. Il avait
« bien fallu leur créer toute cette puissance,
« disait l'Empereur, je me trouvais dictateur,
« la force des circonstances le voulait ainsi, il
« fallait donc que tous les filamens, issus de
« moi, se trouvassent en harmonie avec la cause
« première, sous peine de manquer le résultat.
« Le réseau gouvernant dont je couvris le sol
« requérait une furieuse tension, une prodi-
« gieuse force d'élasticité, si l'on voulait pou-
« voir faire rebondir au loin les terribles coups
« dont on nous ajustait sans cesse. Aussi la plu-
« part de ces ressorts n'étaient-ils, dans ma pen-
« sée, que des institutions de dictature, des
« armes de guerre. Quand le temps fût venu
« pour moi de relâcher les rênes, tous mes
« filamens aussi se seraient sympatiquement dé-
« tendus, et nous aurions alors procédé à notre
« établissement de paix, à nos institutions lo-

« cales. Si nous n'en avions encore aucune, c'est
« que la crise ne les admettait pas. Nous eus-
« sions infailliblement succombé tout d'abord,
« si nous en eussions été pourvus dès le prin-
« cipe. Et puis il faut le dire, nous n'étions
« pas murs pour en faire un bon usage. Il ne
« faut pas croire que la nation fût déjà prête
« pour manier dignement sa liberté. La masse
« avait encore, dans l'éducation et le caractère,
« trop des préjugés du temps passé. Cela serait
« venu, nous nous formions chaque jour; mais
« nous avions encore beaucoup à gagner. Lors
« de l'explosion de la révolution, les patriotes
« en général se trouvèrent tels par nature, par
« instinct; ce sentiment se trouva dans leur
« sang, ce fut chez eux une passion, une fré-
« nésie; et de-là l'effervescence, les excès,
« l'exagération de l'époque. Mais ce n'est pas à
« coups de massue, et par soubresauts, qu'on
« peut naturaliser le système moderne, en jouir;
« il faut l'implanter dans l'éducation, et que
« ses racines s'embranchent avec la raison, la
« conviction même, ce qui doit infailliblement
« avoir lieu avec le temps, parce qu'il repose
« sur des vérités naturelles. Mais ceux qui com-

« posaient les générations de nos jours, ajou-
« tait-il, demeuraient si naturellement domi-
« nateurs, si avides du pouvoir, l'exerçaient
« avec tant d'importance, pour ne pas dire plus,
« et pourtant en même-temps étaient si prêts,
« d'un autre côté, à courir au-devant de la
« servitude!... Nous étions toujours entre ces
« deux vices. Dans tous mes voyages, disait-il,
« j'étais constamment obligé de dire à mes pre-
« miers officiers, placés à mes côtés : Mais laissez
« donc parler M. le préfet. Allais-je à quelque
« subdivision du département, c'était alors au
« préfet que j'étais obligé de dire : mais laissez
« donc répondre M. le sous-préfet, ou M. le
« maire, tant chacun s'empressait d'éclipser le
« voisin, et comprenait peu le bien qui pouvait
« dériver d'une communication directe avec
« moi! Envoyais-je mes grands-officiers, mes
« ministres, présider les colléges électoraux, et
« leur recommandais-je de ne pas se faire nom-
« mer canditats au Sénat, que cette place leur
« était assurée par une autre route, et qu'il fallait
« laisser cette satisfaction aux notables des pro-
« vinces, ils n'en revenaient pas moins toujours
« désignés. » Et ceci me rappelle que dans le

temps un des ministres (Decrès) me racontait avoir eu avec l'Empereur précisément une prise à ce sujet. Il le grondait de sa nomination. « Mais, Sire, lui répondit-il plaisamment, vo-
« tre influence est plus forte que votre volonté;
« j'ai beau dire que je n'en veux pas, que cela
« vous déplaît, que vous voulez qu'ils se ré-
« servent ces nominations entre eux, ils ne
« connaissent que votre choix, et je serai re-
« nommé tant que vous m'y enverrez. »

« J'avais, disait encore l'Empereur, donné
« des traitemens énormes aux préfets et autres;
« mais en fait de prodigalités de ma part, fau-
« drait-il encore savoir distinguer ce qui est de
« système ou de circonstance. Celles-ci me for-
« çaient à donner de gros appointemens, l'autre
« m'eût conduit à obtenir gratuitement. A l'o-
« rigine, lorsqu'il s'agissait d'attacher des indi-
« vidus, de recomposer une société et des
« mœurs à l'avenant, de gros traitemens, une
« véritable fortune étaient indispensables ; mais
« le résultat obtenu, et avec le temps rentré
« dans l'ordre naturel, mon intention, au con-
« traire, eût été de rendre la plupart des hautes
« fonctions à peu près gratuites. J'eusse élagué

« les nécessiteux qui jamais ne s'appartiennent
« à eux-mêmes, dont les besoins pressans
« créent l'immoralité politique ; j'eusse amené
« l'opinion à solliciter ces emplois pour la pure
« considération ; ils fussent devenus d'honora-
« bles magistratures, d'immenses justices de
« paix remplies par les plus grandes fortunes,
« chez qui la vocation, la philantropie, une
« honnête ambition eussent été les premiers
« guides et le gage assuré d'une noble indé-
« pendance. Et c'est là ce qui compose vrai-
« ment la dignité, la majesté d'une nation, ce
« qui en élève la renommée et ramène la morale
« publique. Or, notre changement de mœurs,
« à cet égard, était devenu indispensable, et
« c'est le dégoût des places qui eût signalé
« notre véritable retour à la haute morale. On
« m'a dit ici que cette avidité de places a passé
« la mer pour aller infecter nos voisins. Autre-
« fois les vieux Anglais les dédaignaient. Voyez
« si aux Etats-Unis on en est avide. Cet amour
« dans un peuple est le plus grand échec qui
« puisse renverser sa moralité. Quand on veut
« absolument des places, on se trouve déjà
« vendu d'avance. Aujourd'hui les plus grands

« personnages en Angleterre courent après, les
« grandes familles, toute la pairie, les recher-
« chent. Ils se rejettent sur ce que l'énormité
« des taxes ne leur permet plus de vivre sans
« salaires, pitoyable excuse ! C'est que leurs
« mœurs publiques sont encore plus altérées
« que leurs fortunes. Quand on en est arrivé,
« dans une certaine classe, à solliciter les em-
« plois pour de l'argent, il n'est plus, pour une
« nation, de véritable indépendance, de no-
« blesse, de dignité dans le caractère. Notre
« excuse à nous pouvait être dans les boule-
« versemens et les commotions de notre révo-
« lution ; chacun avait été déplacé, chacun se
« sentait dans la nécessité de se rasseoir ; et
« c'est pour aider à cette nécessité générale, et
« pour que les sentimens délicats se détruisissent
« le moins possible, que j'ai cru devoir doter
« toutes les places de tant d'argent, de lustre
« et de considération ; mais avec le temps
« j'eusse changé tout cela par la seule force de
« l'opinion. Et qu'on ne croye pas la chose
« impossible. Tout devient facile à l'influence
« du pouvoir, quand il veut diriger dans le
« juste, l'honnête et le beau, etc., etc.

« Je ménageais à mon fils une situation des
« plus heureuses. J'élevais précisément pour lui
« à l'école nouvelle la nombreuse classe des au-
« diteurs au Conseil d'État. Leur éducation
« finie et leur âge venu, ils eussent, un beau
« jour, relevé tous les postes de l'empire ; forts
« de nos principes et des exemples de leurs
« devanciers, ils se fussent trouvés tous douze à
« quinze ans de plus que mon fils, ce qui l'eût
« placé précisément entre deux générations et
« tous leurs avantages : la maturité, l'expé-
« rience et la sagesse, au-dessus ; la jeunesse,
« la célérité, la prestesse, au-dessous. » Et
comme je m'étonnais qu'il n'eût rien laissé percer de toutes ces grandes et belles institutions :
« A quoi bon bavarder là-dessus, me dit-il ; on
« m'eût pris pour un charlatan, on m'eût sus-
« pecté d'insinuation, de souplesse ; l'on se fût
« familiarisé à me combattre, et je serais tombé
« dans le discrédit. Situé ainsi que je l'étais, sans
« l'autorité héréditaire de l'antique tradition,
« privé du prestige de ce qu'ils appellent la lé-
« gitimité, je ne devais pas permettre l'occasion
« d'entrer en lice vis-à-vis de moi, je devais
« être tranchant, impérieux, décisif. Vous me

« dites qu'on a dit de moi, dans votre fau-
« bourg : *Que n'était-il légitime!* Si je l'eusse
« été, je n'aurais pas fait davantage, sans doute;
« mais il m'eût été permis alors d'avoir plus de
« bonhomie, etc., etc. »

Vendredi 8.

La Vendée; Charette.—Lamarque. — Tragédies d'Eschyle et de Sophocle, etc. — Véritables tragédies chez les Romains.—La Médée de Sénèque; singularité.

L'Empereur a travaillé avec l'un de nous, ce qui nous a fort réjouis, en nous prouvant qu'il se trouvait beaucoup mieux.

L'Empereur m'a fait demander avant dîner. Le travail semblait l'avoir ranimé, il était fort causant et nous marchions dans son appartement. La Vendée, ses troubles, les chefs qu'elle a montrés, ont été un des sujets remarquables de la conversation.

Charette était le seul dont il fît un cas tout particulier. « J'ai lu une histoire de la Vendée :
« si les détails, les portraits sont exacts, di-
« sait-il, Charette est le seul grand caractère,
« le véritable héros de cet épisode marquant de

« notre révolution ; lequel, s'il présente de grands
« malheurs, n'immole pas du moins notre gloire.
« On s'y égorge; mais on ne s'y dégrade point:
« on y reçoit des secours de l'étranger; mais
« on n'a pas la honte d'être sous sa bannière,
« et d'en recevoir un salaire journalier pour
« n'être que l'exécuteur de ses volontés. Oui,
« a-t-il continué, Charette me laisse l'impres-
« sion d'un grand caractère, je lui vois faire
« des choses d'une énergie, d'une audace peu
« communes; il laisse percer du génie. » Je
lui disais alors avoir beaucoup connu Charette dans mon enfance, nous avions été
gardes de la marine ensemble à Brest, nous y
avions partagé long-temps la même chambre,
mangé à la même table, et il avait fort surpris,
par ses exploits et sa brillante carrière, tous
ceux de nous qui avions été liés avec lui. Nous
avions jugé Charette assez commun, de peu
d'instruction, volontiers atrabilaire et surtout
extrêmement indolent. Pas un de nous qui ne
l'eût condamné à demeurer dans la foule des
insignifians. Il est bien vrai qu'à mesure qu'il
prenait de l'éclat nous nous rappellions, et nous
aimions à faire ressortir, qu'à une de ses pre-

mières campagnes dans la guerre d'Amérique, et devant n'être encore qu'un enfant, sortant de Brest, durant l'hiver, sur un cutter, son bâtiment perdit son mât, ce qui, pour ce genre d'embarcation, équivaut à une perte presque certaine; le temps était si épouvantable et la mort si infaillible, que, les matelots à genoux et l'esprit perdu, se refusèrent à tout travail qui eût pu les sauver. Le garde de la marine Charette, malgré son extrême jeunesse, en tua un pour contraindre les autres à travailler; il parvint, en effet, par ce terrible exemple, à décider tout le reste, et l'on sauva le bâtiment.

« Et bien ! voyez, disait l'Empereur, le vrai
« caractère perce toujours dans les grandes cir-
« constances : voilà, en effet, l'étincelle qui
« signala le héros de la Vendée. Il ne faut pas
« toujours s'y méprendre, il est des dormeurs
« dont le réveil est terrible. Kléber aussi était
« d'habitude un endormi; mais dans l'occasion,
« et toujours au besoin, il avait le réveil du
« lion. » J'ajoutais avoir maintefois entendu raconter à Charette, que dans un certain moment et d'un élan spontané, les matelots du cutter s'étaient écriés, d'une voix commune,

qu'ils faisaient vœu d'aller, en chemise et pieds nus, porter un cierge à Notre-Dame-de-Recouvrance (portion de Brest), si elle obtenait leur salut: « Et vous en croirez ce que vous voudrez, « nous ajoutait naïvement Charette; mais il est « de fait qu'à peine ils eurent fini de prononcer « leur prière, que le vent tomba subitement, et « que dès cet instant commencèrent nos espé- « rances de salut. » Et les matelots au retour, leurs officiers en tête, accomplirent dévotement leur vœu. Du reste, disais-je, ce ne fut pas la seule circonstance miraculeuse du petit cutter. On était au mois de décembre, la nuit fort longue et des plus obscures; on se savait au milieu des récifs; mais, privé du mât et de tout secours nautique, on flottait à l'aventure, n'attendant de salut que du Ciel, quand on entendit le son d'une cloche. On sonda, et trouvant très-peu de fonds, on jeta l'ancre. Qu'elle ne fut pas, au point du jour, la surprise et la joie de se voir à l'entrée de la rivière de Landernau ! La cloche qu'on avait entendue était celle de la paroisse voisine. Or le bâtiment avait merveilleusement traversé les innombrables écueils dont est semée l'entrée de Brest; il avait enfilé le goulet, passé à travers de trois ou quatre cents voiles qui couvraient la rade, et était venu trouver un abri précisément à l'entrée d'une rivière, sur un point calme et tout-à-fait à l'écart. « Voyez, « disait l'Empereur, toute la différence du tâ- « tonnement des hommes, à la marche assurée, « franche de la nature ; ce qui vous étonne si « fort, devait arriver. Très - probablement « qu'avec toutes nos connaissances humaines, « le trouble, les erreurs de nos sens, eussent amené « le naufrage du bâtiment. Au travers de tant « de chances malheureuses, la nature l'a sauvé « sans hésitation, la marée s'en est saisie, et la « force du courant l'a conduit, sans péril, préci- « sément au milieu de chaque chenal; de la sorte « il ne devait, il ne pouvait pas périr, etc. »

Et revenant sur la guerre de la Vendée, il a rappelé qu'il avait été tiré de l'armée des Alpes, pour passer à celle de la Vendée, et qu'il avait préféré donner sa démission, à poursuivre un service dans lequel, d'après les impulsions du temps, il n'eût pu concourir qu'à du mal, sans pouvoir personnellement prétendre à aucun bien. Il a dit qu'un des premiers soins de son consulat avait été de pacifier tout-à-fait ce malheureux pays, et de lui faire oublier ses désastres. Il avait beaucoup fait pour lui ; la population en avait été reconnaissante, et quand il l'avait traversé, les prêtres mêmes avaient semblé lui être sincèrement des plus favorables. « Aussi, ajoutait-il, les dernières insur- « rections n'avaient-elles plus le même carac- « tère que la première : ce n'était plus du pur « fanatisme, mais seulement de l'obéissance pas- « sive à une aristocratie dominatrice. Quoiqu'il « en soit, Lamarque, que j'y avais envoyé au « fort de la crise, y fit des merveilles et sur- « passa mes espérances. » Et de quel poids n'eus- sent pas pu devenir ses actes dans la grande lutte ; car les chefs vendéens les plus distingués, ceux sans doute qui recueillent, en ce moment, les bienfaits de la Cour, ont reconnu, entre ses mains, Napoléon pour Empereur, même après Waterloo, même après son abdication. Fut-ce de la part de Lamarque ignorance du véritable état des choses, ou seulement pure fantaisie de vainqueur ? Toutefois le voilà dans l'exil ; il est du nombre des 38. « C'est qu'il est plus facile « de proscrire que de vaincre, etc., etc. »

Il a pris fantaisie à l'Empereur de venir dîner

avec nous. C'était la première fois depuis son incommodité, c'est-à-dire depuis seize jours. Cela nous semblait une petite fête ; toutefois nous ne pouvions nous empêcher de remarquer avec douleur une grande altération dans tous ses traits et des traces visibles d'une aussi longue réclusion.

Après dîner, on a repris les lectures depuis si long-temps interrompues. L'Empereur nous a lu l'Agamemnon d'Eschyle, dont il a fort admiré l'extrême force, jointe à la grande simplicité. Nous étions frappés surtout de la graduation de terreur qui caractérise les productions de ce père de la tragédie. Et c'est pourtant là, faisait-on observer, l'étincelle première à laquelle se rattache notre belle lumière moderne.

Après l'Agamemnon d'Eschyle, l'Empereur a fait venir l'OEdipe de Sophocle, qui nous a également fait le plus grand plaisir, et l'Empereur a répété qu'il regrettait fort de ne l'avoir point fait jouer de la sorte à Saint-Cloud.

Talma avait toujours combattu cette idée; mais l'Empereur disait être fâché de n'avoir point insisté, « Non que j'eusse voulu essayer, « ajoutait-il, d'en ramener la mode ou de cor-

« riger notre théâtre, Dieu m'en garde ; mais
« seulement parce que j'eusse aimé à juger des
« impressions de la facture antique sur nos
« dispositions modernes. » Il était persuadé
qu'un tel spectacle eût fait grand plaisir, et il
se demandait quel effet eussent pu produire,
avec notre goût moderne, le coryphée et les
chœurs grecs, etc., etc.

Il est passé de-là à l'OEdipe de Voltaire,
qu'il a beaucoup vanté. Cette pièce lui présentait, disait-il, la plus belle scène de notre
théâtre. Quant à ses vices, les amours si ridicules de Philoctète par exemple, il ne fallait
point en accuser le poëte, mais bien les mœurs
du temps et les grandes actrices du jour, qui
imposaient la loi. Cet éloge de Voltaire nous a
frappé : il était nouveau pour nous, tant il était
rare dans la bouche de l'Empereur.

A onze heures, et déjà couché, l'Empereur
m'a fait appeler et a continué à causer sur
notre théâtre et sur celui des Grecs et des
Romains, au sujet desquels il a dit beaucoup
de choses fort curieuses.

D'abord il s'étonnait que les Romains n'eussent point de tragédies ; puis il convenait

qu'elles eussent été peu propres à les émouvoir sur le théâtre; qu'elles se donnaient en réalité dans leurs cirques. « Les combats des gladia-
« teurs, disait-il, celui des hommes livrés aux
« bêtes féroces, étaient bien autrement terribles
« que toutes nos scènes dramatiques ensemble;
« et c'étaient là, du reste, les seules tragédies,
« remarquait-il, propres à la trempe robuste,
« aux nerfs d'acier des Romains. »

Toutefois, les Romains ont eu, disions-nous, quelques essais de tragédie, produits par Sénèque; et sa Médée, par parenthèse, présente une circonstance bien bizarre : c'est que le chœur y prédit distinctement la découverte de l'Amérique, opérée 1400 ans plus tard. « Un nouveau Typhon, y est-il dit, enfant de
« la terre, ira, dans les siècles à venir, découvrir
« vers l'Occident des régions éloignées, et
« Thule ne sera plus l'extrémité de l'univers *.

---

* .... venient annis
Sæcula series quibus oceanus
Vincula rerum laxet, et ingens
Pateat tellus, Typhoque novos
Detegat orbes, nec sit terris ultima Thule.

Fin du chœur du 2.e acte de la Médée de Sénèque.

Samedi 9.

L'Empereur beaucoup mieux. — Lui sauter ! — Madame R........ de St-J... d'A..... — Les deux Impératrices. — Dépenses de Joséphine ; mécontentemens de l'Empereur ; anecdotes caractéristiques de l'Empereur.

L'Empereur était infiniment mieux ; entouré de nous, il parlait des prodiges du début de sa carrière, et disait qu'ils avaient dû créer une grande impression dans le monde. Une telle impression, a repris quelqu'un, qu'on avait été tenté d'y apercevoir du surnaturel ; et, à ce sujet, il a cité une anecdote qui, dans le temps, avait couru les salons de Paris. Dans un quartier de la capitale, un nouvelliste entre, tout effaré, dans un cercle, annonçant que Bonaparte vient de périr à l'instant : il raconte l'explosion de la machine infernale, et termine en disant : « Le voilà sauté en l'air. — *Lui sauter !* s'écria un vieil Autrichien, qui avait écouté de toutes ses oreilles, et qui avait encore présentes toutes les crises désespérées dont il avait vu sortir miraculeusement le jeune général de l'armée d'Italie ; *lui sauter !* Ah ! vous connaissez bien votre homme ; et moi je vous gage qu'à l'heure qu'il est il se porte mieux que nous tous. Je le connais de longue main avec toutes ses drôleries ! »

Dans un autre moment, Mme R....... de St.-J... d'A..... ayant été mentionnée et quelqu'un ayant dit à l'Empereur combien elle avait montré d'attachement pour lui durant son séjour à l'île d'Elbe. « Qui, elle, s'est écrié l'Empe-
« reur avec surprise et satisfaction ? — Oui,
« Sire. — Ah ! pauvre femme, a-t-il ajouté
« avec le geste et l'accent du regret, et moi
« qui l'avais pourtant si maltraitée ! Eh bien !
« voilà qui paye du moins pour les renégats
« que j'avais tant comblés.... ! » Et, après quelques secondes de silence, il a dit significativement : « Il est bien sûr qu'ici bas on ne
« connaît véritablement les ames et les senti-
« mens qu'après de grandes épreuves ! »

L'Empereur, à dîner, était fort bien, très-content et même gai ; il se félicitait d'avoir passé sa dernière crise sans s'être soumis à la médecine, sans avoir payé tribut au docteur ; et c'est ce qui fâchait celui-ci, disions-nous ; il se serait contenté de si peu ; le plus léger acte eût suffi ! Il n'eût demandé que le billet de confession du clergé, disait l'Empereur, tout en riant beaucoup de la chose, et ajoutant que, par pure complaisance, il avait été jusqu'à essayer un gargarisme, qu'il avait trouvé d'une acidité violente qui lui avait fait mal; faisant observer en cela qu'il ne lui fallait que des remèdes extrêmement doux; tous les autres le crispant infailliblement. « Au physique comme au moral, « disait-il, il faut me prendre par la douceur, « autrement je me cabre. »

Le cours de la conversation a conduit l'Empereur encore une fois sur le compte des Impératrices Joséphine et Marie-Louise. Il a multiplié sur elles les détails les plus aimables et les plus circonstanciés, et a terminé par son adage ordinaire, que l'une était les grâces et tous leurs charmes; l'autre, l'innocence et tous ses attraits.

L'Empereur détaillait ce qu'avait coûté la Malmaison : environ 3 ou 4 cent mille francs; c'est-à-dire tout ce qu'il possédait alors, disait-il, et il énumérait ensuite tout ce que pouvait avoir reçu de lui l'Impératrice Joséphine; concluant qu'avec un peu d'ordre et de régularité seulement, elle eût bien dû laisser, peut-être, 50

ou 60 millions. « Son gaspillage, disait l'Em-
« pereur, faisait mon supplice. Calculateur
« comme je le suis, il devait être dans ma na-
« ture d'aimer mieux donner un million que
« de voir gaspiller 100 mille francs. » Il nous
racontait comment étant tombé un jour sans
être attendu dans le petit cercle du matin de
Joséphine, il avait trouvé une dame professant
à la lettre modes et chiffons. « Mon apparition
« subite causa, disait-il, un grand désordre
« dans la séance académique. C'était une célèbre
« marchande de modes, une de ces fameuses du
« jour, à laquelle j'avais fait défendre positi-
« vement d'approcher de l'Impératrice, qu'elle
« ruinait. Je donnai quelques ordres inaper-
« çus, et à sa sortie on s'en empara; elle fut
« conduite à Bicêtre. Ce fut un grand bruit
« dans tout Paris, le plus grand des scandales,
« disait-on. Le bon ton fut de lui rendre visite,
« et il y eut à sa porte une file de voitures.
« La police vint m'en faire part. Tant mieux,
« dis-je, vous ne lui avez point fait de mal,
« elle n'est point au cachot? — Non, Sire, elle
« a plusieurs pièces, elle tient salon. — Eh
« bien! laissez crier; tant mieux si l'on prend

« ceci pour un acte de tyrannie, ce sera un coup
« de diapason pour un grand nombre; très-
« peu leur montrera que je pourrais faire beau-
« coup, etc., etc. » Il nous a cité aussi un autre
célèbre modiste, qu'il disait être le plus inso-
lent personnage qu'il eût jamais rencontré dans
toute sa carrière. « Lui ayant adressé la parole,
« disait Napoléon, un jour que j'examinais un
« trousseau de famille fourni par lui, il avait
« osé m'entreprendre, moi, à qui certes on ne
« mangeait pas dans la main; il fit ce que per-
« sonne en France n'eût osé tenter, il se mit
« à me démontrer fort abondamment que je
« ne donnais pas assez à l'Impératrice José-
« phine, qu'il devenait impossible de l'habil-
« ler à ce prix. Je l'arrêtai, au milieu de son
« impertinente éloquence, d'un seul regard : il
« en demeura comme terrassé. »

Après dîner, l'Empereur était à peine rentré
dans sa chambre qu'il m'a fait demander, bien
qu'il fut déjà dans son lit; et il m'a retenu fort
tard, continuant très-gaîment la conversation
du dîner, et passant de là à beaucoup d'autres
objets. Il se trouvait infiniment mieux, et avait
babillé, disait-il, avec plaisir. Pour nous, il

nous avait, au fait, donné une soirée charmante. Néanmoins il toussait beaucoup, c'était même ce qui avait interrompu notre veillée, en le forçant de se lever de table. « J'aurai pris trop
« de tabac sans y songer, m'a-t-il dit : je suis
« une bête d'habitude, la conversation m'aura
« distrait; vous devriez, mon cher, dans pareil
« cas, m'ôter ma tabatière : c'est ainsi qu'on
« sert ceux qu'on aime, etc., etc. »

Dimanche 10.

Guerre sur les grandes routes. — Dumouriez plus audacieux que Napoléon. — Détails sur la princesse Charlotte de Galles, le prince Léopold de Saxe-Cobourg, etc.

Depuis quelques jours, l'Empereur, dans ses lectures, s'occupe de guerre, de fortifications, d'artillerie, etc. Il a parcouru Vauban, le Dictionnaire de Gassendi, quelques campagnes de la révolution, et la Tactique de Guibert, qui l'attache fort. Et revenant, à ce sujet, sur des généraux déjà cités plusieurs fois ailleurs : « Ils
« ne savaient, disait-il, faire la guerre que sur
« les grandes routes et à la portée du canon,
« lorsque leur champ de bataille eût dû em-
« brasser la totalité du pays. »

À dîner il a parlé de la campagne de Dumouriez en Champagne, qu'il venait de lire. Il faisait peu de cas du duc de Brunswick, qui, avec un projet offensif, n'avait fait, disait-il, que dix-huit lieues en quarante jours. Mais d'un autre côté, il blâmait fort Dumouriez, dont il avait trouvé la position trop audacieuse. « Et de ma
« part on doit prendre cela pour beaucoup,
« a-t-il ajouté, car je me regarde comme l'homme
« le plus audacieux, en guerre, qui, peut-être,
« ait jamais existé ; et, bien certainement, je
« ne serais pas resté dans la position de Dumou-
« riez, tant elle m'eût présenté de dangers. Je
« n'explique sa manœuvre qu'en me disant qu'il
« n'aura pas osé se retirer. Il aura jugé encore
« plus de périls dans la retraite qu'à demeurer.
« Wellington s'était mis dans ce cas avec moi
« le jour de Waterloo.

« Les Français sont les plus braves qu'on con-
« naisse ; dans quelque position qu'on les essaye
« ils se battront ; mais ils ne savent pas se reti-
« rer devant un ennemi victorieux. S'ils ont le
« moindre échec, ils n'ont plus ni tenue ni dis-
« cipline ; ils vous glissent dans la main. Voilà,
« je suppose, quel aura été le calcul de Du-

« mouriez, etc., etc.; ou bien encore, peut-
« être, quelque négociation secrète que nous
« ignorons. »

Dans le jour, des papiers publics, qu'on nous a procurés, parlaient du mariage du prince Léopold de Saxe Cobourg avec la princesse Charlotte de Galles.

L'Empereur a dit : « Ce prince Léopold a
« pu être mon aide-de-camp : il l'a sollicité de
« moi, et je ne sais ce qui aura arrêté sa nomi-
« nation. Il est fort heureux pour lui de n'avoir
« pas réussi : ce titre lui aurait coûté sans doute
« le mariage qu'il fait en cet instant; et puis,
« observait l'Empereur, qu'on vienne nous dire
« ce qui est heur ou malheur ici bas dans la
« vie des hommes!... »

La conversation s'est engagée alors sur la princesse Charlotte d'Angleterre. Quelqu'un disait qu'elle était extrêmement populaire à Londres, et donnait des signes non équivoques de beaucoup de caractère. C'était un adage parmi beaucoup d'Anglais, qu'elle recommencerait Elisabeth. Elle-même, prétendait-on, n'était pas sans quelques pensées à cet égard. Le narrateur disait s'être trouvé à Londres, en 1814, précisément quand cette jeune princesse, à la suite des outrages faits à sa mère, en présence des souverains alliés, s'était évadée de chez le prince régent, son père, avait sauté dans le premier fiacre offert à sa vue, et volé à la demeure de sa mère, qu'elle adorait. La gravité anglaise se montra indulgente en cette occasion; on se plut généralement à trouver l'excuse d'une inconséquence aussi grave dans la moralité même du sentiment qui l'avait causée. La jeune princesse ne voulait plus sortir de chez sa mère; il fallut que le duc d'Yorck, ou un autre de ses oncles, et peut-être encore le grand-chancelier d'Angleterre, vinssent la décider à retourner auprès de son père, lui démontrant que son obstination pouvait exposer sa mère au point de mettre sa vie en péril.

La princesse Charlotte avait déjà fait preuve d'un caractère très-décidé, en refusant d'épouser le prince d'Orange, qu'elle repoussait surtout parce qu'elle se serait trouvée dans l'obligation, disait-elle, de vivre parfois hors d'Angleterre : sentiment national qui la rendit encore d'autant plus chère aux Anglais.

Elle ne s'est fixée sur le prince Léopold de

Saxe Cobourg, nous disent les Anglais qui se trouvent ici, que par le seul effet de son propre choix; et elle a annoncé hautement, ajoutent-ils, qu'elle comptait sur d'heureux jours, parce qu'elle n'avait eu d'autre guide que le sentiment. Ce prince lui a beaucoup plu. « Je le crois sans
« peine, a observé l'Empereur; si je m'en sou-
« viens bien, c'est le plus beau jeune homme
« que j'aye vu aux Tuileries. » On a raconté que les Anglais d'ici avaient donné, il y avait peu de jours, ce qu'ils appelaient une preuve du caractère et de la dignité de leur jeune future souveraine. Un des ministres s'étant rendu chez elle, lors des arrangemens du mariage, pour des détails domestiques à régler, lui fit entendre des propositions qu'elle regarda comme peu faites pour elle. « Milord, lui dit-elle avec fierté,
« je suis l'héritière de la Grande-Bretagne, je
« dois un jour en porter la couronne, je le sais, et
« mon ame s'est mise en rapport avec cette haute
« destinée; ainsi ne croyez pas pouvoir me trai-
« ter autrement. N'allez pas penser que, pour
« épouser le prince Léopold, je puisse, je
« veuille jamais être *mistriss Cobourg* : ôtez-
« vous cela de la tête, etc. »

Cette jeune princesse est l'idole des Anglais, qui se complaisent à voir en elle l'espoir d'un meilleur avenir.

L'Empereur, revenant sur le prince Léopold, qui avait dû être son aide-de-camp, a dit :
« Une foule d'autres princes allemands bri-
« guaient la même faveur. Lorsque j'eus créé
« la confédération du Rhin, les souverains qui
« en faisaient partie ne doutèrent pas que je ne
« fusse prêt à renouveler, dans ma personne,
« l'étiquette et les formes du saint empire ro-
« main; et tous parmi eux, jusqu'aux Rois
« mêmes, se montraient empressés de former
« mon cortége, et de devenir, l'un mon grand-
« échanson, l'autre mon grand-pannetier, etc.
« Vers ce temps, les princes allemands avaient,
« à la lettre, envahi les Tuileries; ils en rem-
« plissaient les salons, modestement confondus,
« perdus au milieu de vous autres. Il est vrai
« qu'il en était de même des Italiens, des Espa-
« gnols, des Portugais, et que la plus grande
« partie de l'Europe se trouvait rassemblée aux
« Tuileries!... Le fait est, a conclu l'Empereur,
« que, sous mon règne, Paris a été la reine des

« nations, et les Français le premier peuple de
« l'univers!... »

Lundi 11.

Divers objets bien importans. — Négociation d'Amiens; début du Premier Consul en diplomatie. — De l'agglomération des peuples de l'Europe. — De la conquête de l'Espagne. — Danger de la Russie. — Bernadotte.

L'Empereur n'est pas sorti de sa chambre; j'ai passé presque toute la journée avec lui, je ne l'ai quitté que pour aller dîner.

Les conversations du jour ont été longues, pleines, et des plus intéressantes; l'Empereur se trouvait fort causant, et ses paroles étaient riches, rapides. Il a parcouru une foule d'objets souvent fort étrangers, bien qu'ils se fussent amenés naturellement les uns par les autres. Ils étincelaient d'idées et de faits nouveaux pour moi; malheureusement leur nombre et leur importance même m'en ont fait perdre une partie, et je voudrais pouvoir affirmer que je suis littéral dans ce qui reste; car ma grande occupation à retenir ce qui était passé, m'a souvent rendu distrait pour ce qui arrivait.

Parlant des élémens de la société, il disait:

« La *démocratie* peut être furieuse; mais elle
« a des entrailles, on l'émeut; pour *l'aristo-*
« *cratie*, elle demeure toujours froide, elle ne
« pardonne jamais, etc., etc. »

Dans un autre moment, et à la suite d'anté-cédens, il a dit : « Toutes les institutions ici
« bas ont deux faces: celle de leurs avantages et
« celle de leurs inconvéniens; on peut donc, par
« exemple, soutenir et combattre la *république*
« et la *monarchie*. Nul doute qu'on ne prouve
« facilement, en théorie, que toutes deux éga-
« lement sont bonnes et fort bonnes; mais, en
« application, ce n'est plus aussi aisé. » Et il arrivait à dire que l'extrême frontière du gouvernement de plusieurs était *l'anarchie;* l'extrême frontière du gouvernement d'un seul, le *despotisme;* que le mieux serait indubitablement un juste milieu, s'il était donné à la sagesse humaine de savoir s'y tenir. Et il remarquait que ces vérités étaient devenues banales, sans amener aucun bénéfice; qu'on avait écrit, à cet égard, des volumes jusqu'à satiété, et qu'on en écrirait grand nombre encore, sans s'en trouver beaucoup mieux, etc., etc.

Plus tard, il lui est arrivé de dire encore: « Il

« n'y a point de despotisme absolu, il n'en est
« que de relatif; un homme ne saurait impuné-
« ment en absorber un autre. Si un Sultan fait
« couper des têtes à son caprice, il perd facile-
« ment aussi la sienne, et de la même façon. Il
« faut que l'excès se déverse toujours de côté
« ou d'autre ; ce que l'Océan envahit dans une
« partie, il le perd ailleurs; et puis il est des
« mœurs, certains usages contre lesquels vien-
« nent se briser toute puissance. Moi, en Egypte,
« conquérant, dominateur, maître absolu, exer-
« çant les lois sur la population par de simples
« ordres du jour, je n'aurais pas osé faire fouil-
« ler les maisons, et il eût été hors de mon pou-
« voir d'empêcher les habitans de parler libre-
« ment dans les cafés. Ils y étaient plus libres,
« plus parleurs, plus indépendans qu'à Paris :
« s'ils se soumettaient à être esclaves ailleurs,
« ils prétendaient et voulaient être libres là. Les
« cafés étaient là citadelle de leurs franchises,
« le bazard de leurs opinions. Ils y déclamaient
« et jugeaient en toute hardiesse : on n'eût pû
« venir à bout de leur fermer la bouche. S'il
« m'est arrivé d'y entrer, on s'y inclinait de-
« vant moi, il est vrai; mais c'était affaire d'es-

« time personnelle; j'étais le seul, on ne l'eût
« pas fait pour mes lieutenans, etc., etc.

« Quoiqu'il en soit, disait-il, à la suite d'au-
« tres objets, voici le pouvoir de l'unité et de
« la concentration, ce sont des faits propres à
« frapper même le dernier vulgaire. La France,
« livrée aux tiraillemens de plusieurs, allait pé-
« rir sous les coups de l'Europe réunie; elle met
« le gouvernail aux mains d'un seul, et aussitôt,
« moi, Premier Consul, je donne la loi à toute
« cette même Europe.

« Ce fut un singulier spectacle que de voir
« les vieux cabinets de l'Europe ne pas juger
« l'importance d'un tel changement, et conti-
« nuer à se conduire avec l'unité et la concen-
« tration, comme ils l'avaient fait avec la mul-
« titude et l'éparpillage. Ce qui n'est pas moins
« remarquable, c'est que Paul, qui a passé pour
« un fou, fut le premier qui, du fond de sa
« Russie, apprécia cette différence; tandis que
« le ministère anglais, réputé si habile et de
« tant d'expérience, fut le dernier. » « *Je laisse*
« *de côté les abstractions de votre révolution,*
« m'écrivait Paul, *je me tiens à un fait ; il*
« *me suffit : à mes yeux vous êtes un gou-*

« *vernement, et je vous parle, parce que*
« *nous pouvons nous entendre, et que je puis*
« *traiter.* »

« Quant au ministère anglais, il me fallut
« vaincre et forcer partout à la paix, l'isoler
« absolument du reste de l'Europe pour par-
« venir à m'en faire écouter; et encore n'entra-
« t-il en pourparler avec moi qu'en se traînant
« dans les ornières de la vieille routine. Il es-
« sayait de m'amuser par des longueurs, des
« protocoles, des formes, des étiquettes, des
« antécédens, des incidens, que sais-je? Je ne
« fis qu'en rire, je me sentais si puissant!!!

« Un terrain tout nouveau demandait des
« procédés tout nouveaux; mais les négocia-
« teurs anglais ne semblaient se douter ni du
« temps, ni des choses, ni des hommes. Ma
« manière les déconcerta tout-à-fait. Je débutai
« avec eux en diplomatie comme j'avais fait
« ailleurs dans les armes. Voici mes proposi-
» tions, leur dis-je tout d'abord; nous sommes
« maîtres de la Hollande, de la Suisse, je les
« abandonne contre les restitutions que vous
« aurez à faire à nous ou à nos alliés; nous som-
« mes maîtres aussi de l'Italie, j'en abandonne

« une partie, et conserve l'autre, afin de pouvoir
« diriger et garantir l'existence et la durée du
« tout : voilà mes bases ; à présent édifiez au-
« tour ce qu'il vous plaira, peu m'importe ;
« mais le but et le résultat doivent demeurer tels ;
« je n'y changerai rien. Je ne prétends point
« acheter de vous des concessions ; mais faire
« des arrangemens raisonnables, honorables et
« durables ; voilà mon cercle. Vous ne vous
« doutez pas, à ce que je vois, ni de nos situa-
« tions ni de nos moyens respectifs ; je ne crains
« ni vos refus, ni vos efforts, ni tous les em-
« barras que vous pourriez me créer ; j'ai les
« bras forts, je ne demande qu'à porter.

« Ce langage inusité, continuait l'Empereur,
« eut son effet ; on n'avait prétendu que nous
« amuser à Amiens, et l'on y traita sérieusement.
« Ne sachant par où me toucher, ils m'offrirent
« de me faire roi de France. J'en levai les épau-
« les de pitié. Ils s'adressaient bien.... Roi par
« la grâce de l'étranger !... Moi qui me trouvais
« déjà souverain par la volonté du peuple !...

« L'ascendant que je m'étais donné était tel,
« que durant les négociations même, je me fis
« adjuger par les Italiens la présidence de leur

« république, et que cet acte, qui, dans la di-
« plomatie ordinaire de l'Europe, eût enfanté
« tant d'incidens, n'interrompit, n'arrêta rien:
« on n'en conclut pas moins, tant ma brusque
« franchise m'avait plus servi que n'eussent pu
« faire toutes les finasseries d'usage. Bien des
« pamphlets et bien des manifestes qui ne va-
« lent guère mieux, m'ont accusé de perfidie,
« de manquer de foi et de parole dans mes né-
« gociations : je ne le méritai jamais; les autres
« cabinets, toujours.

« A Amiens, du reste, a-t-il dit, je croyais
« de très-bonne foi, le sort de la France,
« celui de l'Europe, le mien, fixés; la guerre
« finie. C'est le cabinet anglais qui a tout ral-
« lumé, c'est à lui seul que l'Europe doit tous
« les fléaux qui ont suivi, lui seul en est res-
« ponsable; pour moi j'allais me donner uni-
« quement à l'administration de la France, et
« je crois que j'eusse enfanté des prodiges. Je
« n'eusse rien perdu du côté de la gloire, mais
« beaucoup gagné du côté des jouissances;
« j'eusse fait la conquête morale de l'Europe,
« comme j'ai été sur le point de l'accomplir
« par les armes. De quel lustre on m'a privé !

« On ne cesse de parler de mon amour pour « la guerre ; mais n'ai-je pas été constamment « occupé à me défendre ? Ai-je remporté une « seule grande victoire, que je n'aie immédia- « tement proposé la paix ?

« Le vrai est que je n'ai jamais été maître « de mes mouvemens ; je n'ai jamais été réelle- « ment tout-à-fait moi.

« Je puis avoir eu bien des plans ; mais je ne « fus jamais en liberté d'en exécuter aucun. « J'avais beau tenir le gouvernail, quelque forte « que fût la main, les lames subites et nom- « breuses l'étaient bien plus encore, et j'avais la « sagesse d'y céder, plutôt que de sombrer en « voulant y résister obstinément. Je n'ai donc « jamais été véritablement mon maître ; mais « j'ai toujours été gouverné par les circons- « tances : si bien qu'au commencement de mon « élévation, sous le consulat, de vrais amis, « mes chauds partisans, me demandaient par- « fois, dans les meilleures intentions et pour « leur gouverne, *où je prétendais arriver;* et je « répondais toujours que je n'en savais rien. Ils « en demeuraient frappés, peut-être mécontens, « et pourtant je leur disais vrai. Plus tard, sous

« l'empire, où il y avait moins de familiarité,
« bien des figures semblaient me faire encore la
« même demande, et j'eusse pu leur faire la
« même réponse. C'est que je n'étais point le
« maître de mes actes, parce que je n'avais pas
« la folie de vouloir tordre les événemens à
« mon système; mais au contraire je pliais
« mon système sur la contexture imprévue
« des événemens; et c'est ce qui m'a donné
« souvent les apparences de mobilité, d'incon-
« séquence, et m'en a fait accuser parfois; mais
« était-ce juste? » Et après avoir traité beaucoup d'autres sujets encore, l'Empereur, plus
loin, disait : « Une de mes plus grandes pen-
« sées avait été l'agglomération, la concentra-
« tion des mêmes peuples géographiques, qu'ont
« dissous, morcelés les révolutions et la poli-
« tique. Ainsi l'on compte en Europe, bien
« qu'épars, plus de trente millions de Fran-
« çais, quinze millions d'Espagnols, quinze
« millions d'Italiens, trente millions d'Alle-
« mands : j'eusse voulu faire de chacun de ces
« peuples un seul et même corps de nation.
« C'est avec un tel cortége qu'il eût été beau
« de s'avancer dans la postérité et la bénédic-

« tion des siècles. Je me sentais digne de cette
« gloire !

« Après cette simplification sommaire, il eût
« été plus possible de se livrer à la chimère du
« beau idéal de la civilisation : c'est dans cet
« état de choses qu'on eût trouvé plus de chan-
« ces d'amener partout l'unité des codes, celle
« des principes, des opinions, des sentimens,
« des vues et des intérêts. Alors peut-être, à la
« faveur des lumières universellement répan-
« dues, devenait-il permis de rêver, pour la
« grande famille européenne, l'application du
« congrès américain, ou celle des Amphictions
« de la Grèce ; et quelle perspective alors de
« force, de grandeur, de jouissances, de pros-
« périté ! Quel grand et magnifique specta-
« cle !......

« L'agglomération des trente ou quarante
« millions de Français était faite et parfaite ;
« celle des quinze millions d'Espagnols l'était
« à-peu-près aussi ; car rien n'est plus commun
« que de convertir l'accident en principe :
« comme je n'ai point soumis les Espagnols, on
« raisonnera désormais comme s'ils eussent été
« insoumettables. Mais le fait est qu'ils ont été

« soumis, et qu'au moment même où ils m'ont
« échappé, les cortès de Cadix traitaient secrè-
« tement avec nous. Aussi, ce n'est pas leur
« résistance, ni les efforts des Anglais qui les
« ont délivrés; mais bien mes fautes et mes re-
« vers lointains : celle surtout de m'être trans-
« porté, avec toutes mes forces, à mille lieues de
« d'eux, et d'y avoir péri; autrement le gou-
« vernement espagnol allait se consolider, les
« esprits se fussent calmés, les divers partis se
« seraient ralliés; 3 ou 4 ans eussent présenté
« chez eux une paix profonde, une prospérité
« brillante, une nation compacte, et j'aurais
« bien mérité d'eux; je leur eusse épargné l'af-
« freuse tyrannie qui les foule, les terribles
« agitations qui les attendent.

« Quant aux 15 millions d'Italiens, l'agglo-
« mération était déjà fort avancée : il ne fallait
« plus que vieillir, et chaque jour mûrissait
« chez eux l'unité de principes et de législa-
« tion, celle de penser et de sentir, ce ciment
« assuré, infaillible, des agglomérations humai-
« nes. La réunion du Piémont à la France,
« celle de Parme, de la Toscane, de Rome,
« n'avaient été que temporaires dans ma pensée,

« et n'avaient d'autre but que de surveiller, ga-
« rantir et avancer l'éducation nationale des
« Italiens *. Et voyez si je jugeais bien, et quel

---

* Une aussi grande détermination que celle de l'abandon futur de l'Italie, entendue pour la première fois, exprimée de la sorte en passant avec aussi peu d'importance, sans le développement d'aucun motif, l'appui d'aucune preuve, n'eût, je l'avoue, pas plus de poids à mes yeux qu'on n'en doit accorder à ces assertions hasardées qu'amène si souvent et qu'excuse la chaleur des simples conversations. Mais le temps et l'habitude m'ont appris que toutes celles de Napoléon, en pareil cas, emportaient avec elles leur sens plein, entier, littéral. Je les ai trouvées telles toutes les fois que j'ai rencontré les moyens de la vérification; et je le fais observer afin que ceux qui seraient portés à repousser aussi, ne le fissent pas trop légèrement à leur tour, sans avoir employé, du moins, la recherche des preuves.

Je trouve, par exemple, aujourd'hui, dans une dictée de Napoléon au général Montholon, publiée dans *les Mémoires pour servir à l'histoire de France*, vol. 1er, page 137, un développement si complet, si satisfaisant de la simple phrase que j'avais recueillie de sa conversation, que je ne puis résister à le transcrire ici.

« Napoléon, y est-il dit, voulait recréer la patrie italienne, réunir les Vénitiens, les Milanais, les Piémontais, les Génois, les Toscans, les Parmesans, les Modenais, les Romains, les Napolitains, les Siciliens, les Sardes dans une seule nation indépendante, bornée par les Alpes, les mers Adriatiques, d'Ionie et Méditerranée :

« est l'empire des lois communes ! Les parties
« qui nous avaient été réunies, bien que cette

c'était le trophée immortel qu'il élevait à sa gloire. Ce grand et puissant royaume aurait contenu la maison d'Autriche, sur terre; et sur mer, ses flottes, réunies à celles de Toulon, auraient dominé la Méditerranée et protégé l'ancienne route du commerce des Indes, par la mer Rouge et Suez. Rome, capitale de cet Etat, était la ville éternelle : couverte par les trois barrières des Alpes, du Pô, des Apennins, plus à portée que tout autre de trois grandes îles. Mais Napoléon avait bien des obstacles à vaincre. Il avait dit à la consulte de Lyon : *Il me faut 20 ans pour rétablir la nation italienne.*

« Trois choses s'opposaient à ce grand dessein : 1° les possessions qu'avaient les puissances étrangères; 2° l'esprit des localités; 3° le séjour des Papes à Rome.

« Dix ans s'étaient à peine écoulés depuis la consulte de Lyon, que le premier obstacle était entièrement levé : aucune puissance étrangère ne possédait plus rien en Italie : elle était tout entière sous l'influence immédiate de l'Empereur. La destruction de la république de Venise, du roi de Sardaigne, du grand-duc de Toscane, la réunion à l'empire du patrimoine de Saint-Pierre, avaient fait disparaître le second obstacle. Comme ces fondeurs qui ayant à transformer plusieurs pièces de petit calibre en une seule de 48, les jettent d'abord dans le haut fourneau pour les décomposer, les réduire en fusion; de même les petits Etats avaient été réunis à l'Autriche où à la France pour être réduits en élémens, perdre leurs souvenirs, leurs pré-

« réunion pût paraître, de notre part, l'injure
« de l'envahissement, et en dépit de tout leur
« patriotisme italien, ces mêmes parties ont été
« précisément celles qui, de beaucoup, nous
« sont demeurées les plus attachées. Aujourd'hui
« qu'elles sont rendues à elles-mêmes, elles se
« croyent envahies, déshéritées, et elles le
« sont!......

« Tout le midi de l'Europe eût donc bientôt
« été compact de localités, de vues, d'opinions,

---

tentions, et se trouver préparés au moment de la fonte. Les Vénitiens, réunis pendant plusieurs années à la monarchie autrichienne, avaient senti toute l'amertume d'être soumis aux Allemands. Lorsque ces peuples rentrèrent sous la domination italienne, ils ne s'inquiétèrent pas si leur ville serait la capitale, si leur gouvernement serait plus ou moins aristocratique. La même révolution s'opéra en Piémont, à Gênes, à Rome, brisés par le grand mouvement de l'empire français.

« Il n'y avait plus de Vénitiens, de Piémontais, de Toscans; tous les habitans de la péninsule n'étaient plus qu'Italiens : tout était prêt pour créer la grande patrie italienne. Le grand-duché de Berg était vacant pour la dynastie qui occupait momentanément le trône de Naples. L'Empereur attendait avec impatience la naissance de son second fils pour le mener à Rome, le couronner roi d'Italie et proclamer l'indépendance de la belle péninsule sous la régence du prince Eugène... »

« de sentimens et d'intérêts. Dans cet état de
« choses, que nous eût fait le poids de toutes
« les nations du Nord ? Quels efforts humains
« ne fussent pas venus se briser contre une
« telle barrière ?

« L'agglomération des Allemands demandait
« plus de lenteur, aussi n'avais-je fait que simpli-
« fier leur monstrueuse complication ; non qu'ils
« ne fussent préparés pour la concentralisation :
« ils l'étaient trop au contraire, ils eussent pu
« réagir aveuglément sur nous avant de nous
« comprendre. Comment est-il arrivé qu'aucun
« prince allemand n'ait jugé les dispositions
« de sa nation, ou n'ait pas su en profiter ? As-
« surément si le Ciel m'eût fait naître prince
« allemand, au travers des nombreuses crises de
« nos jours, j'eusse gouverné infailliblement les
« 30 millions d'Allemands réunis ; et, pour ce
« que je crois connaître d'eux, je pense encore
« que si une fois ils m'eussent élu et proclamé,
« ils ne m'auraient jamais abandonné, et je ne
« serais pas ici... » Alors ont suivi des détails et
des applications douloureuses. Puis il a repris :
« Quoiqu'il en soit, cette agglomération arrivera
« tôt ou tard, par la force des choses, l'impulsion

« est donnée, et je ne pense pas qu'après ma chute
« et la disparition de mon système, il y ait en
« Europe d'autre grand équilibre possible que
« l'agglomération et la confédération des grands
« peuples. Le premier souverain qui, au milieu
« de la première grande mêlée, embrassera de
« bonne foi la cause des peuples, se trouvera à
« la tête de toute l'Europe, et pourra tenter
« tout ce qu'il voudra.

« Que si on me demande à présent pourquoi
« je ne laissais pas transpirer alors de pareilles
« idées? pourquoi je ne les livrais pas à la dis-
« cussion publique? Elles eussent été si popu-
« laires, me dira-t-on, et l'opinion m'eût été
« d'un renfort si immense! Je réponds que la
« malveillance est toujours beaucoup plus active
« que le bien, qu'il existe aujourd'hui tant
« d'esprit parmi nous, qu'il domine aisément le
« bon sens, et peut obscurcir à son gré les points
« les plus lumineux ; que livrer de si hauts
« objets à la discussion publique, c'était les
« livrer à l'esprit de cotterie, aux passions, à
« l'intrigue, au commérage, et n'obtenir, pour
« résultat infaillible, que discrédit et opposition.
« Je calculais donc trouver un bien plus grand

« secours dans le secret ; alors demeurait,
« comme en auréole autour de moi ce vague
« qui enchaîne la multitude et lui plaît; ces
« spéculations mystérieuses qui occupent, rem-
« plissent tous les esprits ; enfin, ces dénoue-
« mens subits et brillans reçus avec tant d'ap-
« plaudissemens, et qui créent tant d'empire.
« C'est ce même principe qui m'a fait courir
« malheureusement si vite à Moscou : avec plus
« de lenteur j'eusse paré à tout, mais je m'étais
« mis dans l'obligation de ne pas laisser le
« temps de commenter. Avec ma carrière déjà
« parcourue, avec mes idées pour l'avenir, il
« fallait que ma marche et mes succès eussent
« quelque chose de surnaturel. » Et alors l'Empereur est passé à l'expédition de Russie, répétant une grande partie des choses que j'ai dites ailleurs. Je ne reproduis ici que ce qui m'a paru neuf.

« Et voici encore, disait-il, une autre cir-
« constance où on a pris l'accident pour le prin-
« cipe. J'ai échoué contre les Russes ; de-là
« ils sont inattaquables chez eux, invincibles ;
« mais pourtant à quoi cela a-t-il tenu ? Qu'on
« le demande à leurs fortes têtes, à leurs hommes

« sages et réfléchis? Qu'on consulte Alexandre
« lui-même et ses sentimens d'alors? Sont-ce
« les efforts des Russes qui m'ont anéanti?
« Non, la chose n'est due qu'à de purs accidens,
« qu'à de véritables fatalités : c'est une capitale
« incendiée en dépit de ses habitans, et par des
« intrigues étrangères; c'est un hiver, une con-
« gellation dont l'apparition subite et l'excès
« furent une espèce de phénomène; ce sont de
« faux rapports, de sottes intrigues, de la tra-
« hison, de la bêtise, bien des choses enfin qu'on
« saura peut-être un jour, et qui pourront atté-
« nuer ou justifier les deux fautes grossières, en
« diplomatie et en guerre, que l'on a le droit
« de m'adresser : celle de m'être livré à une telle
« entreprise, en laissant sur mes ailes, devenues
« bientôt mes derrières, deux cabinets dont je
« n'étais pas le maître, et deux armées alliées
« que le moindre échec devait rendre ennemies.
« Mais pour tout conclure enfin sur ce point,
« et même annuler tout ce qui précède d'un
« seul mot, c'est que cette fameuse guerre,
« cette audacieuse entreprise, je ne les avais
« pas voulues; je n'avais pas eu l'envie de me
« battre; Alexandre ne l'avait pas davantage;

« mais une fois en présence, les circonstances
« nous poussèrent l'un sur l'autre : la fatalité
« fit le reste. »

Et, après quelques momens d'un silence profond, et comme se réveillant, l'Empereur a repris : « Et un Français a eu en ses mains les
« destinées du monde! S'il avait eu le jugement
« et l'ame à la hauteur de sa situation, s'il eût
« été bon Suédois, ainsi qu'il l'a prétendu, il
« pouvait rétablir le lustre et la puissance de
« sa nouvelle patrie, reprendre la Finlande,
« être sur Pétersbourg avant que j'eusse atteint
« Moscou. Mais il a cédé à des ressentimens
« personnels, à une sotte vanité, à de toutes
« petites passions. La tête lui a tourné, à lui,
« ancien jacobin, de se voir recherché, encensé
« par des légitimes; de se trouver face à face,
« en conférence de politique et d'amitié, avec un
« Empereur de toutes les Russies, qui ne lui
« épargnait aucunes cajoleries. On assure qu'il
« lui fut même insinué alors qu'il pouvait pré-
« tendre à une de ses sœurs, en divorçant d'avec
« sa femme, et, d'un autre côté, un prince fran-
« çais lui écrivait qu'il se plaisait à remarquer

« que le Béarn était le berceau de leurs deux
« maisons ! B........! *Sa maison !*..........

« Dans son enivrement il sacrifia sa nouvelle
« patrie et l'ancienne, sa propre gloire, sa vé-
« ritable puissance, la cause des peuples, le
« sort du monde ! C'est une faute qu'il payera
« chèrement ! A peine il avait réussi dans ce
« qu'on attendait de lui, qu'il a pu commencer
« à le sentir : il s'est même, dit-on, repenti ;
« mais il n'a pas encore expié. Il est désormais
« le seul parvenu occupant un trône ; le scan-
« dale ne doit pas demeurer impuni, il serait
« d'un trop dangereux exemple !..... »

Mardi 12.

L'Empereur a peu de confiance dans l'issue de 1815.—
Thémistocle.— A un moment la pensée, dans la
crise de 1814, de rétablir lui-même les Bourbons.
—Ouvrage du baron Fain, sur la crise de 1814.—
Abdication de Fontainebleau ; particularités.—Traité
de Fontainebleau, etc., etc.

L'Empereur revenant sur son apparition de
l'île d'Elbe et sa seconde chute à Waterloo, y
a mêlé quelques paroles remarquables. « Il est
« sûr, disait-il, que, dans ces circonstances, je

« n'avais plus en moi le sentiment du succès
« définitif; ce n'était plus ma confiance pre-
« mière : soit que l'âge qui d'ordinaire favorise
« la fortune commençât à m'échapper, soit
« qu'à mes propres yeux, dans ma propre ima-
« gination, le merveilleux de ma carrière se
« trouvât entamé, toujours est-il certain que je
« sentais en moi qu'il me manquait quelque
« chose. Ce n'était plus cette fortune attachée à
« mes pas qui se plaisait à me combler, c'était
« le destin sévère auquel j'arrachais encore,
« comme par force, quelques faveurs; mais
« dont il se vengeait tout aussitôt; car il est
« remarquable que je n'ai pas eu alors un avan-
« tage, qu'il n'ait été immédiatement suivi
« d'un revers.

« J'ai traversé la France, été porté jusqu'à la
« capitale par l'élan des citoyens, et au milieu
« des acclamations universelles; mais à peine
« étais-je dans Paris, que, comme par une
« espèce de magie, et sans aucun motif légi-
« time, on a subitement reculé, on est devenu
« froid autour de moi.

« J'étais venu à bout de me ménager des
« raisons plausibles d'obtenir un rapprochement

« sincère avec l'Autriche, je lui avais expédié
« des agens plus ou moins avoués *. Mais
« Murat se trouva là avec sa fatale levée de
« bouclier : on ne douta pas à Vienne que ce
« ne fût par mes ordres ; et me mesurant à leur
« échelle, ils ne virent dans toute cette compli-
« cation que finasserie de ma part, et ils ne s'oc-
« cupèrent plus dès-lors qu'à contre-intriguer
« contre moi.

« Mon entrée en campagne avait été des plus
« habiles et des plus heureuses, je devais sur-
« prendre l'ennemi en détail ; mais voilà qu'un
« transfuge sort du rang de nos généraux pour
« l'aller avertir à temps.

---

* Entr'autres le baron de *Stassard*, dont le dévouement connu lui mérita la confiance d'être chargé par
Napoléon d'aller négocier, au congrès de Vienne, le
maintien de la paix de Paris ; mais il ne put aller au-
delà de Lintz : les plus ardens et les plus acharnés, dans
les cabinets alliés, ayant pris la précaution de faire consacrer en principe que toute communication serait absolument interdite avec Napoléon. Il fut pourtant communiqué indirectement à M. le baron de Stassard, que
si Napoléon voulait abdiquer en faveur de son fils, avant
toute hostilité, l'Autriche adopterait ce parti, pourvu
toutefois encore que Napoléon se livrât à son beau-
père, qui lui garantissait de nouveau la souveraineté
de l'île d'Elbe, ou tout autre souveraineté analogue.

« Je gagne brillamment la bataille de Ligni,
« mais mon lieutenant me prive de ses fruits.
« Enfin je triomphe à Waterloo même, et tombe
« au même instant dans l'abîme; et tous ces
« coups, je dois le dire, me frappèrent beau-
« coup plus qu'ils ne me surprirent. J'avais en
« moi l'instinct d'une issue malheureuse, non
« que cela ait influé en rien sur mes détermina-
« tions et mes mesures assurément; mais toute-
« fois j'en portais le sentiment au-dedans de
« moi. »

Voici un trait qui confirme ces dispositions intérieures et secrètes de Napoléon : il est trop remarquable pour que je ne le consigne pas ici. L'Empereur sur les bords de la Sambre, de grand matin et le temps très-frais, s'approcha du feu d'un bivouac, en compagnie de son seul aide-de-camp de service (le général C........); une marmite bouillait; c'étaient des pommes de terre. Il s'en fit donner une et se mit à la manger méditativement. En l'achevant il prononça, non sans quelque tristesse apparente, plusieurs mots entrecoupés. « Après tout, c'est bon, c'est
« supportable....... Avec cela on pourrait vivre
« en tous lieux et partout....... L'instant n'est

« peut-être pas bien éloigné... *Thémistocle!*...»
et il se remit en route. Le général aide-de-camp, de la bouche même duquel je tiens cette circonstance depuis mon retour en Europe, m'ajoutait que, si l'Empereur eût réussi, ces paroles eussent traversé sa pensée sans y laisser aucune trace, comme tant d'autres; mais qu'après sa catastrophe, et à la lecture surtout du mot *Thémistocle*, dans la fameuse lettre au Prince Régent, il avait été frappé du souvenir du bivouac de la Sambre, et que l'expression, l'attitude, l'accent de Napoléon, dans cette petite circonstance, l'avaient plus que tourmenté pendant long-temps, et ne pouvaient lui sortir de l'esprit.

Au reste on se tromperait fort si l'on attribuait, en toute occasion, à Napoléon autant de confiance intérieure qu'en annonçaient d'ordinaire ses actes et ses décisions. En quittant les Tuileries, au mois de janvier 1814, pour son immortelle et malheureuse campagne des environs de Paris, il partit l'ame contristée par les plus sinistres pressentimens; et, ce qui prouve toute sa sagacité, c'est que dès-lors il était persuadé, ce que le gros du vulgaire, autour de lui, était bien loin de soupçonner, que, s'il périssait, ce serait par les Bourbons. C'est ce qu'il laissa pénétrer à quelques confidens qui cherchaient vainement à le rassurer ; lui représentant de bonne foi que tant de temps s'était écoulé qu'on ne s'en souvenait plus, qu'ils n'étaient pas connus de la génération présente. « Vous vous « trompez, leur disait-il toujours, c'est pour- « tant là qu'est le vrai danger. » Aussi, immédiatement après cette belle allocution aux officiers réunis de la garde nationale, qui laissa de si vives impressions à tous ceux qui en furent les témoins, dans laquelle il leur dit, entr'autres choses : « Vous m'avez élu, je suis « votre ouvrage, c'est à vous à me défendre. » Et qu'il termina leur présentant l'Impératrice d'une main, et le Roi de Rome de l'autre, disant : « Je pars pour aller combattre nos en- « nemis ; je laisse à votre garde ce que j'ai de « plus cher. » Au moment, dis-je, de quitter les Tuileries, pressentant déjà, dans cet instant décisif, des trahisons, des perfidies funestes, il résolut de s'assurer de la personne de celui-là même qui s'est trouvé, en effet, l'ame du complot qui l'a renversé. Il n'en fut empêché que par les représentations, et l'on pourrait même presque dire l'offre de garantie personnelle de quelques ministres, qui lui démontraient que le personnage suspecté était précisément celui qui devait le plus redouter les Bourbons. L'Empereur leur céda; mais tout en exprimant fortement qu'il était bien à craindre qu'eux et lui eussent à s'en repentir !!!....

Voici encore une autre circonstance, peu connue je crois, mais bien précieuse, et certaine, qui prouve combien les Bourbons, dans le fort de la crise, occupaient les pensées de Napoléon. Après l'échec de Brienne, l'évacuation de Troies, la retraite forcée sur la Seine, et les humiliantes conditions envoyées de Châtillon, qu'il repoussa généreusement, l'Empereur, enfermé avec quelqu'un, et succombant à la vue du déluge de maux qui allait fondre sur la France, demeurait absorbé dans de tristes méditations, quand tout-à-coup il s'élance de son siège, s'écriant avec chaleur : « Je possède peut-
« être encore un moyen de sauver la France...
« Et si je rappelais moi-même les Bourbons ! Il
« faudrait bien que les alliés s'arrêtassent de-
« vant eux, sous peine de honte et de duplicité

« avouée, sous peine d'attester qu'ils en veulent
« encore plus à notre territoire qu'à ma per-
« sonne. Je sacrifierais tout à la patrie ; je de-
« viendrais le médiateur entre le peuple fran-
« çais et eux ; je les contraindrais d'accéder aux
« lois nationales ; je leur ferais jurer le pacte
« existant : ma gloire et mon nom serviraient de
« garantie aux Français. Quant à moi, j'ai assez
« régné, ma carrière regorge de hauts faits et
« de lustre ; et ce dernier ne serait pas le moin-
« dre : ce serait m'élever encore que de des-
« cendre de la sorte... » Et après quelques momens d'un silence profond, il reprit douloureusement : « Mais une dynastie déjà expulsée
« pardonne-t-elle jamais?... Au retour, peut-elle
« rien oublier ?... S'en fierait-on à eux?... Et
« Fox aurait-il donc eu raison dans sa fameuse
« maxime sur les restaurations?.... » Et abîmé
dans ses anxiétés et sa douleur, il fut se jeter
sur un lit où on le réveilla précisément pour
lui apprendre la marche de flanc de Blucher,
qu'il épiait en secret depuis quelque temps.
Il s'en releva pour pousser ce nouveau jet de
ressources, d'énergie et de gloire, qu'ont consacré à jamais les noms de Champ-Aubert,

Montmirail, Château-Thierry, Vaux-Champ, Nangis, Montereau, Craone, etc., etc., etc. Succès merveilleux qui consternèrent assez Alexandre et les Anglais, pour leur rendre un instant le désir de traiter; et ces succès eussent pu, en effet, changer entièrement la face des affaires, si, par une foule de fatalités, Napoléon n'eût été traversé par des contretemps inouis en dehors de toutes ses combinaisons, tels que les ordres essentiels qui n'arrivèrent pas au Vice-Roi, la défection de Murat, la mollesse, l'incurie de certains chefs, enfin jusqu'aux succès mêmes, qui, séparant l'Empereur d'Autriche, son beau-père, des autres souverains alliés, beaucoup plus malveillans, laissèrent ceux-ci tout-à-fait libres d'amener seuls l'abdication de Fontainebleau, abdication à jamais si fameuse dans l'histoire de nos destinées et de notre moralité.

O vous penseurs philosophiques, peintres du cœur humain, accourez à Fontainebleau! Venez assister à la chute du plus grand des monarques! Venez apprendre à connaître les hommes, à vous étonner de leur impudeur, à rougir de leur mobilité! Venez voir le haut entourage du héros malheureux; ceux qui demeuraient courbés sous la masse de ses bienfaits, sous le poids des honneurs et des richesses dont il les avait comblés! Venez les voir, sitôt que la fortune lui est contraire, l'abandonner, le trahir; essayer même de l'insulter peut-être!...... Venez voir le premier d'entr'eux en rang, en faveur, en confiance, celui dont le grand prince avait vainement prétendu rehausser le moral et agrandir les sentimens, en le qualifiant maintes fois de son compagnon et son ami, se placer sur la même ligne que le Mameluck, qui plus excusable peut-être par les mœurs de son origine, trouvait tout simple que son maître étant tombé, il n'eût plus à le servir.

A Fontainebleau, la crise accomplie, et Napoléon engagé dans une conversation profonde, se présente à lui ce compagnon favori, pour demander la permission de se rendre à Paris, seulement quelques instans, afin d'y arranger, dit-il, à la hâte quelques affaires, et revenir aussitôt auprès de l'Empereur, pour ne le quitter jamais. Mais Napoléon savait lire dans les ames, et le partant n'était pas encore hors de la chambre, qu'interrompant brusquement son sujet, l'Empereur dit à celui avec lequel il s'entretenait : « Vous voyez bien cet homme qui sort : eh bien ! « il court se salir ; et quoiqu'il m'ait dit, il ne « reparaîtra pas ici. » En effet, le déserteur courait aux rayons d'un soleil nouveau. A peine en eut-il ressenti la chaleur, qu'il renia son bienfaiteur, son ami, son maître !.... On l'a entendu, parlant de lui, l'appeler : *cet homme !!!* Et toutefois Napoléon s'accommodait tellement des faiblesses humaines, il était si fort au-dessus de tout ressentiment, et si peu rancuneux, qu'à son retour il témoigna du regret de ne pas le voir, ajoutant en riant : « Le vilain « aura eu peur de moi ; et il a eu tort : je ne lui « aurais infligé d'autre punition que de se mon- « trer à moi sous ses nouveaux costumes : on « assure qu'il y est bien plus laid qu'à l'ordi- « naire. »

Et qui n'aurait pas à dévoiler des turpitudes particulières ! Et moi aussi je pourrais garantir celle d'un des personnages importans, qui, s'étant fait remarquer par sa brutalité en revenant de Fontainebleau, se montra des plus empressés aux Tuileries lors du 20 mars. Il est vrai qu'il y parut fort décontenancé, se trouvant tout à fait à l'écart par l'isolement accidentel ou calculé dans lequel le laissait la distance de tous les autres. Un témoin de ses derniers torts, les noyant dans la joie commune, courut à lui pour le tirer d'embarras; et cette générosité lui coûta peu en cet instant.

Aux cœurs heureux les vertus sont faciles.

Mais c'est dans les Manuscrits de 1814 qu'il faut lire et pressentir de si tristes et douloureux détails*. On y apprendra...... Mais plutôt

---

* M. le baron *Fain*, premier secrétaire du cabinet, vient de publier un volume. (Paris, chez Bossange frères), sous le titre de *Manuscrit de* 1814, sur les grandes circonstances de cette époque.

Il serait difficile de reproduire plus d'intérêt et de vie que n'en présente cette peinture d'événemens aussi importans et néanmoins aussi peu connus, surtout l'immortelle et courte campagne de 1814. C'est un épisode de véritables merveilles. Napoléon s'y montre constamment surnaturel dans les ressources de son génie, la trempe de son ame, la célérité de ses mouvemens, la constance de ses vues, la magnanimité de son audace; rien n'égale ses prodiges, si ce n'est l'ardeur infatigable d'une poignée de nos braves; qui, devenus comme étrangers à tous les besoins de la nature, sans sommeil, sans nourriture, sans repos, semblent se multiplier devant des flots d'ennemis; sont toujours en marche, toujours aux prises et toujours victorieux.

non, on n'y apprendra rien... Les hommes, dans de telles circonstances, sont toujours les mêmes dans tous les pays, dans tous les temps; chez toutes les nations, le peuple des Cours surtout; et le camp de Napoléon avait eu le temps d'en devenir une. Toutefois l'histoire fera justice... Et qu'ils ne viennent pas nous dire que le bien-être de la patrie, son salut, ses intérêts, dictèrent leur conduite. La patrie, pour eux, fut dans le maintien de leurs honneurs, la garantie de leurs richesses, la jouissance paisible de tous les biens acquis; je le répète, l'histoire fera justice. Je dis l'histoire, et non pas nous; car la masse de la société, celle des comtemporains, n'a pas su mériter même ce triste honneur! Où

M. le baron Fain nous a enrichis d'un tableau de juste orgueil national : la reconaissance des citoyens lui est assurée.

Dans son récit de guerre, de confusion et de détresse, les nuances caractéristiques de l'ame et du cœur de Napoléon ressortent plus d'une fois avec éclat; et pour celui qui, comme moi, s'est spécialement occupé de ce dernier objet, il est doux assurément, en même-temps qu'il doit être remarquable pour tous les lecteurs, de considérer quelle concordance, à cet égard, se rencontre dans des narrateurs tout à fait étrangers l'un à l'autre, et s'exprimant sur des temps et des circonstances aussi différentes.

a été notre indignation? Où se sont montrés nos dégoûts authentiques solennels?... Et qu'il soit bien entendu qu'en tout ceci la politique n'a rien à faire : il n'est nullement question de la cause qu'on soutenait, mais seulement de la morale qu'on a professée. Et qu'on ne pense pas que ma misanthropie chagrine ait pour but de porter le découragement dans les ames, et de conclure par la proscription de toute notre espèce; non, je sais que le temps des grandes épreuves est aussi celui des grands extrêmes, et que c'est à côté des plus viles passions que vient à briller l'héroïsme des plus nobles vertus. Aussi, honneur à ces vieilles bandes dont les larmes amères garantirent la douleur profonde! Honneur à ces innombrables officiers subalternes, qui n'eussent attendu qu'un mot pour répandre tout leur sang! Honneur à ces populations des campagnes, qui, dans leur misère affreuse, accouraient sur les routes pour porter à nos soldats leur dernier morceau de pain, dont elles se privaient pour les aider à sauver la patrie! Honneur à cette foule de sentimens généreux qui éclatèrent parmi les citoyens de toutes les classes, de tous les sexes, de tous les âges! Si, d'un côté, le cœur se soulève d'indignation, de l'autre, il est délicieusement ému !...

L'Empereur a dicté à Sainte-Hélène l'époque de Fontainebleau et le voyage à l'île d'Elbe : ma mémoire ne me permettrait pas d'oser en rien citer ; je n'en ai point pris de note ; j'avais pour règle, afin d'abréger mon propre travail, de ne m'arrêter sur aucun des objets dictés à d'autres, sachant qu'ils demeuraient assurés. Nous jouirons, d'ailleurs, avec le temps, de la publication de ce récit. Je ne donnerai donc ici que quelques détails que je suppose ne devoir pas s'y trouver, et que j'ai recueillis des conversations de Napoléon, ou d'autres sources incontestables.

Dès que les désastres de 1814 furent prononcés, que le péril devint imminent, depuis surtout l'entrée des alliés à Paris, beaucoup de généraux furent ébranlés ; ceux chez qui l'égoïsme l'emporta sur la patrie, ceux qui préféraient les jouissances au devoir, à l'honneur, à la gloire, poussèrent dès-lors à la catastrophe, au lieu de chercher à la combattre. Les premiers chefs se hasardèrent à conseiller l'abdication ; ils la montrèrent comme indispensable ; quelques-uns furent même jusqu'à laisser entrevoir à l'Empereur qu'ils ne répondraient pas du mécontentement ni de la fureur de leurs soldats contre lui; « tandis qu'au contraire, nous disait « Napoléon, leur affection était telle et le dé- « vouement des officiers si exalté, que si à mon « tour je leur eusse fait connaître les machina- « tions qui se tramaient, j'aurais certainement « mis en péril les coupables; il m'eût suffi d'un « mot pour les faire mettre en pièces. » En effet, l'Empereur ordonna une revue : les acclamations des soldats furent universelles; et comme si l'infortune le leur eût rendu plus cher, jamais leur amour ne se montra davantage. « Et l'iden- « tité de ces braves avec moi, disait Napoléon, « notre sympathie étaient telles, qu'il n'en pou- « vait guère être autrement : je n'en avais ja- « mais douté. »

Dans cette extrémité, l'Empereur médite profondément sur ce qui lui demeure à faire. Il lui restait de 40 à 50 mille soldats, les meilleurs, les plus dévoués de l'univers; il pouvait à son gré maîtriser les généraux infidèles, ou les expulser sans inconvénient. Dans cet état de choses, trois partis se présentaient à son esprit.

Le premier était de rentrer à Paris; car il ne

pensait pas qu'il existât un général assez hardi sur la terre pour oser le combattre, avec cette immense capitale sur ses derrières, « Toute sa « population n'eût pas manqué de s'insurger à « ma voix, disait l'Empereur, je m'y serais su- « bitement recruté de cent ou deux cent mille « hommes; mais les alliés, en se retirant, eussent « pu brûler Paris; et ce désastre eût été con- « sidéré comme mon ouvrage. Ce n'est pas « que l'incendie de Paris n'eût pu devenir au « fond le salut de la France, comme l'incendie « de Moscou avait été celui de la Russie; mais « il est de tels sacrifices, qu'il n'appartient « qu'aux intéressés seuls de les exécuter. »

Le second parti était de gagner l'Italie, et de se joindre au Vice-Roi : « Mais c'était, disait « Napoléon, celui du désespoir, sans un résultat « analogue. Ce théâtre était si éloigné, que les « esprits eussent eu le temps de se refroidir; et « puis ce n'eût plus été la France; or, ce sol « sacré pouvait seul, sous nos pieds, nous porter « aux prodiges devenus indispensables. »

Aucun des deux premiers partis n'était praticable; restait le troisième, qui consistait à se tenir sur la défensive, à disputer le terrain pied à pied, et entretenir la guerre jusqu'à des chances nouvelles. L'engouement qu'avaient pu créer les alliés se dissiperait bientôt, les maux qu'ils allaient faire peser ne tarderaient pas à leur attirer l'exécration universelle; la ferveur nationale se réveillerait et les alliés pouvaient encore trouver leur tombeau sur le sol qu'ils avaient osé violer. Mais cela devait nécessairement être long, et en somme, les succès étaient douteux, ou du moins éloignés, tandis que la souffrance des peuples serait certaine, immédiate, incalculable. La grande ame de Napoléon s'en émeut, et il se décide à l'abdication.

Toutefois il dépêche à Alexandre le duc de Vicence et une députation de maréchaux, dans lesquels il comprend le duc de Raguse, un de ceux qu'il chérit davantage. Ils étaient chargés d'offrir l'abdication de Napoléon en faveur de son fils. L'Empereur espérait par là faire encore quelque chose pour la France; ménager son indépendance et assurer la durée de ses institutions actuelles. Alexandre, qui déjà depuis plusieurs jours avait donné une déclaration publique par laquelle il annonçait ne vouloir plus traiter avec Napoléon ni aucun des membres de sa famille, fit néanmoins débattre la chose contradictoirement avec le parti du Sénat qui avait prononcé la déchéance. Les maréchaux parlaient vivement et au nom de toute l'armée. Alexandre en était ébranlé, et le parti de la régence semblait devoir l'emporter, quand arrive la nouvelle de la défection du duc de Raguse, qui raffermit aussitôt Alexandre dans sa détermination antérieure. Cette circonstance nouvelle devient un trait de lumière à ses yeux; l'armée n'est donc pas unanime? Et dès-lors, écartant tout ménagement, il se prononce inflexible. Dans cet état de choses on revient vers Napoléon, on l'entoure, on le presse, on le harasse pour son abdication pure et simple. Il cède, non sans de grands combats intérieurs; et la dicte en ces termes :

« Les puissances alliées ayant proclamé que
« l'Empereur Napoléon était le seul obstacle au
« rétablissement de la paix en Europe, l'Empe-
« reur Napoléon, fidèle à son serment, déclare
« qu'il renonce, pour lui et ses héritiers, aux
« trônes de France et d'Italie, parce qu'il n'est
« aucun sacrifice personnel, même celui de la
« vie, qu'il ne soit prêt à faire à l'intérêt de la
« France. »

Cette déclaration, que les alliés étaient loin d'attendre aussi complète, aplanit tout, et les maréchaux reviennent avec ce qu'on a appelé le traité de Fontainebleau, qu'on va trouver quelques pages plus bas.

Je lis dans le Manuscrit de 1814, de M. le baron Fain, l'entière explication de certaines paroles de l'Empereur, que j'avais transcrites dans le temps sans les comprendre précisément. On trouve, vol. 5 du Mémorial, page 353, que l'Empereur, parlant du traité de Fontainebleau, dit : « Je ne veux point de ce traité, je le renie; « je suis loin de m'en vanter, j'en rougis plutôt; « on l'a discuté pour moi contre mon gré, etc. » Et dans un autre endroit : « Quand on connaîtra « toute l'histoire des événemens de Fontaine- « bleau, on aura lieu de s'étonner beaucoup. » C'est qu'en effet Napoléon ne voulait pas de ce traité, nous apprend le Manuscrit de 1814. On eut toutes les peines du monde à le lui faire ratifier; on ne l'obtint qu'en alléguant de grandes vues publiques : il lui paraissait humiliant et tout à fait inutile. Survivant à tant de grandeurs, il lui suffisait de vivre désormais en simple particulier : il avait honte qu'un si grand sacrifice, offert à la paix du monde, se trouvât mêlé à des arrangemens pécuniaires. « A quoi « bon un traité, disait-il, puisqu'on ne veut pas « régler avec moi ce qui concerne les intérêts de « la France? Du moment où il ne s'agit plus que « de ma personne il n'y a pas de traité à faire.... « Je suis vaincu, je cède au sort des armes; seu- « lement je demande à n'être pas prisonnier de « guerre, et pour me l'accorder un simple cartel « doit suffire !... »

Vainement cherchait-on à le ramener sur sa situation personnelle, son existence, ses besoins à venir. On l'entendit, à cet égard, conclure énergiquement : « Et que m'importe ! un petit « écu par jour et un cheval, voilà tout ce qui « m'est nécessaire. »

Je puis assurer de mon côté que l'Empereur regrettait infiniment cette détermination; et ce n'était pas la seule décision de l'époque qui pesât sur sa pensée. Il regrettait fort aussi, lors de sa position à Saint-Dizier et Doulevant, d'avoir cédé aux diverses considérations dont il se trouvait entouré, aux nombreuses suggestions dont il se vit assailli, lesquelles le ramenèrent contre son gré sur Paris. « Je manquai de carac-

« tère, disait-il ; je devais poursuivre imperturbablement toute ma pensée, continuer vers le
« Rhin, me renforçant de toutes mes garnisons,
« m'entourant de toutes les populations insurgées, j'eusse eu bientôt une armée immense;
« Murat me serait aussitôt revenu; et lui et le vice-
« Roi eussent été me donner Vienne, si les alliés
« eussent osé me prendre Paris. Mais non, les
« ennemis eussent frémi bien plutôt du péril
« où ils se trouvaient engagés; et les souverains
« alliés eussent reçu comme une grâce, que je
« leur eusse accordé leur retraite; et là se fût
« éteint tout à fait le volcan des étrangers contre
« nous. On eût conclu la paix, et on l'eût observée
« sincèrement. Chacun demeurait si fatigué !
« On avait tant de blessures à soigner !... On ne
« se fût plus, au dehors, occupé d'autre chose;
« quant au dedans, un tel dénouement détrui-
« sait à jamais toutes les illusions, toutes les
« malveillances, et fusait pour toujours toutes
« les opinions, toutes les vues, tous les intérêts.
« Je me rasseyais triomphant, entouré de mes
« invincibles bandes. Les populations héroïques
« et fidèles eussent servi de diapason à celles
« qui avaient chancelé, ceux qui avaient tant

« montré le besoin du repos, en eussent été
« prendre; une génération nouvelle de chefs eût
« retrempé notre existence; nous ne nous serions
« plus occupés que du bonheur intérieur; nous
« aurions encore eu d'heureux jours!!! etc. »

Et lui ayant parlé de la confusion créée à Paris par l'approche des alliés, du découragement, pour ne pas dire plus, de la classe qui avait à conserver, des bonnes dispositions et de l'ardeur du peuple, qui ne demandait qu'à combattre, et auquel on refusait des armes, je disais que le départ de l'Impératrice surtout avait causé le plus mauvais effet; je citais comme circonstance bien singulière l'instinct du Roi de Rome, qui, contre son habitude, se refusait obstinément à quitter le palais, pleurant et se retenant aux meubles, dont il fallut l'arracher. J'ajoutais que le bruit était universel parmi nous que l'Impératrice avait voulu demeurer, et que le conseil allait seconder ses désirs, lorsqu'il fut exhibé un ordre précis de lui, Napoléon, pour qu'elle quittât Paris, en cas de danger imminent de la part de l'ennemi. « Oui, sans
« doute, a repris l'Empereur, et il l'avait bien
« fallu. L'Impératrice était bien jeune et sans

« nulle expérience des affaires. Si elle eût été
« capable de décisions personnelles, j'eusse
« donné un ordre tout contraire. Paris alors eût
« été son poste; mais je devinais les intrigues
« dont elle serait l'objet, et je voulais empêcher
« à Paris ce qui est arrivé plus tard à Orléans.
« Là, ceux qui rêvaient la régence, et comp-
« taient gouverner sous elle, l'ont empêchée de
« venir à moi; et Dieu sait ce que cela a pro-
« duit!... Plût au Ciel que j'eusse pareillement
« donné à temps l'ordre de la faire sortir d'Or-
« léans!... etc.; etc. »

Il est sûr que le moment de Fontainebleau accumula sur Napoléon, et presque en un instant, toutes les peines morales dont il est possible d'être affligé ici-bas. Vaincu par la défection, non par les armes, il eut à éprouver tout ce qui peut indigner une grande ame, ou briser un bon cœur. Ses compagnons l'abandonnèrent, ses serviteurs le trahirent; l'un livra son armée, l'autre son trésor; ceux qu'il avait élevés, maintenus, comblés, furent ceux qui l'abattirent. Ce Sénat, qui l'avait tant loué, ce Sénat qui, la veille encore, lui fournissait à profusion des conscrits pour combattre les ennemis, n'hésite pas le lendemain à se faire le vil instrument de ces mêmes ennemis; et, sous l'impulsion de leurs baïonnettes, il reproche, il impute à crime ce qui fut son propre ouvrage, il brise lâchement lui-même l'idole que lui-même a créée, et qu'il a si long-temps, si servilement encensée! Quelle excès de honte! quelle ignoble dégradation!.... Enfin, et ce dernier coup doit être le plus sensible à Napoléon, sa femme et son fils sont détournés de lui, on s'en empare, et, en dépit des traités et des lois, en opposition à toute morale, il ne les reverra plus!....

Il paraît qu'au milieu de tant de maux, entouré d'une aussi hideuse nature, Napoléon, dans l'excès du mépris des hommes et des choses, eut le désir de quitter la vie. Il existe une lettre de sa main à l'Impératrice, dans laquelle il dit qu'en ce moment on doit s'attendre à tout, que tout est possible, *même la mort de l'Empereur*. Allusion sans doute au mystérieux événement de la nuit du 12 au 13 avril, qui se serait passé dans le secret intérieur du palais, et dont le Manuscrit de 1814 expose la conjecture, laquelle, si elle se trouvait une réalité, ne laisserait pas aux plus féroces ennemis de

Napoléon, même la satisfaction du sot et banal adage, si fort en usage dans le temps : *Qu'il n'avait pas eu le courage de mourir ?*..... Eh quoi ! il serait donc vrai, d'après le Manuscrit, qu'au contraire *il ne l'aurait pas pu !* Et cette circonstance merveilleuse ne serait pas la moins étonnante de son extraordinaire carrière; circonstance, du reste, qu'ennoblirait jusqu'au sublime, et cette belle parole lors de son réveil inattendu : *Dieu ne le veut pas*, et cette noble et calme résignation qui succéda dès cet instant.

On connaît le touchant et fameux adieu de Napoléon à ses soldats, son dernier embrassement à ces aigles qu'il rendit immortels. Je tiens d'un diplomate prussien, présent à ce spectacle, qu'il causa sur son ame une impression qui ne s'effacera, me disait-il, qu'avec sa vie. Et il ajontait que le commissaire anglais, alors son voisin, homme jusques-là, convenait-il, très-exagéré contre Napoléon, en avait versé des larmes.

Le respect et la vénération qu'inspirait alors Napoléon furent tels, que malgré l'imminence de la crise, les grands inconvéniens de sa présence, personne n'osa le tourmenter pour hâter son départ. On le laissa respectueusement faire et prendre tous les arrangemens qu'il voulut.

Le traité d'abdication est du 11 avril, et ce ne fut que le 20, neuf jours après, que Napoléon se mit en route. La première partie de son voyage lui montra partout un respect universel, et souvent l'intérêt le plus vif et le plus tendre *.

Les étrangers jusques-là semblaient n'avoir nulle idée de l'esprit de la France, ni des véritables dispositions du peuple à l'égard de l'Empereur. Toutefois on avait cru devoir ménager, par prudence son arrivée à Lyon, vers la nuit; si même je crois l'on ne s'arrangea pour qu'il n'y entrât pas du tout. Et voici ce que je tiens d'un des Anglais distingués détenus si long-temps en France, et qui résidait précisément à Lyon. Le général autrichien et lui se firent un

---

* L'Empereur part de Fontainebleau le 20 avril 1814, escorté par une compagnie de grenadiers à cheval, ayant le Grand-Maréchal, comte Bertrand, dans sa voiture.

Le 20, au soir, à Briarre.	Le 26, couche près du Luc.
Le 21, à Nevers.	Le 27, à Fréjus.
Le 22, à Roüanne.	Le 28, il s'embarque à huit
Le 23, à Lyon.	heures du soir, sur la frégate
Le 24, à Montélimart.	anglaise l'Undaunted, capitaine
Le 25, à Orgon.	Ushier.

malin plaisir de se jeter déguisés dans la foule qui se pressait pour voir le passage du monarque déchu. Ils comptaient jouir l'un et l'autre des imprécations qu'ils supposaient devoir lui être prodiguées. Mais à sa vue il se fit le plus morne silence, et une vieille femme en deuil, d'une tenue au-dessus du commun, l'air égaré, le visage en feu, se précipita sur la portière de sa voiture. Les deux curieux crurent qu'elle allait éclater. « Sire, lui dit-elle avec une es-
« pèce de solennité, que la bénédiction du Ciel
« vous accompagne. Tâchez d'être heureux s'il
« vous est possible : on vous enlève à nous ; mais
« nos cœurs vous suivront partout. » Le général ennemi, déconcerté, dit à son camarade :
« Éloignons-nous, cette vieille folle m'impor-
« tune, et tout ce peuple-ci n'a pas le sens
« commun. »

Ce fut un peu au-delà de Lyon, que se présenta sur la route, le général en chef de l'armée de l'Est. Napoléon descendit alors de voiture et marcha long-temps avec lui. En revenant, un des généraux, commissaires des alliés, osa se permettre de témoigner à l'Empereur son étonnement de l'intimité qu'il venait de mon-

trer à ce chef. — « Et pourquoi cela, reprit
« Napoléon ? — Mais Votre Majesté ignore donc
« sa conduite ? — Quelle est-elle ? — Sire, de-
« puis nombres de semaines il était d'accord avec
« nous. — Et en effet, disait l'Empereur, ce-
« lui-là même auquel, sur ce point, j'avais con-
« fié la France, l'avait sacrifiée, perdue. » Et
après diverses plaintes récapitulées, il a terminé disant : « Depuis long-temps, chez lui,
« le maréchal n'était plus le soldat; son cou-
« rage, ses vertus premières l'avaient élevé très-
« haut hors de la foule; les honneurs, les di-
« gnités, la fortune l'y avaient replongé. Le
« vainqueur de Castiglione eût pu laisser un
« nom cher à la France; mais elle réprouvera
« la mémoire du défectionnaire de Lyon, ainsi
« que celle de tous ceux qui en ont agi comme
« lui, à moins qu'ils ne réparent les torts faits
« à la patrie par de nouveaux services rendus
« à la patrie. »

C'est cette circonstance qui a dicté la fameuse proclamation de l'Empereur à son retour. « Français, y est-il dit, la défection du
« duc de Castiglione livra Lyon, sans défense, à
« nos ennemis; l'armée dont je lui avais confié

« le commandement, était, par le nombre de
« ses bataillons, la bravoure et le patriotisme
« des troupes qui la composaient, à même de
« battre le corps d'armée autrichien qui lui
« était opposé, et d'arriver sur les derrières du
« flanc gauche de l'armée ennemie qui menaçait
« Paris. Les victoires de Champ-Aubert, de
« Montmirail, de Château-Thierry, de Vaux-
« Champ, de Mormans, de Montereau, de
« Craone, de Reims, d'Arcis-sur-Aube et de St.
« Dizier; l'insurrection des braves paysans de la
« Lorraine, de la Champagne, de l'Alsace, de la
« Franche-Comté, de la Bourgogne, et la posi-
« tion que j'avais prise sur les derrières de l'ar-
« mée ennemie, en la séparant de ses magasins,
« de ses parcs de réserve, de ses convois et de
« tous ses équipages, l'avaient placée dans une
« situation désespérée. Les Français ne furent
« jamais sur le point d'être plus puissans, et
« l'élite de l'armée ennemie était perdue sans
« ressource; elle eût trouvé son tombeau dans
« ces vastes contrées qu'elle avait si impi-
« toyablement saccagées, lorsque la trahison
« du duc de Raguse livra la capitale et désor-
« ganisa l'armée. La conduite inattendue de ces

« deux généraux, qui trahirent à la fois leur pa-
« trie, leur prince et leur bienfaiteur, chan-
« gea le destin de la guerre. La situation désas-
« treuse de l'ennemi était telle, qu'à la fin de
« l'affaire qui eut lieu devant Paris, il était
« sans munition, par la séparation de ses parcs
« de réserve *, etc., etc., etc. »

Napoléon fut moins bien traité à mesure qu'il approchait de la Provence; c'est que les machinations avaient eu le temps de le devancer. Il avait échappé au guet-apens Maubreuil, il faillit succomber à celui d'Orgon; et cette partie de sa dictée n'est pas la moins curieuse.

Arrivé au lieu de l'embarquement, il s'y trouva deux bâtimens pour le transporter; l'un Français, l'autre Anglais. Napoléon se jeta dans la frégate anglaise, disant qu'il lui en coûterait trop qu'on pût jamais dire qu'un Français l'avait déporté.

Tel est en peu de mots le grand événement dont on aura un jour les détails dictés, ainsi

---

* Une de mes connaissances, voyageant en Allemagne, m'a dit y avoir recueilli de la bouche même du chef des parcs russes, et plusieurs années après l'événement, que l'exposé ci-dessus était fidèle et l'assertion exacte.

que je l'ai dit plus haut, par l'Empereur même. La France fut inondée dans le temps, à ce sujet, d'une foule de pamphlets tellement dégoûtans de mensonges et d'absurdités, que depuis, les gens honnêtes n'ont pu s'empêcher de rougir d'avoir eu la faiblesse de les croire, ou même le courage de les lire.

Voici le traité de Fontainebleau annoncé ci-dessus. Il nous fut soigneusement soustrait dans le temps. Le Moniteur ne l'a jamais publié, et il nous est demeuré long-temps inconnu. On ne le trouve guère que dans des recueils officiels, et encore s'y présente-t-il avec des variantes. J'ai donc pensé qu'on me saurait gré de l'introduire ici. Il appartient tout à fait au sujet, et beaucoup de ses articles sont journellement encore, pour nous autres contemporains, de graves objets de conversations journalières. Il ne peut donc qu'être agréable d'être mis à même d'en pouvoir discuter en toute connaissance de cause.

TRAITÉ DE FONTAINEBLEAU DU 11 AVRIL.

« Article Ier. S. M. l'Empereur Napoléon renonce, pour lui, ses successeurs et descendans, ainsi que pour chacun des membres de sa famille, à tout droit de souveraineté et de domination, tant sur l'empire français et le royaume d'Italie, que sur tout autre pays.

« II. LL. MM. l'Empereur Napoléon et l'Impératrice Marie-Louise conserveront ces titres et qualités pour en jouir leur vie durant.

« La mère, les frères, sœurs, neveux et nièces de l'Empereur conserveront également partout où ils se trouveront, les titres de princes de sa famille.

« III. L'île d'Elbe, adoptée par Sa Majesté l'Empereur Napoléon, pour lieu de son séjour, formera, sa vie durant, une principauté séparée, qui sera possédée par lui en toute souveraineté et propriété.

« Il sera donné en outre, en toute propriété, à l'Empereur Napoléon un revenu annuel de deux millions de francs, en rente sur le grand-livre de France, dont un million sera reversible à l'Impératrice.

« IV. Toutes les puissances s'engagent à employer leurs bons offices pour faire respecter, par les Etats barbaresques, le pavillon et le territoire de l'île d'Elbe; et pour que, dans ses rapports avec les Barbaresques elle soit assimilée à la France.

« V. Les duchés de Parme, de Plaisance et Guastalla seront donnés en toute propriété et souveraineté à S. M. l'Impératrice Marie-Louise; ils passeront à son fils et à sa descendance en ligne directe. Le prince, son fils, prendra, dès ce moment, le titre de Prince de Parme, Plaisance et Guastalla.

« VI. Il sera réservé dans les pays auxquels l'Empereur Napoléon renonce, pour lui et sa famille, des domaines ou des rentes sur le grand-livre de France, produisant un revenu annuel net, et déduction faite de toutes charges, de deux millions cinq cent mille francs. Ces domaines ou rentes appartiendront en toute propriété, et pour en disposer comme bon leur semblera aux princes et princesses de sa famille, et seront répartis entre eux, de manière à ce que le revenu de chacun soit dans la proportion suivante. A Madame Mère, trois cent mille francs; au Roi Joseph et à la Reine, cinq cent mille francs; au Roi Louis, deux cent mille francs; à la Reine Hortense et à ses enfans, quatre cent mille francs; au Roi Jérôme et à la Reine, cinq cent mille francs; à la princesse Élisa, trois cent mille francs; à la princesse Pauline, trois cent mille francs.

« Les Princes et Princesses de la famille de l'Empereur Napoléon retiendront, conserveront, en outre, tous les biens, meubles et immeubles de quelque nature que ce soit, qu'ils possèdent à titre de particuliers, et notamment les rentes dont ils jouissent également comme particuliers sur le grand-livre de France et le Monte Napoleone de Milan.

« VII. Le traitement annuel de l'Impératrice Joséphine sera réduit à un million en domaines ou en inscriptions sur le grand-livre de France. Elle continuera de jouir, en toute propriété, de tous ses biens, meubles et immeubles particuliers, et pourra en disposer, conformément aux lois françaises.

« VIII. Il sera donné au Prince Eugène, Vice-Roi d'Italie, un établissement convenable hors de France.

« IX. Les propriétés que S. M. l'Empereur Napoléon possède en France, soit comme domaine extraordinaire, soit comme domaine privé, resteront à la couronne.

« Sur les fonds placés par l'Empereur Napoléon, soit sur le grand-livre, soit sur la banque de France, soit sur les actions des forêts, soit de tout autre manière, et dont Sa Majesté fait l'abandon à la couronne, il sera réservé un capital qui n'excédera pas deux millions, pour être employés en gratifications en faveur des personnes qui seront portées sur l'état que signera l'Empereur Napoléon, et qui sera remis au gouvernement français.

« X. Tous les diamans de la couronne resteront à la France.

« XI. L'Empereur Napoléon fera retourner au trésor et aux autres caisses publiques, toutes les sommes et effets qui en auraient été déplacés par ses ordres, à l'exception de ce qui provient de la liste civile.

« XII. Les dettes de la maison de S. M. l'Empereur Napoléon, telles qu'elles se trouvaient au jour de la signature du présent traité, seront immédiatement acquittées sur les arrérages dus par le trésor public à la liste civile, d'après les états qui seront signés par un commissaire nommé à cet effet.

« XIII. Les obligations du Monte Napoleone

de Milan, envers tous ses créanciers, soit Français soit étrangers, seront exactement remplies, sans qu'il soit fait aucun changement à cet égard.

« XIV. On donnera tous les saufs-conduits nécessaires pour le libre voyage de S. M. l'Empereur Napoléon, de l'Impératrice, des Princes et Princesses, et de toutes les personnes de leur suite qui voudront les accompagner ou s'établir hors de France, ainsi que pour le passage de tous les équipages, chevaux et effets qui leur appartiennent.

« Les puissances alliées donneront en conséquence des officiers et quelques hommes d'escorte.

« XV. La garde impériale française fournira un détachement de 12 a 15 cents hommes de toute arme pour servir d'escorte jusqu'à Saint-Tropès, lieu de l'embarquement.

« XVI. Il sera fourni une corvette et les bâtimens de transport nécessaires pour conduire, au lieu de sa destination, S. M. l'Empereur Napoléon, ainsi que sa maison. La corvette appartiendra en toute propriété à S. M. l'Empereur.

« XVII. S. M. l'Empereur Napoléon pourra

emmener avec lui, et conserver pour sa garde quatre cents hommes de bonne volonté, tant qu'officiers, sous-officiers et soldats.

« XVIII. Tous les Français qui auront servi S. M. l'Empereur Napoléon et sa famille, seront tenus, s'ils ne veulent perdre leur qualité de Français, de rentrer en France dans le terme de trois ans, à moins qu'ils ne soient compris dans les exceptions que le gouvernement français se réserve d'accorder après l'expiration de ce terme.

« XIX. Les troupes polonaises de toute arme, qui sont au service de France, auront la liberté de retourner chez elles, en conservant armes et bagages, comme un témoignage de leurs services honorables : les officiers, sous-officiers et soldats conserveront les décorations qui leur ont été accordées et les pensions affectées à ces décorations.

« XX. Les hautes-puissances alliées garantiront l'exécution de tous les articles du présent traité; elles s'engagent à obtenir qu'ils soient adoptés et garantis par la France.

« XXI. Le présent acte sera ratifié, et les

ratifications en seront échangées à Paris, dans dix jours, ou plus tôt si faire se peut.

« Fait à Paris, le 11 avril mil huit cent quatorze. Signé : Caulaincourt, duc de Vicence; le maréchal duc de Tarente, Macdonald ; le maréchal duc d'Elchingen, Ney *; le prince de Metternich. »

Les mêmes articles ont été signés séparément, et sous la même date, de la part de la Russie, par le comte de Nesselrode; et de la part de la Prusse, par le baron de Hardemberg.

Déclaration en forme d'accession au nom de Louis XVIII.

« Je, soussigné, ministre-secrétaire d'État
« au département des affaires étrangères, ayant
« rendu compte au Roi de la demande que leurs
« Excellences messieurs les plénipotentiaires des
« Cours alliées ont reçu de leur souverain l'or-
« dre de faire relativement au traité du 11 avril,
« auquel le gouvernement provisoire a accédé;
« il a plu à Sa Majesté de l'autoriser de dé-
« clarer, en son nom, que les clauses du traité à

---

* Il est à remarquer que, par égard pour l'Empereur Alexandre, le maréchal Ney s'abstient ici de son titre de prince de la Moscowa.

« la charge de la France, seront fidèlement exé-
« cutées. Il a, en conséquence, l'honneur de le
« déclarer par la présente, à leurs Excellences.
« Paris, le 31 mai 1814. Signé : le prince de
« Bénévent. »

Le grand triumvirat de l'Europe dicte ce traité de Fontainebleau, l'Angleterre y accède, une déclaration du Roi de France promet d'en remplir ce qui le concerne ; et malgré tant de garanties, on pourrait presque dire qu'aucun des articles ne fut observé. Certes, il est difficile de se jouer plus ouvertement de toute bonne foi, et de compromettre plus solennellement des signatures augustes, dont chacun de ceux qu'elles concernaient devrait avoir individuellement à cœur qu'elles demeurassent reconnues ici bas comme infaillibles et sacrées. Aussi, des violations si manifestes furent-elles le fond de la justification morale de l'entreprise de Napoléon en 1815. Une foule de voix, en Europe, s'éleva pour témoigner cette opinion ; des membres distingués des deux chambres du parlement d'Angleterre, soutiens infatigables des grands principes, le proclamèrent hautement ; d'éminens publicistes de toutes les con-

trées furent de cet avis, et nombre d'individus en demeurèrent frappés. Je terminerai d'aussi graves autorités par une opinion individuelle qui, pour n'être rien moins que sérieuse, n'en était peut-être pas moins juste. Un Autrichien de haut rang, qui se trouvait en 1815, par curiosité, au milieu de nous, et fort exaspéré de son naturel contre Napoléon, me faisant visite dans le temps où les progrès de l'Empereur, sur la capitale, commençaient à faire une vive impression, au point de le décider déjà à prendre la fuite, me disait gravement et de la meilleure foi du monde : « Certainement jusqu'ici il
« a occupé le trône de votre pays à titre d'u-
« surpateur ; la chose est incontestable ! Mais,
« ajoutait-il en bégayant diplomatiquement,
« si pourtant aujourd'hui il venait à conquérir
« la France, après que tous les monarques l'ont
« reconnu pour souverain, et lui ont donné le
« droit de faire la guerre en ne tenant pas les
« conditions qu'ils lui ont faites, la chose se-
« rait alors bien différente ; et ma foi !... pour
« moi !... je crois que dans ce cas... il pourrait
« se faire... qu'on pût soutenir, avec quelques
« raisons, qu'il est peut-être devenu légitime.

« Oui, pour moi du moins... il me semble que
« je le crois. »

Lettre de lord Castlereagh à lord Bathurst, relative au traité de Fontainebleau. (Recueil de Schœll.)

Paris, le 15 avril 1814.

« ..... Je me borne, en conséquence, pour le
« moment, à vous expliquer ce qui s'est passé
« par rapport à la destinée future et à l'établis-
« sement de Napoléon et de sa famille.
« V. S. connaît déjà, par lord Cathcart,
« l'acte d'abdication signé par Buonaparte, le
« 4 de ce mois, et l'assurance qui lui a été
« donnée par l'Empereur de Russie et par le gou-
« vernement provisoire, d'une pension de 6 mil-
« lions de francs, avec un asile dans l'île d'Elbe.
« Buonaparte avait déposé cet acte entre les
« mains de M. de Caulincourt et des maré-
« chaux Ney et Macdonald, pour l'échanger
« contre un engagement formel de la part des
« alliés, relatif à l'arrangement proposé. Les
« mêmes personnes étaient autorisées à consen-
« tir à un armistice et à déterminer une ligne
« de démarcation qui puisse en même-temps
« être satisfaisante pour les alliés, et prévenir
« l'effusion inutile du sang humain.

« À mon arrivée, je trouvai cet arrangement sur le point d'être adopté. On avait discuté une convention qui aurait dû être signée le jour même, si l'on n'avait annoncé l'approche des ministres alliés. Les motifs qui portaient à hâter la conclusion de cet acte, étaient l'inconvénient, sinon le danger, qu'il y avait à ce que Napoléon demeurât à Fontainebleau, entouré de troupes qui lui restaient toujours fidèles. La crainte d'intrigues dans l'armée et la capitale, et l'importance qu'avait, aux yeux de beaucoup d'officiers, un arrangement favorable à leur chef, qui leur permît de l'abandonner sans se déshonorer. »

« Dans la nuit après mon arrivée, les quatre ministres eurent une conférence sur la convention préparée avec le prince de Bénévent. J'y fis connaître mes objections, en exprimant en même-temps le désir qu'on ne crût pas que j'y insistais, au risque de compromettre la tranquillité de la France, pour empêcher l'exécution de la promesse donnée, à cause de l'urgence des circonstances, par la Russie. »

« Le prince de Bénévent reconnut la solidité

« de plusieurs de mes objections; mais il dé-
« clara en même-temps qu'il croyait que le gou-
« vernement provisoire ne pouvait avoir d'objet
« plus important que d'éviter tout ce qui pou-
« vait, même pour un instant, prendre le carac-
« tère de la guerre civile; et qu'il pensait aussi
« qu'une mesure de ce genre était essentielle
« pour faire passer l'armée du côté du gouver-
« nement dans une disposition qui permît de
« l'employer. D'après cette déclaration et celle
« du comte de Nesselrode, portant qu'en l'ab-
« sence des alliés, l'Empereur, son maître, avait
« senti la nécessité d'agir pour le mieux, en
« leur nom, aussi bien qu'en son propre nom.
« Je m'abstins de toute opposition ultérieure
« au principe de la mesure; me bornant à sug-
« gérer quelques modifications dans les détails.
« Je refusai cependant, au nom de mon gouver-
« nement, d'être plus que partie accédante au
« traité, et déclarai que l'acte d'accession de
« la Grande-Bretagne ne s'étendrait pas au-
« de-là des arrangemens territoriaux proposés
« dans le traité. On regarda comme parfaite-
« ment fondée mon observation, qu'il n'était
« pas nécessaire que nous prissions part à la

« forme du traité, nommément pour ce qui re-
« gardait la reconnaissance du titre de Napo-
« léon, dans les circonstances actuelles. Je joins
« maintenant le protocole et la note qui déter-
« minent le point d'extension auquel j'ai pris
« sur moi de faire des promesses au nom de
« ma Cour.

« Conformément à mes propositions, la re-
« connaissance des titres impériaux dans la fa-
« mille fut limitée à la durée de la vie des in-
« dividus, d'après ce qui s'est observé lorsque
« le Roi de Pologne devint Electeur de Saxe. »
« Quant à ce qui fut fait en faveur de l'Impé-
« ratrice, non-seulement je n'y fis aucune ob-
« jection; mais je le regardai comme dû à l'é-
« clatant sacrifice des sentimens de famille que
« l'Empereur d'Autriche fait à la cause de l'Eu-
« rope. *J'aurais désiré substituer une autre
« position à celle de l'île d'Elbe pour servir de
« retraite à Napoléon.* Mais il n'y en a pas de
« disponible qui présente la sécurité sur laquelle
« il insiste, et contre laquelle on ne pourrait
« faire les mêmes objections; et je ne crois pas
« pouvoir encourager l'alternative dont, d'après
« l'assurance de M. de Caulaincourt, Buona-

« parte avait plusieurs fois parlé, d'avoir un
« asile en Angleterre.

« La même nuit les ministres alliés eurent
« une conférence avec M. de Caulaincourt et
« les maréchaux : j'y assistai. Le traité fut exa-
« miné et accepté avec des changemens; depuis
« il a été signé et ratifié, et Buonaparte com-
« mence demain ou après-demain son voyage
« au midi. Signé : Castlereagh. »

J'ai cru devoir transcrire ici cette lettre : outre qu'elle complète nos lumières sur le traité du 11 avril, dont j'ignorais les détails à Sainte-Hélène même, elle me présente particulièrement deux points que je ferai remarquer : elle m'explique la réponse de l'Empereur, auquel rappelant qu'il semblait avoir oublié, dans une occasion essentielle, de mentionner la reconnaissance de son titre par les Anglais à Fontainebleau, se contente de me dire qu'il l'a fait à dessein. (Vol. 5, page 353). Or j'apprends ici que Castlereagh s'y était soigneusement refusé, ce qui n'exclut pas, du reste, la scrupuleuse exactitude des citations de Napoléon.

Le second point, que mon impartialité me

porte à faire également remarquer, c'est que lord Castlereagh parle ici de l'alternative offerte par Napoléon, de se retirer en Angleterre, au défaut de la cession de l'île d'Elbe. Or, on trouvera plus bas (lundi 18 novembre), que Napoléon, au contraire, reproche à lord Castlereagh de lui avoir fait insinuer d'adopter de préférence ce parti. Certes, voilà deux exposés directement contraires; l'impartialité, je le répète, me commandait de les produire également tous deux; libre à chacun de se décider suivant ses lumières ou son penchant. Car, comme je l'ai souvent entendu dire à l'Empereur, une voix en vaut une autre. Pour moi, mon choix n'est pas douteux, j'adopte les paroles de Napoléon, en dépit des assertions de lord Castlereagh, parce que j'ai présentes les assertions erronées de lord Whitworth, mentionnées dans le cours du Mémorial, et les assertions scandaleusement exprimées par lord Castlereagh, sur Napoléon, en plein parlement, ou dans des assemblées publiques, et les documens altérés sur lesquels on a prononcé la déchéance de Murat, et les vingt et quelques dénégations si intrépidement exprimées par lord Bathurst à la chambre des pairs; la fausseté de la plupart d'elles était manifeste à tous les yeux à à Saint-Hélène, et causa de l'embarras à sir Hudson Lowe lui-même, etc., etc., etc.; et je persisterai dans mon adoption, à moins que des preuves suffisantes ne viennent me faire varier.

Mercredi 13.

L'épée du Grand-Frédéric. — On espère que le Lion s'endormira. — Nouvelles tracasseries du Gouvernement; il m'enlève mon domestique, etc. — Notre sort en viable dans nos misères. — Bonheur de l'avoir approché.

Le matin, chez l'Empereur et dans un moment de non occupation, je considérais la grosse montre du Grand-Frédéric, accrochée près de la cheminée, ce qui a conduit l'Empereur à dire : « J'ai eu dans mes mains d'illustres et
« précieux monumens; j'ai possédé l'épée du
« Grand-Frédéric; les Espagnols m'ont rapporté, aux Tuileries, l'épée de François Ier;
« l'hommage était grand, il a dû leur coûter;
« et les Turcs, les Persans, n'ont-ils pas prétendu me faire présent d'armes qui auraient
« appartenues à Gengiskan, à Tamerlan, à

« Scha-Nadir, ou autres, je ne sais ; car je
« crois bien que ce n'est que dans leur dé-
« marche et leur intention qu'il faut prendre
« la vérité. »

Et comme à la suite de tout cela je terminais par mon grand étonnement qu'il n'eût pas fait des efforts pour conserver l'épée du Grand-Frédéric. « Mais j'avais la mienne, » a-t-il repris avec une douceur de voix et un souris tout particuliers, et me serrant légèrement l'oreille. Et au fait il avait raison, je lui disais là une grosse bêtise.

Plus tard, il revenait sur ce qu'il avait voulu et ce qu'il eût dû, disait-il, en se remariant, épouser une Française. « C'était éminemment na-
« tional, disait-il ; la France était assez grande,
« son monarque assez puissant, pour pouvoir
« négliger toute considération étrangère. D'ail-
« leurs, l'alliance du sang entre souverain ne
« tient pas contre les intérêts de la politique,
« et, sous ce rapport même, ne prépare que
« trop souvent des scandales en morale aux
« yeux des peuples. Puis c'est admettre une
« étrangère aux secrets de l'État : elle peut en
« abuser ; et si l'on compte soi-même sur les

« siens au-dehors, on peut se trouver n'avoir
« posé le pied que sur un abîme recouvert de
« fleurs. En tout, c'est une chimère que de
« croire que ces alliances garantissent ou as-
« surent jamais rien. »

Quoiqu'il en soit, la mesure d'un nouveau
mariage transporta d'aise les citoyens sages qui
cherchaient un avenir. Napoléon, peu de jours
après cette détermination, dit à un de ses ministres (le duc de Decrès), dans un moment
de gaîté : « On est donc bien joyeux de mon
« mariage. —Oui, Sire, beaucoup.—J'entends,
« c'est qu'on suppose que le lion s'endormira.—
« Mais Sire, pour dire le vrai, nous y comp-
« tons un peu. — Eh bien! dit Napoléon, après
« quelques instans de silence : l'on se trompe,
« et ce n'est pas aux vices du lion qu'il fau-
« dra s'en prendre. Le sommeil lui serait aussi
« doux peut-être qu'à tout autre. Mais ne
« voyez-vous pas qu'avec *l'air d'attaquer sans
« cesse*, je ne suis pourtant jamais occupé
« *qu'à me défendre.* » Cette assertion a pu
laisser des doutes tant qu'a duré la lutte terrible; mais la joie et les indiscrétions de la victoire sont venues depuis consacrer la vérité.

On a vu les uns se vanter qu'ils auraient continué la guerre jusqu'à ce qu'ils eussent abattu leur ennemi ; qu'ils n'avaient jamais eu d'autre pensée. D'autres [*] n'ont pas craint de publier que c'était sous le masque des alliances et de l'amitié même qu'ils avaient ourdi le complot de sa chute !!!...

Aujourd'hui et les deux jours suivans ont été pour moi remplis par une tracasserie qui m'était personnelle, et qui a trop influé sur mes destinées pour que je ne la mentionne pas ici. Depuis mon séjour à Longwood, j'avais pour domestique un jeune habitant de l'île, mulâtre libre, dont j'avais lieu d'être fort content ; tout à coup il prit fantaisie à sir Hudson Lowe de m'en priver.

Poussé par son occupation ingénieuse à nous tourmenter, ou comme beaucoup d'autres se sont obstiné à le penser, par suite d'un plan perfidement combiné, il me dépêcha l'officier de garde anglais, pour m'annoncer qu'ayant conçu quelques inquiétudes sur ce que mon domestique était natif de l'île, il allait me le

---

[*] Observateur autrichien, 1817 ou 1818.

retirer, et le remplacerait par un autre de son choix. Ma réponse fut simple et positive : « Le « Gouverneur, disais-je, pouvait m'enlever « mon domestique si cela lui plaisait; mais il « devait s'épargner la peine de le remplacer « par un autre de son choix. J'apprenais cha- « que jour à me détacher des jouissances de la « vie. Je saurais, au besoin, me servir de mes « propres mains : cette privation de plus serait « peu de chose au milieu des souffrances dont « il nous entourait. »

Alors commencèrent à ce sujet une foule de messages et de notes. Sir Hudson Lowe écrivait jusqu'à 3 ou 4 fois par jour à l'officier de garde chargé de me donner autant de communications. Sir Hudson Lowe ne comprenait pas mes difficultés, disait-il, et n'imaginait pas quelle objection je pouvais avoir contre un domestique donné de sa main..... Celui qu'il aurait choisi en vaudrait bien un autre..... Son offre de le choisir lui-même n'était qu'une attention de sa part, etc., etc.....

Je souffrais des allées et venues du pauvre officier, et j'en étais fatigué pour mon compte. Je le priai donc, pour épargner ses pas, d'assurer le Gouverneur que m'a réponse demeurerait toujours la même ; savoir : qu'il pouvait bien m'enlever mon domestique ; mais qu'il ne devait pas songer à m'en faire accepter un de son choix ; qu'il pouvait bien mettre garnison chez moi par la force, mais non jamais de mon propre consentement. Cependant, durant tous ces colloques on avait fait venir mon domestique, on l'avait questionné, on l'avait retiré une première fois de mon service, puis rendu ; et enfin retiré tout à fait.

Je rendis compte du tout à l'Empereur, qui m'approuva fort de n'avoir pas voulu laisser introduire un espion, disait-il, au milieu de nous. « Mais comme votre privation, ajouta-t-
« il, d'une manière charmante, est dans l'in-
« térêt de tous, il n'est pas juste que vous en
« souffriez seul ; faites venir Gentilini, mon
« valet de pied, qu'il prenne son service au-
« près de vous ; il sera enchanté de gagner
« quelques napoléons de plus : vous lui direz
« d'ailleurs que c'est par mon ordre. » Gentilini s'y rendit d'abord avec gaîté ; mais le soir même le pauvre garçon vint me dire qu'on lui avait fait observer qu'il n'était pas convenable

qu'un domestique de l'Empereur servît un particulier!!!..... Et l'Empereur poussa la bonté jusqu'à faire venir Gentilini pour lui en donner l'ordre de sa propre bouche.

C'était ainsi que ce Gouverneur continuait à nous persécuter journellement et sous toutes les formes, bien que je n'en dise plus rien; non que je m'y accoutumasse, mais parce que dans la masse de nos peines, celles qui ne nous venaient que de sa mauvaise humeur n'étaient plus que de légers accessoires. Et en effet, qu'auraient-elles pu être auprès de nos grandes misères?.....

Si l'on s'est bien pénétré de toute l'horreur de notre situation, on me voit jeté, et probablement pour jamais sur une plage déserte à deux mille lieues de la patrie, confiné dans une étroite prison, sous un ciel, dans un climat, sur un sol, qui ne sont pas les nôtres. On me voit errer vivant dans les sinuosités du tombeau, seul terme probable de tant de maux. J'ai perdu ma femme, mes enfans, mes amis, bien qu'ils jouissent encore de la vie; mais leur univers n'est plus le mien : et privé désormais de la communication des hommes, il me reste à pleurer les épanchemens de l'amitié, les douceurs de la famille, les intimités, les charmes de la société... Certes, en lisant ceci, il n'est personne sans doute, quels que soient ses opinions, son pays, ses dispositions naturelles, qui ne m'accorde sympathiquement quelques regrets, et ne se sente arracher quelque mouvement de commisération, tant il me voit à plaindre; eh bien pourtant, il aurait tort; je vais me rendre enviable!...

Quel est celui dont le cœur ne bat à de certains actes d'Alexandre ou de César? Qui approcherait sans émotion des vestiges de Charlemagne? De quel prix ne nous seraient pas les paroles, le son de voix de Henri IV? Eh bien! aux moindres symptômes de quelqu'abattement moral, si je sentais le besoin de retremper mon ame, le cœur plein de telles sensations, l'esprit rempli de telles idées, je m'écriais : Je possède tout cela, mieux que tout cela; et ici, ce ne sont point de seules illusions, de simples ressouvenirs d'histoire; je suis aux côtés mêmes de l'objet vivant qui a accompli tant de prodiges. Chaque jour, à chaque instant, je considère à mon gré les traits de celui dont un clin-d'œil ordonna tant de batailles et décida de tant d'empires; je lis sur ce front que décorent les lauriers de Rivoli, de Marengo, d'Austerlitz; de Wagram, d'Jéna, de Friedland; je puis presque toucher cette main qui régit tant de sceptres et distribua tant de couronnes; qui saisit les drapeaux d'Arcole et de Lodi; qui, dans une occasion solennelle, rendait à une femme éplorée les seules preuves de la culpabilité de son mari; j'entends cette même voix qui, à la vue des pyramides d'Egypte, prononçait à ses soldats : « Enfans, du haut de ces monumens 40 siècles nous contemplent! » Qui, arrêtant sa suite à la vue d'un convoi de blessés autrichiens, disait en se découvrant : « Honneur et respect au courage malheureux. » Je cause presque familièrement avec celui-là même dont les conceptions ont manié l'Europe, qui se faisait un passe-temps des embellissemens de nos villes et de la prospérité de nos provinces, qui nous avait élevés si haut dans l'esprit des peuples, et avait porté notre gloire jusqu'aux nues!... Je le vois, je l'entends, je le soigne, je m'efforce de lui être agréable, je le console peut-être!... quelle situation!.... Eh bien! à présent me plaint-on encore? une foule, au contraire, n'enviera-t-elle pas mon sort? Qui, au fait, obtint un tel bonheur, réunit des circonstances pareilles aux nôtres?...

Jeudi 14.

Nouvelles occupations de l'Empereur. — Sur les grands capitaines; la guerre etc., etc. — Ses idées sur diverses institutions pour le bien-être de la société. — Avocats. — Curés. — Autres objets.

L'Empereur, sur les six heures, m'a fait appeler dans sa chambre. Il venait de dicter, m'a-t-il dit, un fort beau chapitre sur les droits maritimes; il me parlait d'autres plans d'ouvrages; j'ai osé lui rappeler les 14 paragraphes dont il avait déjà eu l'idée, et que j'ai déjà mentionnés ailleurs. Il en a écouté le ressouvenir avec plaisir, et a assuré qu'il y viendrait certainement un jour.

Il s'est mis de là à lire et à corriger des notes précieuses qu'il avait dictées au Grand-Maréchal, sur la différence des guerres anciennes et modernes, sur l'administration des armées, leur composition, etc., etc. Puis, s'étant mis à causer et se lançant sur le sujet, entr'autres choses il a

dit : « Il n'est pas de grandes actions suivies
« qui soient l'œuvre du hasard et de la fortune;
« elles dérivent toujours de la combinaison et
« du génie. Rarement on voit échouer les grands
« hommes dans leurs entreprises les plus péril-
« leuses. Regardez Alexandre, César, Annibal,
« le Grand-Gustave et autres, ils réussissent
« toujours; est-ce parce qu'ils ont du bonheur
« qu'ils deviennent ainsi de grands hommes?
« Non; mais parce qu'étant de grands hommes,
« ils ont su maîtriser le bonheur. Quand on
« veut étudier les ressorts de leurs succès, on
« est tout étonné de voir qu'ils avaient tout fait
« pour l'obtenir.

« *Alexandre*, à peine au sortir de l'enfance,
« conquiert, avec une poignée de monde, une
« partie du globe; mais fut-ce de sa part une
« simple irruption, une façon de déluge? Non;
« tout est calculé avec profondeur, exécuté
« avec audace, conduit avec sagesse. Alexandre
« se montre tout à la fois grand guerrier, grand
« politique, grand législateur; malheureuse-
« ment quand il atteint le zénith de la gloire
« et du succès, la tête lui tourne ou le cœur se
« gâte. Il avait débuté avec l'ame de Trajan, il

« finit avec le cœur de Néron et les mœurs d'Hé-
« liogabale. » Et l'Empereur développait les campagnes d'Alexandre, et je voyais le sujet sous un jour tout nouveau.

Passant ensuite à *César*, il disait : qu'au rebours d'Alexandre, il avait commencé sa carrière fort tard, et qu'ayant débuté par une jeunesse oisive et des plus vicieuses, il avait fini montrant l'ame la plus active, la plus élevée, la plus belle; il le pensait un des caractères les plus aimables de l'histoire. « César, observait-
« il, conquiert les Gaules et les lois de sa pa-
« trie; mais, est-ce au hasard et à la simple for-
« tune qu'il doit ses grands actes de guerre? »
Et il analysait encore les hauts faits de César comme il avait fait de ceux d'Alexandre. »

« Et cet *Annibal*, disait-il, le plus audacieux
« de tous, le plus étonnant peut-être; si hardi,
« si sûr, si large en toutes choses; qui, à 26 ans,
« conçoit ce qui est à peine concevable, exécute
« ce qu'on devait tenir pour impossible; qui,
« renonçant à toute communication avec son
« pays, traverse des peuples ennemis ou incon-
« nus qu'il faut attaquer et vaincre, escalade les
« Pyrénées et les Alpes, qu'on croyait insur-

« montables, et ne descend en Italie qu'en
« payant de la moitié de son armée la seule
« acquisition de son champ de bataille, le
« seul droit de combattre; qui occupe, parcourt
« et gouverne cette même Italie durant 16 ans,
« met plusieurs fois à deux doigts de sa perte
« la terrible et redoutable Rome, et ne lâche sa
« proie que quand on met à profit la leçon qu'il
« a donnée d'aller le combattre chez lui. Croira-
« t-on qu'il ne dut sa carrière et tant de grandes
« actions qu'aux caprices du hasard, aux faveurs
« de la fortune. Certes, il devait être doué d'une
« forte trempe d'ame, et avoir une bien haute
« idée de sa science; en guerre, celui qui, in-
« terpellé par son jeune vainqueur, n'hésite pas
« à se placer, bien que vaincu, immédiatement
« après Alexandre et Pyrrhus, qu'il estime les
« deux premiers du métier.

« Tous ces grands capitaines de l'antiquité,
« continuait Napoléon, et ceux qui, plus tard,
« ont dignement marché sur leur traces, n'ont
« fait de grandes choses qu'en se conformant
« aux règles et aux principes naturels de l'art;
« c'est-à-dire par la justesse des combinaisons et
« le rapport raisonné des moyens avec leurs

« conséquences, des efforts avec les obstacles.
« Ils n'ont réussi qu'en s'y conformant, quelles
« qu'ayent été d'ailleurs l'audace de leurs en-
« treprises et l'étendue de leurs succès. Il n'ont
« cessé de faire constamment de la guerre une
« véritable science. C'est à ce titre seul qu'ils
« sont nos grands modèles, et ce n'est qu'en les
« imitant qu'on doit espérer en approcher.

« On a attribué à la fortune mes plus grands
« actes, et on ne manquera pas d'imputer mes
« revers à mes fautes; mais si j'écris mes campa-
« gnes, on sera bien étonné de voir que dans
« les deux cas et toujours, ma raison et mes
« facultés ne s'exercèrent qu'en conformité avec
« les principes, etc., etc. »

Comme il est à désirer que l'Empereur ac-
complisse sa pensée d'écrire ses campagnes !
Quels commentaires que ceux de Napoléon !!!*

« L'Empereur a continué d'analyser de la

---

* Il paraît que l'Empereur n'a point entièrement
exécuté cet ouvrage qui eût été d'un si grand prix pour
le métier. Toutefois la seconde livraison des Mémoires
de Napoléon par les généraux Montholon et Gourgaud,
qu'on publie en ce moment (Paris, *Bossange frères*),
renferme des notes critiques de Napoléon sur un ouvrage de guerre, qui sont du plus grand intérêt et

sorte *Gustave-Adolphe*, *Condé*, chez qui il disait que la science semblait avoir été un instinct, la nature l'ayant produit tout savant. *Turenne*, qui, au contraire, ne s'était formé qu'avec peine et à force d'instruction. Et

_____

peuvent nous tenir lieu, à certains égards, de ce que nous aurons perdu. On y trouve précisément les grands capitaines de l'antiquité mentionnés ici, mais avec ce développement, cette vigueur et cette supériorité d'une dictée réfléchie sur l'extrait informe d'une conversation courante. Un autre objet bien intéressant, présenté par les mêmes volumes, est l'ensemble des pièces officielles et le protocole des négociations de Châtillon. On a parlé des embarras de Louis XIV, à la fin de la guerre de la succession et des cruelles conférences de Gertruidenberg; mais que sont-elles, grand Dieu, auprès du congrès de Châtillon! et quel n'est pas l'état désespéré du malheureux empire français et la situation de son plénipotentiaire unique, luttant seul contre toute la diplomatie victorieuse de l'Europe!... Du reste, on s'étonne peu après cela de la haute et grande considération que le duc de Vicence a comme imposée à tous ces étrangers. Cela devait être, tant il montre de loyauté, d'élévation, de franchise; en un mot, tout ce qui compose une belle âme. Sa correspondance respire constamment le sujet fidèle, l'ami dévoué et surtout l'excellent citoyen. Sans entrer dans le mérite de son opinion personnelle, il est impossible de ne pas se sentir pénétré de vénération à une telle lecture.

m'étant permis de lui dire à ce sujet qu'on avait remarqué pourtant que Turenne n'avait point formé d'élèves, tandis que Condé en avait laissé plusieurs fort distingués. « Par caprice du ha-
« sard, a repris l'Empereur, c'est le contraire
« qui eût dû arriver. Mais il ne dépend pas tou-
« jours des maîtres de faire de bons écoliers;
« encore faut-il que la nature s'y prête : la se-
« mence doit rencontrer son terrain. » Il a continué sur *Eugène*, *Marlborough*, *Vendôme*, etc., sur le *Grand-Frédéric*, qu'il disait avoir été, sur toutes choses, tacticien par excellence, et avoir eu le secret de faire des soldats de véritables machines. A son sujet, il a dit: « Combien les
« hommes parfois diffèrent de ce qu'ils s'annon-
« cent! Savent-ils bien toujours eux-mêmes ce
« qu'ils sont? En voilà un, remarquait-il, qui,
« au début, prend la fuite devant sa propre
« victoire, et qui, tout le reste de sa carrière, se
« montre bien certainement le plus intrépide,
« le plus tenace, le plus froid des hommes, etc. »

Après dîner, l'Empereur, plein de son travail du jour, dont il suit depuis quelque temps le sujet avec une espèce de plaisir et de satisfaction, a parlé jusqu'à près d'une heure du matin, traitant en maître, de la manière la plus ingénieuse, la plus forte et la plus lumineuse, une foule d'objets de guerre.

Il revenait sur la grande différence de la guerre des anciens avec celle des modernes. « L'invention des armes à feu a tout changé, « observait-il ; cette grande découverte était, du « reste, tout à l'avantage des assaillans, bien que « jusqu'ici la plupart des modernes aient sou- « tenu le contraire. La force corporelle des an- « ciens, observait-il encore, était en harmonie « avec leurs armes offensives et défensives ; les « nôtres au contraire, celles de nos jours sont « tout-à-fait hors de notre sphère. »

Si l'Empereur laisse après lui des idées sur ces objets, son opinion sera bien précieuse. Il l'a donnée ce soir sur la plupart des circonstances militaires ; il s'est élevé aux plus hautes idées, et est descendu dans les plus petits détails.

Il disait que la guerre ne se composait que d'accidens, et que bien que tenu de se plier à des principes généraux, un chef ne devait jamais perdre de vue tout ce qui pouvait le mettre à même de profiter de ces accidens. Le vulgaire appellerait cela bonheur, et ce ne serait pourtant que la propriété du génie.....

Il voulait que, dans l'état actuel, on donnât plus de consistance au troisième rang de l'infanterie, ou bien qu'on le supprimât, et il en développait le motif......

Il voulait que l'infanterie, chargée par la cavalerie, tirât de fort loin sur elle, au lieu de l'attendre à bout portant comme on le fait aujourd'hui; et il en démontrait l'avantage....

Il disait que l'infanterie et la cavalerie, laissées à elles-mêmes, sans artillerie, ne devaient point amener de résultat décisif; mais qu'avec de l'artillerie, et toutes choses d'ailleurs égales, la cavalerie devait détruire l'infanterie; et il développait très-lumineusement toutes ces choses, et une foule d'autres encore.

Il ajoutait que l'artillerie faisait aujourd'hui la véritable destinée des armées et des peuples; qu'on se battait à coups de canon comme à coups de poing, et qu'en bataille comme à un siége, l'art consistait à présent à faire converger un grand nombre de feux sur un même point; que la mêlée une fois établie, celui qui avait l'adresse de faire arriver subitement et à l'insu de l'ennemi, sur un de ses points, une masse inopinée d'artillerie, était sûr de l'emporter. Voilà quel avait été, disait-il, son grand secret et sa grande tactique.

Du reste, concluait-il, il ne pouvait pas y avoir ce que dans sa pensée il concevait être une véritable armée, sans une révolution dans les mœurs et l'éducation du soldat, peut-être même de l'officier. Il ne pouvait pas y en avoir avec nos fours, nos magasins, nos administrations, nos voitures. Il n'y aurait d'armée que quand, à l'imitation des Romains, le soldat recevrait son blé, aurait des moulins à bras, cuirait son pain sur sa petite platine, etc. Il n'y aurait d'armée que quand on aurait mis en fuite toute notre effroyable administration paperassière, etc., etc.

« J'avais médité, disait-il, tous ces change-
« mens; mais pour oser les mettre en pratique,
« il m'eût fallu une profonde paix : une armée
« de guerre ne le permettait pas; elle se fût
« révoltée, elle m'eût envoyé promener, etc. »

Puisque j'en suis à ce sujet, je vais réunir ici quelques notes éparses, recueillies à différens instans sur les innovations projetées par l'Empereur, non-seulement sur l'armée, mais encore sur beaucoup d'autres objets essentiels à l'organisation sociale.

L'Empereur avait le projet, à la paix générale, nous a-t-il dit plus d'une fois, d'amener chaque puissance à une immense réduction des armées permanentes. Il eût voulu que chaque souverain se bornât à sa seule garde, comme cadre du reste de l'armée à composer au besoin. Il eût voulu, s'il avait été contraint de conserver une forte armée en temps de paix, l'employer aux travaux publics, lui donner une organisation, une tenue et une manière de se nourrir tout à fait spéciale. On trouvera sans doute une partie de ces choses dans ses Mémoires; je sais qu'il les a dictées en différens momens à plusieurs de ces messieurs.

Il avait éprouvé, disait-il, que la plus grande gêne dans ses plans de campagne et ses grandes expéditions, venait de la nourriture moderne des soldats, du blé qu'il fallait trouver, de la farine qu'il fallait obtenir en le faisant moudre, enfin du pain qu'il fallait parvenir à faire cuire. Or, la méthode romaine, qu'il approuvait fort, et qu'il eût adoptée en tout ou en partie, eût remédié à tous ces inconvéniens.

« Avec elle, disait l'Empereur, on allait au
« bout du monde ; mais encore fallait-il du
« temps pour amener à la transition d'un tel
« régime : il ne pouvait s'opérer par un simple
« ordre du jour. J'en avais eu la pensée depuis
« long-temps; mais quelle qu'eût été ma puis-
« sance, je me fusse bien donné de garde de le
« commander. Il n'est point de subordination ou
« crainte pour les estomacs vides. Ce n'était
« qu'en temps de paix et à loisir qu'on eût pu
« y arriver insensiblement : je l'aurais obtenu
« en créant des mœurs militaires nouvelles. »

L'Empereur eût constamment tenu à faire passer toute la nation par l'épreuve de la conscription. « Je suis intraitable sur les exemptions,
« disait-il un jour au Conseil d'État : elles
« seraient des crimes. Comment charger sa
« conscience d'avoir fait tuer l'un au détriment
« de l'autre. Je ne sais même pas si j'exemp-
« terai mon fils. » Et dans une autre occasion il disait encore que la conscription est la racine éternelle d'une nation; l'épuration de son moral, la véritable institution de toutes ses habitudes; et puis, la nation, ajoutait-il, se trouvait de la sorte toute classée dans ses véri-

tables intérêts pour sa défense au dehors et son repos au dedans. « Organisée, maçonnée « de la sorte, disait-il, le peuple français eût « pu défier l'univers; il eût pu, et avec plus « de justesse, renouveler ce mot des fiers Gau- « lois : *Si le Ciel venait à tomber, nous le* « *soutiendrions de nos lances.* »

Dans son système et ses intentions, la conscription, loin de nuire à l'éducation, en fût devenue l'instrument. L'Empereur en serait arrivé, disait-il, à avoir dans chaque régiment une école pour le commencement ou la continuité des travaux dans tous les genres, soit pour l'instruction, pour les arts libéraux, ou pour les simples mécaniques. « Et rien de plus « aisé que d'obtenir tout cela, remarquait-il; « le principe une fois adopté, vous eussiez vu « chaque régiment tirer tout ce qui eût été né- « cessaire de ses rangs mêmes : et quel bienfait « le déversement de tous ces jeunes gens avec « leurs connaissances acquises, n'eussent-elles « été qu'élémentaires, avec les mœurs qui en « dérivent nécessairement, n'aurait-il pas été « produire dans la masse de la société! etc. »

Un jour, L'Empereur disait encore que s'il

eût eu du loisir, il y avait peu d'institutions sur lesquelles il n'eût porté la main; et il s'arrêtait sur le fléau des procès, qu'il disait être une véritable lèpre, un vrai cancer social.

« Déjà mon code, disait-il, les avait singu-
« lièrement diminués, en mettant une foule de
« causes à la portée de chacun; mais il restait
« encore beaucoup à faire au législateur; non
« qu'il dût se flatter d'empêcher les hommes
« de quereller : ce devait être de tout temps;
« mais il fallait empêcher un tiers de vivre des
« querelles des deux autres; empêcher qu'il les
« excitât même, afin de mieux vivre encore.
« J'aurais donc voulu établir qu'il n'y eût
« d'avoués, ni d'avocats rétribués que ceux
«   ui gagneraient leurs causes. Par là, que de
« querelles arrêtées ! car il est bien évident
« qu'il n'en serait pas un seul qui, du premier
« examen d'une cause, ne la repoussât si elle
« lui semblait douteuse. On ne saurait crain-
« dre qu'un homme, vivant de son travail,
« voulût s'en charger pour le seul plaisir de
« bavarder; et même, dans ce cas encore, le
« travers ne serait nuisible qu'à lui seul. Mais
« avec les praticiens, observait l'Empereur, les

« choses les plus simples se compliquent tout
« aussitôt; on me présenta une foule d'objec-
« tions, une multitude d'inconvéniens, et moi
« qui n'avais pas de temps à perdre, j'ajournai
« ma pensée. Mais encore aujourd'hui je reste
« convaincu qu'elle est lumineuse, et qu'en la
« creusant, la retournant, ou la modifiant, on
« pourrait en tirer grand parti. »

Puis venaient *les curés*, qu'il eût voulu rendre très-importans et fort utiles. « Plus ils sont
« éclairés, disait-il, moins ils sont portés à
« abuser de leur ministère. » Aussi, à leur cours de théologie, aurait-il voulu qu'on eût joint un cours d'agriculture et les élémens de la médecine et du droit. « Par-là, disait-il, le
« dogme et la controverse, qui ne sont que le
« cheval de bataille et les armes du sot et du
« fanatique, fussent insensiblement devenus
« plus rares dans la chaire; il ne serait plus
« guère demeuré que la pure morale, toujours
« belle, toujours éloquente, toujours persua-
« sive, toujours écoutée; et comme on aime
« d'ordinaire à parler de ce qu'on sait, ces
« ministres d'une religion toute de charité,
« eussent de préférence entretenu les paysans de

« leur culture, de leurs travaux, de leurs
« champs; ils eussent pu donner de bons con-
« seils contre la chicane, et de bons avis aux
« malades : tous y eussent gagné. Alors les pas-
« teurs eussent été vraiment une providence
« pour leurs ouailles; et comme on leur eût
« composé un très-bel état, ils auraient joui
« d'une grande considération : ils se seraient
« fort respectés eux-mêmes, et l'eussent été de
« tous. Ils n'auraient pas eu le pouvoir de la
« seigneurie féodale; mais ils en auraient eu,
« sans danger, toute l'influence. Un curé eût été
« le juge de paix naturel, le vrai chef moral
« qui eût dirigé, conduit la population sans
« danger, parce qu'il était lui-même dépen-
« dant du Gouvernement qui le nommait et
« le salariait. Si l'on joint à tout cela les
« épreuves et le noviciat nécessaires pour le
« devenir, qui garantissent en quelque sorte
« la vocation, et supposent de belles disposi-
« tions de cœur et d'esprit, on est porté à pro-
« noncer qu'une telle composition de pasteurs,
« au milieu des peuples, eût dû amener une
« révolution morale tout à l'avantage de la civi-
« lisation. »

Ceci me rappelle avoir entendu l'Empereur, au Conseil d'État, déclamer contre le casuel des ministres du culte, et faire ressortir l'indécence de les mettre dans le cas de marchander disait-il, des objets sacrés, et pourtant indispensables. Il proposait donc de le détruire. « En « rendant les actes de la religion gratuits, « observait-il, nous relevons sa dignité, sa « bienfaisance, sa charité ; nous faisons beau« coup pour le petit peuple, et rien de plus « naturel et de plus simple que de remplacer ce « casuel par une imposition légale ; car tout « le monde naît, beaucoup se marient, et tous « meurent ; et voilà pourtant trois grands « objets d'agiotage religieux qui me répugnent « et que je voudrais faire disparaître. Puisqu'ils « s'appliquent également à tous, pourquoi ne « pas les soumettre à une imposition spéciale, « ou bien encore les noyer dans la masse des « impositions générales, etc., etc. » Cette proposition n'eut pas de suite.

Il me revient aussi en ce moment l'avoir encore entendu exprimer la proposition que tous les fonctionnaires et employés publics, même les militaires, formassent d'eux-mêmes le fond de leurs pensions à venir, par une légère retenue de leur salaire annuel ; il y attachait beaucoup de prix. « De la sorte, disait-il, « l'avenir de chacun ne sera plus un objet de « sollicitation, une faveur ; ce sera un droit, « une vraie propriété ; ce qui lui aura été retenu « sera versé à la caisse d'amortissement chargée « de le faire valoir : ce sera son propre bien qu'il « suivra des yeux, et qu'il retirera, sans con- « testation, lors de sa retraite. » On lui objectait qu'il était des traitemens, ceux des militaires surtout, qui ne pourraient admettre de retenue. « Eh bien ! j'y suppléerai, répliquait « l'Empereur, je les accroîtrai de toute la « retenue. — Mais à quoi bon alors, objectait- « on encore, si l'on doit faire la même dépense, « il n'y aurait point d'économie ; où seraient « donc les avantages ? — Les avantages, répli- « quait l'Empereur, seraient dans la différence « entre le certain et l'incertain, entre le repos « du trésor, qui n'aurait plus à se mêler de ces « accidens, et la tranquillité des citoyens qui « posséderaient leur garantie, etc., etc. »

L'Empereur défendit cette idée avec beaucoup de chaleur. Il y revint plus d'une fois ; elle demeura néanmoins sans résultat. J'ai déjà dit l'avoir vu improviser souvent de la sorte, ou faire discuter, après impression, une foule d'autres projets qui ont éprouvé le même sort. Voici qui peut en fort peu de mots donner une idée des travaux et de l'activité de son administration. « On a calculé que le Gouvernement « de Napoléon, dans une espace de 14 ans et « 5 mois, présente 61 mille 139 délibérations « du Conseil d'Etat, sur des objets différens !... » (*Histoire critique et raisonnée*, etc., de *Montvéran*.)

Enfin, j'ai entendu maintes fois Napoléon, et en diverses circonstances, répéter qu'il eût voulu un institut européen, des prix européens pour animer, diriger et coordonner toutes les associations savantes en Europe.

Il eût voulu, pour toute l'Europe, l'uniformité des monnaies, des poids, des mesures; l'uniformité de législation. « Pourquoi, disait-il, « mon Code Napoléon n'eût-il pas servi de base à « un Code européen, et mon Université impé- « riale à une Université européenne? De la sorte, « nous n'eussions réellement, en Europe, com- « posé qu'une seule et même famille. Chacun,

7. 22.

« en voyageant, n'eût pas cessé de se trouver
« chez lui, etc. »

Il est encore une foule d'autres idées pareilles; mais comme je n'oserais hasarder aucun ressouvenir des détails, je m'abstiens.

Vendredi 15.

L'Empereur change de manière à nous affecter. — Le Gouverneur nous environne de fortifications. — Terreurs de sir Hudson Lowe. — Général Lamarque. — Madame Récamier et un prince de Prusse.

Sur les trois heures, l'Empereur, avec qui j'avais déjà déjeûné le matin, m'a fait appeler; voulant prendre l'air, il a essayé de marcher dans le bois; mais l'air lui a paru trop vif. Il s'est dirigé alors vers le Grand-Maréchal, chez qui il est entré, et est demeuré assez long-temps assis dans un fauteuil, où il semblait comme absorbé. Sa maigreur, la teinte de son visage, un affaiblissement visible nous ont frappés; nous en avions tous le cœur navré...

En traversant le bois il avait jeté les yeux sur les fortifications dont on nous entoure; il avait ri de pitié de tous ces travaux. On avait déshonoré nos alentours, disait-il, en enlevant l'espèce de gazon qui s'y trouvait, pour en faire de misérables revêtemens inutiles et ridicules. En effet, depuis près de deux mois, le Gouverneur ne cesse de remuer le terrain autour de nous : il creuse des fossés, élève des parapets, plante des palissades ; il nous a tout-à-fait cernés dans Longwood ; il fait en ce moment de l'écurie une véritable redoute, sans qu'on puisse y deviner aucun avantage en équivalent des sommes et des soins qu'elle aura coûtés ; aussi ces travaux excitent-ils tour-à-tour la mauvaise humeur et le rire des soldats et des Chinois qui y sont employés : ils n'appellent plus Longwood et son écurie que le *fort Hudson* et *le fort Lowe;* et l'Empereur est revenu sur les frayeurs ridicules de sir Hudson Lowe, qu'on nous a assuré se réveiller parfois en sursaut pour rêver à de nouveaux moyens de sûreté. « Assurément, disait « l'Empereur, cela tient de la folie ; et que ne « dort-il à son aise ? Que ne nous laisse-t-il « tranquilles ? Comment n'a-t-il pas l'esprit de « juger que la force des localités, ici, est bien « supérieure encore à toutes ses terreurs paniques ? — Sire, a repris quelqu'un, c'est « qu'il se souvient de *Capri*, où, avec deux mille

« hommes, trente pièces de canon et perché
« dans les nues, il fut enlevé par douze cents
« Français que conduisait le brave Lamarque,
« lequel ne put pénétrer jusqu'à lui qu'à l'aide
« d'une triple escalade. — Eh bien, a observé
« l'Empereur, sir Lowe se montre meilleur
« geolier que bon général. »

La santé de mon fils, depuis quelque temps, me donnait les plus vives inquiétudes. Ses souffrances étaient tournées en palpitations violentes qui amenaient des évanouissemens; elles le forçaient de se relever la nuit pour marcher ou prendre quelque position particulière.

Le docteur O'Méara craignait d'entrevoir tous les symptômes d'un anévrisme et un péril imminent. J'ai fait prier le docteur militaire en chef Baxter de venir se joindre au docteur O'Méara pour une consultation à fond. Heureusement le résultat a pu me tranquilliser. Il était loin de présenter rien d'alarmant.

Dans les causeries du jour, l'Empereur est revenu encore à Mme de Staël, sur laquelle il n'a rien dit de neuf. Seulement il a parlé cette fois de nouvelles lettres vues par la police, et dont Mᵐᵉ Récamier et un prince de Prusse faisaient tous les frais.

« Ces lettres, disait l'Empereur, contenaient
« la preuve non équivoque de tout l'empire des
« charmes de Mᵐᵉ Récamier, et du haut prix
« auquel le prince les élevait; car elles ne ren-
« fermaient rien moins que des offres ou des
« promesses de mariage de sa part. »

Et voici le nœud de cette affaire : La belle Mᵐᵉ Récamier, dont la bonne réputation a eu le rare privilége de traverser sans injure nos temps difficiles, se trouvait auprès de Mᵐᵉ de Staël, à laquelle elle s'était héroïquement dévouée, quand un des princes de Prusse, fait prisonnier à Eylau, et se rendant en Italie par la permission de Napoléon, descendit au château de Coppet, avec l'intention de s'y reposer seulement quelques heures; mais il y fut retenu tout l'été par les charmes qu'il y rencontra. Celle qui s'y était exilée auprès de son amie, et le jeune prince se regardant tous deux comme des victimes de Napoléon, une haine commune commença peut-être leur intérêt mutuel. Touché d'une vive passion, le prince, malgré les obstacles que lui opposait son rang, conçut la pensée d'épouser l'amie de Mme de Staël; et le confia à celle-ci, dont l'imagination poétique saisit avidement un projet qui pouvait répandre sur Coppet un éclat romanesque. Bien que le prince fût rappelé à Berlin, l'absence n'altéra point ses sentimens; il n'en poursuivit pas moins avec ardeur son projet favori; mais, soit préjugé catholique contre le divorce, soit générosité naturelle, Mme Récamier se refusa constamment à cette élévation inattendue.

C'est à cette circonstance, du reste, qu'on doit le tableau de Corine, qui passe pour une des créations les plus originales du pinceau de Gérard: le prince le lui ayant commandé pour en faire hommage à celle qui avait si profondément occupé ses pensées.

Mais puisque je suis revenu à Mme de Staël, je dirai que la publication des volumes précédens m'ayant valu la visite et les observations de quelques personnes qui lui sont fort attachées; de ses plus intimes m'ont assuré qu'on lui avait prêté des expressions, contre Napoléon, qui lui étaient absolument étrangères, spécialement celle de *Robespierre à cheval*, qu'elles pouvaient désavouer pour elle en toute sûreté de conscience, disaient-elles ; bien plus, elles ajoutaient que Mme de Staël se montrait parfois, dans la conversation privée, bien plus favorable que ne le témoignaient ses écrits, toujours aiguillonnés, il fallait en convenir, par les ressentimens et le dépit. L'une de ces personnes me disait qu'il avait été vraiment précieux pour elle de lire, dans le Mémorial, que Napoléon, à Sainte-Hélène, avait comparé Mme de Staël tout à la fois à Armide et à Clorinde, parce qu'elle avait entendu Mme de Staël, au temps de son enthousiasme, comparer de son côté le jeune général de l'armée d'Italie tout à la fois à Scipion et à Tancrède ; alliant, disait-elle, les vertus simples de l'un aux faits brillans de l'autre.

Après dîner, l'Empereur ayant fait venir Racine, son favori, il nous a lu les plus beaux morceaux d'Iphigénie, de Mithridate et de Bajazet. « Bien que Racine ait accompli des chefs-d'œuvre en eux-mêmes, a-t-il dit en finissant, il y a répandu néanmoins une perpétuelle fadeur, un éternel amour, et son ton doucereux, son fastidieux entourage ; mais ce n'était pas précisément sa faute, ajoutait-il ; c'était le

« vice et les mœurs du temps. L'amour alors,
« et plus tard encore, était toute l'affaire de la
« vie de chacun. C'est toujours le lot des so-
« ciétés oisives, observait-il. Pour nous, nous
« en avons été brutalement détournés par la ré-
« volution et ses grandes affaires. » Chemin
faisant, il avait condamné aussi tout le fameux
plan de campagne de Mithridate. « Il pouvait
« être beau comme récit, disait-il ; mais il n'a-
« vait point de sens comme conception. »

Samedi 16.

Les ministres anglais actuels ; portraits. — Tous les ministères, autant de léproseries ; honorables exceptions. — Sentimens de Napoléon pour ceux qui l'ont servi.

J'ai trouvé l'Empereur avec une espèce d'almanach politique anglais qu'il s'amusait à feuilleter. S'étant arrêté sur les membres du ministère anglais, qu'il passait en revue : « En con-
« naissez-vous quelques-uns, m'a-t-il dit ?
« Quelle était, de votre temps, l'opinion com-
« mune à leur égard ? — Sire, ai-je répondu, il
« y a si long-temps que j'ai quitté l'Angleterre,
« que tous ceux, à peu près, qui y jouent un

« rôle aujourd'hui, ne faisaient que commencer
« alors; aucun n'était encore sur la première
« ligne de la scène. » Alors, nommant *lord*
Liverpool, il a dit : « Lord Liverpool est, dans
« tout cela, à ce qu'il paraît, ce qu'il y a de
« plus honnête. On m'en a dit quelque bien : il
« semble avoir de la tenue, de la décence; car
« je ne me fâche point qu'on soit mon ennemi,
« on a son métier à faire, son devoir à remplir;
« mais j'ai lieu de m'indigner de mesures et de
« formes ignobles. » A ce sujet, j'appris à l'Empereur que c'était de mon temps que le père de lord Liverpool, M. Jenkenson, devenu plus tard successivement lord Hawkesbury et lord Liverpool, avait fait sa fortune politique. C'était un très-honnête homme, disait-on, ami particulier de Georges III, fort laborieux, et spécialement chargé des documens diplomatiques.

L'Empereur est passé ensuite à *lord S.......*
« C'était encore un homme assez honnête, m'a-
« t-on dit; mais de peu de capacité, une de ces
« braves ganaches qui concourent bonnement
« au mal. — Sire, de mon temps, et sous le nom
« d'Addington, il a été orateur de la chambre des
« communes à la satisfaction générale. C'était

« la créature, disait-on, de M. Pitt. Ce ministre
« passait même pour l'avoir nommé à sa propre
« place, en la quittant, afin d'y rentrer plus
« facilement quand cela lui conviendrait. Ce
« qu'il y a de certain, c'est que le public fut
« grandement surpris de voir M. Addington
« successeur de M. Pitt, tant on jugeait la chose
« au-dessus de ses forces; et plus tard un journal
« de l'opposition parlant de lui, rappelait qu'un
« philosophe, Locke je crois, avait dit que les
« enfans n'étaient qu'une feuille de papier blanc
« sur laquelle la nature n'avait point encore écrit;
« et à cela le journal observait plaisamment
« qu'en écrivant sur la feuille du *docteur*, c'était
« le sobriquet donné à M. Addington, il fallait
« convenir que cette bonne nature avait laissé
« de furieuses marges. — Et ce mauvais dogue,
« a repris l'Empereur, à la pâture duquel il
« semble qu'on nous ait livrés, ce *lord B......*
« qu'en savez-vous? — Absolument rien, Sire,
« ni sur son origine, ni sur sa personne, ni sur
« son caractère. — Eh bien! à moi, il ne m'est
« donné, a-t-il repris avec une espèce de chaleur,
« de pouvoir le juger d'ici que d'après ses actes
« envers moi. Or, à ce titre, je le tiens pour le

« plus v.., le plus b.., le plus l.... des hommes.
« La brutalité de ses déterminations, la gros-
« sièreté de ses expressions, le choix infâme de
« son agent, m'autorisent à le prononcer ainsi.
« On ne trouve pas aussi facilement un bourreau
« tel que celui qu'il m'a envoyé, non on n'a pas
« la main aussi heureuse; il a fallu nécessaire-
« ment le chercher, l'examiner, le juger, l'ins-
« truire; et certes, en voilà assez à mes yeux,
« pour prononcer la condamnation morale de
« quiconque peut descendre à de tels détails :
« par le bras qu'il dirige, on peut supposer
« quel doit être son cœur! »

J'avoue que, cédant à l'impulsion de mon
naturel et des bienséances, j'ai été tenté d'abord
de supprimer ou d'adoucir les expressions qui
précèdent; mais un scrupule m'a arrêté, et
si la grande ombre, si grièvement blessée,
me suis-je dit, planant en cet instant au-dessus
de moi, venait à me faire entendre : « Puisque
« vous vous avisez de me faire parler, conservez
« du moins mes paroles; » et j'ai écrit. Aussi
bien, faut-il que justice se fasse. En jouissant
des honneurs et du pouvoir, on s'astreint néces-

sairement à répondre des charges. A l'inculpé à se justifier: s'il y réussit, tant mieux.

L'Empereur étant passé à *lord C..........*, il a dit: « C'est celui-là qui gouverne tout le reste, « et maîtrise jusqu'au prince même, à l'aide de « ses intrigues et de son audace. Fort d'une « majorité qu'il a lui-même composée, il est « toujours prêt à s'escrimer au parlement, et « avec la dernière impudeur contre la raison, « le droit, la justice, la vérité; nul mensonge « ne lui coûte, rien ne l'arrête, tout lui est « égal; il sait que les votes sont constamment « là pour tout applaudir et tout légitimer. Il « a entièrement sacrifié son pays, et le ravale « chaque jour en le conduisant au rebours de « sa politique, de ses doctrines, de ses intérêts; « il le livre tout à fait au continent. La position « se fausse à chaque instant davantage. « Dieu sait comment on s'en tirera!

« Lord C............, a-t-il continué, est regardé, « en Angleterre même, m'a-t-on assuré, comme « l'homme de l'immoralité. Il a débuté par une « apostasie politique, qui, bien que commune « dans son pays, laisse néanmoins toujours une « tache indélébile. Il est entré dans la car-

« rière sous les bannières de la cause du peu-
« ple, et il s'est fait l'homme du pouvoir et
« de l'arbitraire. Si on lui fait justice, il doit
« être exécré des Irlandais, ses compatriotes,
« qu'il a trahis, et des Anglais dont il a détruit
« les libertés au-dedans, et les intérêts au-
« dehors.

« Il a eu l'impudence de produire au parle-
« ment, comme faits authentiques, ce qu'il
« savait très-bien avoir été falsifié, ce qu'il
« avait peut-être fait falsifier lui-même; et c'est
« pourtant sur ces actes qu'on a prononcé le
« détrônement de Murat. Il fait métier de se
« mentir publiquement à lui-même chaque
« jour en plein parlement, et dans des assem-
« blées publiques, en mettant dans ma bouche
« des paroles et des projets propres à m'aliéner
« ses compatriotes, bien qu'il sût qu'il n'en
« était rien; et cet acte est d'autant plus bas,
« qu'il me tient lui-même dans l'impuissance de
« répondre.

« Lord C......, élève de M. Pitt, dont il se
« croit peut-être l'égal, n'en est tout au plus
« que le singe : il n'a cessé de poursuivre les
« plans et les complots de son maître contre la

« France. Et ici, sa pertinacité, son obstina-
« tion, ont été peut-être ses véritables et seules
« qualités; mais Pitt avait de grandes vues;
« chez lui l'intérêt de son pays marchait avant
« tout; il avait du génie, il créait; et de son
« île, comme point d'appui, il gouvernait et
« faisait agir à son gré les Rois du continent.
« C........ au contraire, substituant l'intrigue à la
« création, les subsides au génie, s'important
« fort peu de son pays, n'a cessé d'employer le
« crédit et l'influence de ces Rois du continent
« pour asseoir et perpétuer son pouvoir dans
« son île. Toutefois, et voici la marche des
« choses d'ici bas, Pitt, avec tout son génie,
« n'a cessé d'échouer, et C........, incapable, a
« complétement réussi. O aveuglement de la
« fortune !!!.....

« C.......... s'est montré tout-à-fait l'homme du
« continent; maître de l'Europe, il a satisfait
« tout le monde, et n'a oublié que son pays. Ses
« actes blessaient tellement l'intérêt national, ils
« étaient tellement au rebours des doctrines du
« pays, ils portaient tellement le caractère de
« l'inconséquence, qu'on ne comprend pas qu'une

« nation sage se soit laissée gouverner par un tel
« fou ! ! !

« Il prend pour base la légitimité, dont il
« prétend faire un dogme politique, lorsqu'elle
« saperait dans ses fondemens le trône de son
« propre maître; et néanmoins il reconnaît Ber-
« nadote, en opposition au légitime Gustave IV,
« qui s'est immolé pour l'Angleterre. Il recon-
« naît l'usurpateur Ferdinand VII, au détri-
« ment de son vénérable père, Charles IV.

« Il proclame, avec les alliés, comme une
« autre base fondamentale, le rétablissement de
« l'ancien ordre de choses, le redressement de
« ce qu'ils appellent les torts, les injustices, les
« déprédations passés, enfin le retour de la mo-
« rale publique, et il sacrifie la république de
« Venise, qu'il abandonne à l'Autriche; celle de
« Gênes, dont il accommode le Piémont; il
« agrandit de la Pologne la Russie, son ennemie
« naturelle; il dépouille le Roi de Saxe en fa-
« veur de la Prusse, qui ne peut plus lui être de
« secours aucun; il enlève la Norwège au Da-
« nemarck, qui, plus indépendant de la Russie,
« pourrait lui ouvrir la clef de la Baltique,
« pour en enrichir la Suède, tombée, par la

« perte de la Finlande et des îles de la Baltique,
« tout-à-fait sous la sujétion des Russes. Enfin,
« en violation des premiers élémens de la poli-
« tique générale, il néglige, dans sa situation
« toute puissante, de ressusciter l'indépendance
« de la Pologne, et par-là livre Constantinople,
« expose toute l'Europe et prépare mille em-
« barras à l'Angleterre.

« Je ne dirai rien du monstrueux contre-sens
« d'un ministre, le représentant de la nation
« libre par excellence, qui remet l'Italie sous le
« joug, y maintient l'Espagne ; concourt de
« tous ses efforts à river des fers sur tout le con-
« tinent. Penserait-il donc que la liberté n'est
« applicable qu'aux Anglais, et que le continent
« n'est pas fait pour elle ! * Mais, dans ce cas
« même, il se trouverait en tort vis-à-vis de ses
« propres compatriotes, qu'il prive chaque jour
« de quelques-uns de leurs droits : c'est la sus-
« pension de l'*habeas corpus* à tort et à travers;
« c'est l'*alien-bill* en vertu duquel, le croirait-on

---

* Et vraiment plus tard, lord C....... a eu l'insolence de faire précisément cette déclaration en plein parlement et presque dans les mêmes paroles, au sujet de la constitution de Bade ou de la Bavière.

« bien, la femme d'un Anglais, si elle est étran-
« gère, peut être chassée d'Angleterre sous le
« bon plaisir du ministre; c'est l'espionnage et
« la délation qu'il répand à l'infini; ce sont des
« agens provocateurs, création infernale, à
« l'aide desquels on est toujours sûr de trouver
« des coupables et de multiplier les victimes;
« c'est une froide violence, un joug de fer qu'il
« fait peser sur des dépendances étrangères. *
« Non, lord C......... n'est point le ministre d'un
« grand peuple libre, chargé d'imprimer le res-
« pect aux nations étrangères; c'est un visir des
« Rois du continent, façonnant, à leur instiga-

---

* J'ai appris que l'Empereur, depuis mon départ, lisant les plaintes des îles Ioniennes, dans son indignation, énumérant de nouveau les actes des alliés, qui avaient tant et si long-temps professé, disait-il, la morale, la justice, l'indépendance des peuples, et ne s'en étaient pas moins gorgés à l'envi des débris du grand empire, ne s'en étaient pas moins partagé les millions d'ames, il avait terminé disant : « Et ces gens là, hypo-
« critement, effrontément, ont osé me déclarer, à la face
« du monde, avide, de mauvaise foi, tyran!!!..... »
 En apprenant le sort de l'infortuné Parga, il s'écria :
« Parga! Parga! Certes, voilà un acte qui suffirait seul
« pour balafrer un homme et le marquer au front à
« jamais. »

« tion, ses compatriotes à l'esclavage ; c'est le
« chaînon, le conducteur à l'aide duquel se
« déversent, sur le continent les trésors de la
« Grande-Bretagne, et s'importent en Angle-
« terre toutes les doctrines malfaisantes du
« dehors. »

« Il semble se montrer le partisan, l'obsé-
« quieux associé de cette mystérieuse sainte
« alliance, alliance universelle dont je ne sau-
« rais d'ici deviner ni le sens ni le but, qui ne
« peut présenter rien d'utile, ni faire augurer
« rien de bon. Serait-elle dirigée contre les
« Turcs? Mais ce serait alors aux Anglais à s'y
« opposer. Serait-ce pour maintenir en effet
« une paix générale? Mais c'est une chimère
« dont ne sauraient être dupe des cabinets di-
« plomatiques. Il ne saurait y avoir des alliances
« que par oppositions et comme contrepoids.
« On ne saurait être alliés entre tous ; alors,
« ce n'est plus rien. Je ne la comprendrais
« que comme alliance des Rois contre les peu-
« ples ; mais alors, qu'a à faire lord C........
« là-dedans? S'il en était ainsi, ne pour-
« rait-il pas, ne devrait-il pas le payer cher
« un jour?....

« J'ai eu ce lord C.......... en mon pouvoir, a
« dit l'Empereur; il était occupé à intriguer
« à Châtillon, lorsque, dans un de nos succès
« momentanés, mes troupes dépassèrent le con-
« grès qui se trouva enveloppé. Le premier mi-
« nistre anglais se trouvait sans caractère pu-
« blic, et demeurait en dehors du droit des
« gens : il le sentit, et se montrait dans la plus
« affreuse anxiété de se trouver ainsi entre mes
« mains. Je lui fis dire de se tranquilliser, qu'il
« était libre : je le fis pour moi, non pour lui;
« car, certes, je n'en attendais rien de bon. Ce-
« pendant, à quelque temps de-là, sa reconnais-
« sance se manifesta d'une manière toute parti-
« culière; quand il me vit choisir l'île d'Elbe,
« il me fit proposer l'Angleterre pour asile, et
« employa alors son éloquence, sa subtilité pour
« m'y déterminer; mais, aujourd'hui, les offres
« d'un C.......... ont le droit de m'être suspectes;
« et nul doute qu'il ne méditât déjà en cela
« l'horrible traitement qu'on exerce en cet ins-
« tant sur ma personne!

« C'est un grand malheur pour le peuple an-
« glais, que son ministre dirigeant ait été traiter
« lui-même en personne avec les souverains du

« continent : c'est une violation de l'esprit de
« sa constitution. L'orgueil anglais n'a aperçu
« alors que son représentant allant dicter des
« lois; mais il a de quoi se repentir aujourd'hui,
« que l'événement lui prouve qu'il n'a été sti-
« pulé, au contraire, que des embarras, de la
« déconsidération, des pertes.

« Il est de fait certain que lord C........ eût pu
« tout obtenir; mais soit aveuglement, soit in-
« capacité, soit perfidie, il a tout sacrifié. Assis
« au banquet des Rois, il semble avoir rougi de
« dicter la paix en *marchand*, et s'est avisé de
« la traiter en *monsieur*. Son orgueil y a gagné;
« et il est à croire que ses intérêts n'y ont pas
« perdu; son pays seul en a souffert, et en souf-
« frira beaucoup et long-temps.

« Et les Rois du continent aussi ont à ex-
« pier peut-être la faute d'avoir mis en con-
« tact personnel leurs ministres dirigeans. Ne
« semble-t-il pas en être résulté que tous ces
« premiers ministres se sont créés, contre leurs
« propres maîtres, une espèce de souveraineté
« secondaire; qu'ils se la sont garantie récipro-
« quement, et l'ont accompagnée, est-on auto-
« risé à croire, de véritables subsides fournis

« de l'aveu même de leurs maîtres. Voici com-
« ment l'on conçoit que la chose peut très-bien
« s'être arrangée, rien de plus simple, ni de plus
« ingénieux à la fois : en fixant le budjet secret
« dans un endroit, on fera arrêter qu'un tel, sur
« le continent, a été fort utile, qu'il peut l'être
« encore, et qu'il faut savoir le reconnaître.
« Celui-ci à son tour aura soin de démontrer
« chez lui, qu'un autre, au loin, a rendu de
« grands services, qu'il a été même jusqu'à
« compromettre ses intérêts, et qu'il faut lui en
« tenir compte. Ce sont des arrangemens de la
« sorte, sans doute, qui ont fait dire à un grand
« personnage à Vienne, dans un moment de
« dépit : *Un tel me coûte les yeux de la tête.*
« Nul doute que ces ignobles transactions, ces
« honteuses menées, ne soient publiques un
« jour. Alors on connaîtra les énormes fortu-
« nes léguées ou mangées; de nouvelles lettres
« de Barillon les consacreront avec le temps;
« mais elles ne découvriront rien, ne flétriront
« aucun caractère, parce que les contemporains
« auront pris les devans. »

Après cette vigoureuse et longue sortie, dans
laquelle je voyais Napoléon, pour la première

fois peut-être, s'exprimer dans l'intimité, avec tant de chaleur et d'amertume contre ceux dont il avait personnellement à se plaindre, il a gardé le silence quelques instans, puis il a repris : « Et ce C......... a eu l'art de s'appuyer
« tout à fait de lord W......... (lequel l'Em-
« pereur trouvait en ce moment parmi les mem-
« bres du ministère.) W........., a-t-il dit, est
« devenu sa créature ! Quoi, le moderne Marl-
« borough se traîner à la suite d'un C.........!
« Atteler ses victoires aux turpitudes d'un
« saltimbanque politique ! Cela se conçoit-il?
« Comment W......... ne s'indigne-t-il pas
« qu'on puisse en concevoir la pensée ! Son ame
« ne serait-elle donc pas à la hauteur de ses
« succès ?...... »

J'ai pu remarquer qu'en général, il répugnait à l'Empereur de mentionner lord W......... Il évitait d'ordinaire, lorsque l'occasion s'en présentait, de laisser connaître son jugement. Sans doute il se sentait gauche à ravaler publiquement celui sous lequel il avait succombé. Toutefois, ici, il s'est abandonné sans mesure, et a livré sa pensée tout entière. Le sentiment de toutes les indignités dont on se plaît à l'abreuver agissait sans doute en ce moment dans toute sa force. Je ne l'avais jamais vu, lui d'ordinaire si impassible, si calme au sujet de ceux qui lui ont fait le plus de mal, s'exprimer avec autant de chaleur : ses gestes, son accent, ses traits, s'étaient élevés de l'amertume à l'imprécation; j'en étais ému moi-même.

« On m'assura, a-t-il dit, que c'est par lui
« que je suis ici, et je le crois. * C'est digne, du
« reste, de celui qui, au mépris d'une capitu-
« lation solennelle, a laissé périr Ney, avec le-
« quel il s'était vu souvent sur le champ de
« bataille ! Il est sûr que pour moi je lui ai fait
« passer un mauvais quart d'heure. C'est d'ordi-
« naire un titre pour les grandes ames; la sienne
« ne l'a pas senti. Ma chute et le sort qu'on me
« réservait lui ménageaient une gloire bien su-
« périeure encore à toutes ses victoires, et il ne
« s'en est pas douté. Ah! qu'il doit un beau
« cierge au vieux Blucher : sans celui-là je ne
« sais pas où serait *Sa Grâce*, ainsi qu'ils l'ap-
« pellent; mais moi, bien sûrement, je ne serais
« pas ici. Ses troupes ont été admirables, ses

---

* Cette idée de Napoléon, s'est reproduite dans les dernières lignes qu'il a tracées.

« dispositions, à lui, pitoyables, ou pour mieux
« dire il n'en a fait aucune. Il s'était mis dans
« l'impossibilité d'en faire, et, chose bizarre,
« c'est ce qui a fini par le sauver. S'il eût pu
« commencer sa retraite il était perdu... Il est
« demeuré maître du champ de bataille, c'est
« certain; mais l'a-t-il dû à ses combinaisons?
« Il a recueilli les fruits d'une victoire prodi-
« gieuse; mais son génie l'avait-il préparée?..
« Sa gloire est toute négative, ses fautes sont im-
« menses. Lui, généralissime européen, chargé
« d'aussi grands intérêts, ayant en front un
« ennemi aussi prompt, aussi hardi que moi,
« laisser ses troupes éparses, dormir dans une
« capitale, se laisser surprendre. Et ce que
« peut la fatalité quand elle s'en mêle ! En trois
« jours j'ai vu trois fois les destins de la France,
« celui du monde échapper à mes combinaisons.
« D'abord, sans la trahison d'un général, qui
« sort de nos rangs pour aller avertir l'ennemi,
« je dispersais et détruisais toutes ces bandes
« sans qu'elles eussent pu se réunir en corps
« d'armée.

« Puis, sur ma gauche, sans les hésitations

« inaccoutumées de Ney, aux Quatre-Bras, j'a-
« néantissais toute l'armée anglaise.

« Enfin, sur ma droite, les manœuvres
« inouies de Grouchi, au lieu de me garantir
« une victoire certaine, ont consommé ma
« perte et précipité la France dans le gouffre.

« Non, a-t-il repris encore, W...... n'a qu'un
« talent spécial : Berthier avait bien le sien ! Il
« y excelle peut-être ; mais il n'a point de créa-
« tion ; la fortune a plus fait pour lui qu'il n'a
« fait pour elle. Quelle différence avec ce Marl-
« borough, désormais son émule et son paral-
« lèle. Marlborough, tout en gagnant des ba-
« tailles, maniait les cabinets et subjuguait les
« hommes. Pour W..........., il n'a su que se
« mettre à la suite des vues et des plans de
« C............ Aussi, Mme de Staël avait elle
« dit de lui, que hors de ses batailles il n'avait
« pas deux idées. Les salons de Paris, d'un goût
« si fin, si délicat, si juste, ont prononcé tout
« d'abord qu'elle avait raison, et le plénipo-
« tentiaire français à Vienne l'a consacré. Ses
« victoires, leur résultat, leur influence haus-
« seront encore dans l'histoire ; mais son nom
« baissera, même de son vivant....., etc., etc. »

Puis, revenant aux ministères en général, aux ministères collectifs surtout, à toutes les intrigues, à toutes les grandes et petites passions qui agitent ceux qui les composent, l'Empereur a dit : « Mon cher, c'est qu'après tout, « ce sont autant de *léproseries*. Nul n'y échappe « à la contagion. On peut y aspirer vertueux, « qu'on n'en sort jamais sans y avoir laissé sa « pureté. Je n'en excepterais que deux peut-« être, le mien et celui des États-Unis d'Amé-« rique : le mien, parce que mes ministres n'é-« taient que mes hommes d'affaires, et que je « demeure seul responsable ; celui des États-« Unis, parce que les ministres n'y sont que « les gens de l'opinion, toujours droite, tou-« jours surveillante, toujours sévère. » Et il a conclu par cette fin remarquable :

« Je ne crois pas qu'aucun souverain se soit « jamais mieux entouré que j'avais fini par « l'être. Quel cri eût pu, avec justice, s'élever « à cet égard? Et si l'on ne m'en a pas tenu « compte, c'est qu'il n'est que trop souvent de « mode parmi nous de fronder sans cesse. » Et il s'est mis à passer en revue sur ses doigts les différens ministres :

« Mes grands dignitaires, disait-il, *Camba-*
« *cérès* et *Lebrun*, deux personnes très-distin-
« guées et tout à fait bienveillantes.

« *Bassano* et *Caulaincourt*, deux hommes
« de cœur et de droiture; *Molé*, ce beau nom
« de la magistrature, caractère appelé probable-
« ment à jouer un rôle dans les ministères futurs.

« *Montalivet*, si honnête homme; *Decrès*,
« d'une administration si pure et si rigoureuse;
« *Gaudin*, d'un travail si simple et si sûr; *Mol-*
« *lien*, de tant de perspicacité et de prompti-
« tude; et tous mes conseillers d'État, si sages,
« si bons travailleurs! Tous ces noms demeu-
« rent inséparables du mien. Quel pays, quelle
« époque présenta jamais un ensemble mieux
« composé, plus moral! Heureuse la nation qui
« possède de tels instrumens, et sait les mettre
« à profit!..... Bien que je ne fusse pas louan-
« geur de mon naturel, et que mon approbation
« fût en général purement négative, je n'en
« étais pas moins éclairé sur ceux qui servaient
« bien, et qui ont des titres à ma reconnais-
« sance. Le nombre en est immense, et les plus
« modestes ne sont pas les moins méritans. Aussi
« ne m'arriverait-il pas d'essayer de les nom-

« mer, tant serait senti le tort de se voir oublié,
« et pourrait sembler ingrat de ma part!.. etc. »

Dimanche 17.

Retour sur les généraux de l'armée d'Italie. — Le père d'un de ses aides-de-camp. — Ordures de Paris. — Roman abominable. — Sur les joueurs. — Famille La Rochefoucault, etc.

L'Empereur était souffrant et n'avait vu personne de tout le jour; le soir il m'a fait appeler. Je me montrais fort inquiet sur sa santé; mais il m'a dit être plus mal disposé d'esprit que souffrant de corps, et il s'est mis à causer, parcourant un grand nombre d'objets qui l'ont remis.

Il s'est trouvé passer en revue de nouveau les généraux de l'armée d'Italie; il est revenu sur leur caractère, a cité des anecdotes qui les concernent; a parlé de l'avidité de l'un, de la forfanterie d'un autre, des sottises d'un troisième, des dépradations de plusieurs, des bonnes qualités d'autres, et des grands et vrais services qu'en général ils ont tous rendus. Il s'est arrêté sur un de ceux qu'il y avait le plus aimé; sur sa défection, l'Empereur disait en avoir eu le cœur navré, et terminait en remarquant que pour ce qu'il connaissait de lui, il devait être parfois bien malheureux. « Jamais, « observait-il, défection n'avait été plus avouée, « ni plus funeste; elle se trouve consignée dans « le Moniteur, et de sa propre main; elle a été « la cause immédiate de nos malheurs, le tom-« beau de notre puissance, le nuage de notre « gloire, etc..... Et pourtant, disait-il, avec « une espèce de ressouvenir d'affection, je le « répète parce que je le pense, ses sentimens « vaudront mieux que sa réputation; son cœur « l'emporte sur sa conduite; et lui-même, a « continué l'Empereur, ne semble-t-il pas « penser ainsi : les papiers nous disent qu'en « sollicitant vainement pour Lavalette, il « répond avec effusion aux difficultés du « Monarque, en lui disant : *Mais, Sire, moi je* « *vous ai donné plus que la vie!* D'autres nous « ont livré aussi, disait l'Empereur, et d'une « manière bien autrement vilaine encore ; mais « leur acte du moins n'est pas consacré par des « pièces officielles comme celui-ci. »

De là, l'Empereur, revenant en arrière, disait l'avoir élevé comme un père eût pu le faire de son fils. Il n'avait pu entrer dans le corps

royal de l'artillerie, et avait dû s'attacher à un régiment provincial. « Neveu, disait l'Empe-
« reur, d'un de mes camarades à Brienne et
« au régiment de La Fère, qui me le recommanda
« en partant pour l'émigration; cette circons-
« tance m'avait mis dans le cas de lui servir
« d'oncle et de père, ce que j'avais réellement
« accompli; j'y pris un véritable intérêt, et
« j'avais de bonne heure fait sa fortune. Son
« père était chevalier de Saint-Louis, proprié-
« taire de forges en Bourgogne, et jouissait
« d'une fortune considérable. »

Napoléon racontait qu'en 1794, revenant de l'armée de Nice à Paris, le château du père se trouvait près de sa route; il s'y arrêta et y fut magnifiquement traité, commençant déjà à avoir une certaine réputation. Ce père, du propre dire du fils, était un véritable avare; mais il avait à cœur de bien traiter son hôte, qui avait eu tant de bontés pour son fils, et il le fit à la façon fastueuse des avares : il voulait qu'on jetât tout par les fenêtres; on était en juillet ou août, et il ordonna dans toutes les chambres des feux à étouffer. « Ce trait, terminait Napoléon, eût été
« recueilli par Molière, etc., etc. »

Plus tard, l'Empereur, parlant des mœurs de Paris, et de l'ensemble de son immense population, énumérait toutes les abominations inévitables, disait-il, d'une grande capitale, où la perversité naturelle et la somme de tous les vices se trouvaient aiguillonnées à chaque instant par le besoin, la passion, l'esprit et toutes les facilités du mélange et de la confusion; et il répétait souvent que toutes les capitales étaient autant de Babylone. Il a cité quelques détails du plus sale et du plus hideux libertinage: il a dit qu'étant Empereur, il s'était fait représenter et avait parcouru le livre le plus abominable qu'ait enfanté l'imagination la plus dépravée: c'était un roman, qui, au temps de la Convention même, avait révolté, disait-il, la morale publique au point de faire enfermer son auteur, qui l'était demeuré toujours depuis, et qu'il a dit croire vivre encore. Son nom m'est échappé. C'est la première fois que j'entendais citer cette production.

L'Empereur avait essayé, autant que les circonstances le lui avaient permis, de réprimer quelques-unes de ces ordures, disait-il; mais il ne s'était pas senti le courage de descendre aux détails de quelques autres. Il avait, par exemple interdit le jeu masqué, et avait voulu même défendre toutes les maisons de jeu; mais quand il avait voulu faire traiter la chose à fond devant lui, il s'était trouvé que c'était une très-grande question. Et comme je lui racontais à ce sujet que la police nous avait interdit de jouer entre nous, dans une des premières maisons du faubourg St.-Germain, il ne concevait pas, disait-il, une telle vexation : elle s'était pourtant exercée en son nom, de la part de Fouché, l'assurais-je. « Cela pouvait être, répliquait-il, mais je « ne l'ignorais pas moins; et croyez qu'il en « était ainsi de tous les détails de la police « haute, moyenne et basse. » Il m'a alors questionné sur le jeu dont je venais de lui parler, sa nature, son étendue, etc., etc.....

Et comme je disais toujours *nous*, il m'a interrompu me disant : « Mais, est-ce que vous « étiez spécialement de cette partie? Auriez-« vous été joueur? — Hélas! oui, Sire, très-« malheureusement; à la vérité, par quintes « et à de longs intervalles; mais toutes les fois « que l'accès me reprenait, c'était alors jusqu'à « indigestion. — Que je suis content de ne l'a-

« voir pas su dans le temps, vous eussiez été
« perdu dans mon esprit, vous n'eussiez jamais
« rien fait. Cela me prouve que nous nous con-
« naissions en effet bien peu, et que vous ne
« causiez encore d'ombrage à personne ; car il
« n'eût pas manqué d'ames charitables autour de
« moi pour m'en instruire. On connaissait toute
« ma prévention contre les joueurs ; ils étaient
« aussitôt perdus dans ma confiance. Je n'avais
« pas le loisir de vérifier si j'avais tort ou rai-
« son ; mais je ne comptais plus sur eux. »

Le faubourg Saint-Germain a conduit à passer en revue les premiers noms de la capitale. L'Empereur s'est arrêté sur celui de La Rochefoucault, et sur divers membres de sa famille ; sur la dame d'honneur de l'Impératrice Joséphine ; son mari, qu'il avait fait ambassadeur à Vienne et en Hollande ; son frère, le législateur ; leur père, M. de Liancourt, qu'il estimait et considérait ; enfin, sur la fille, qu'il avait fait épouser au prince Aldobrandini, frère du prince Borghèse. Il a répété qu'il avait eu un moment la pensée de la donner pour femme à Ferdinand VII. De-là il a nommé un autre M. de La Rochefoucault, mort en prison au commencement de son règne, me demandant ce qu'il était à ceux-là. Je n'ai pu le lui dire; je ne connaissais ni la personne ni la circonstance que mentionnait l'Empereur.

« C'était l'auteur, m'a-t-il dit, d'une conspi-
« ration de plus contre ma personne, dont je ne
« vous ai point parlé encore: elle ne me revient
« à l'esprit qu'en cet instant.

« Ce M. de La Rochefoucault organisait à
« Paris, dans l'intérêt du Roi, encore alors à
« Mittau, une conspiration dont le premier
« coup devait être la mort du chef du Gouver-
« nement. Ce monsieur de La Rochefoucault a
« fini en prison, après quatre ou cinq ans de
« détention. Quelqu'un ayant procuré les fils de
« cette affaire, un affidé de la police entra dans
« la conspiration pour en devenir un des agens
« les plus actifs. Celui-ci fut prendre ses lettres
« de créance dans un château en Lorraine, au-
« près d'un vieux gentilhomme qui avait tenu
« un rang distingué dans l'armée de Condé, et
« devait son retour à l'amnistie du Premier
« Consul. C'était lui qui était chargé d'accré-
« diter et de procurer les moyens de parvenir
« jusqu'à Louis XVIII, à Mittau. Ce bon et

« brave gentilhomme, il faut lui rendre justice,
« disait l'Empereur, ne s'y prêta qu'avec beau-
« coup de peine et une extrême répugnance. Il
« était désormais bien tard, observait-il, pour
« revenir à de pareilles entreprises....: la France
« commençait à goûter du repos..... Et il pro-
« testait surtout de son éloignement absolu à
« voir courir le moindre danger au Premier
« Consul, devenu désormais pour lui, disait-il,
« un homme extraordinaire et sacré, etc., etc.
« Après avoir vu plusieurs fois Louis XVIII à
« Mittau, l'agent revint connaissant tout; on
« arrêta M. de La Rochefoucault et sa bande; et
« s'ils savaient à qui ils le durent!... etc. »

Lundi 18 et Mardi 19.

Poniatowski, le vrai Roi de Pologne. — Traits caractéristiques sur Napoléon. — Dires épars; notes perdues.

Nous parlions de la Pologne ébranlée à la voix
de l'Empereur; des Rois auxquels nous l'avions
cru destinée : chacun nommait le sien. L'Empereur, qui avait gardé le silence, l'a interrompu
en disant : « Le vrai Roi de Pologne, c'était
« Poniatowski : il en réunissait tous les titres,
« il en avait tous les talens. » Et il s'est tu.

Dans un autre moment, l'Empereur riait de l'importance qu'on avait mise à effacer ses emblèmes ou son chiffre sur les monumens qu'il avait créés. « On a pu, disait-il, avoir eu
« la petitesse de les enlever aux regards du vul-
« gaire; mais on ne saurait les effacer des pages
« de l'histoire, ni du sentiment des connaisseurs
« et des artistes. J'ai agi différemment, ajoutait-
« t-il, j'ai respecté tous les vestiges royaux que
« j'ai trouvés encore; j'ai même fait rétablir
« des fleurs de lys ou autres emblêmes, quand
« l'ordre chronologique le réclamait, etc. »

A cela quelqu'un s'est permis de dire que le prince Lucien avait montré précisément les mêmes sentimens. Logé au Palais-Royal, où l'Empereur l'avait placé à son arrivée en 1815, et frappé, en montant le bel escalier, du groupe de fleurs de lys qui tapissent la muraille, il dit à l'officier de l'Empereur, en service auprès de lui : « Nous ôterons bientôt tout cela, n'est-ce
« pas ? — Pourquoi, Monseigneur ? — Mais,
« parce que ce sont les insignes de l'ennemi. —
« Eh bien ! Monseigneur, pourquoi ne demeure-
« raient-elles pas nos trophées ? — Et, vous avez
« bien raison, répliqua-t-il vivement; car ce sont

« aussi mes principes et ma manière de voir. »

Aujourd'hui j'ai eu peu à recueillir de l'Empereur, et malheureusement bientôt je n'aurai plus à l'entendre. Je vais remplir ce vide et celui du jour suivant, en insérant ici bien des objets que je trouve indiqués par des notes éparses sur la couverture même de mon journal d'habitude : j'y inscrivais de la sorte ce que je m'apercevais avoir oublié de mettre en son lieu, comme aussi d'anciens souvenirs quand ils me revenaient, ou bien encore des points délicats que la prudence et la circonspection commandaient à notre état de captivité; enfin, il s'y trouvera même des choses apprises plus tard, de sources incontestables.

Beaucoup de ces articles n'ont point de liaison entre eux : mais ils concourent tous au but constant de ce recueil, soit qu'ils démentent les couleurs mensongères sous lesquelles, dans le temps, on nous peignait Napoléon, soit qu'ils fassent ressortir, au contraire, les véritables nuances de son caractère. Puisse la lecture du Mémorial, porter ceux qui l'ont approché à consacrer de leur côté ce qu'ils en savent ou ce qu'ils en ont entendu de lui-même.

— Il n'était jadis bruit que de la grande brutalité et de l'extrême violence de l'Empereur envers tout son entourage : or, il est reconnu à présent, que tout ce qui le servait, dans son plus petit intérieur, l'adorait précisément à cause de sa bonté et de l'excellence de son cœur. Quant à son atmosphère extérieur; je tiens, depuis mon retour en Europe, de quelqu'un du plus haut rang, dont le nom seul suffirait pour commander la croyance, par la considération dont il jouit, et que ses fonctions attachaient constamment à la personne de l'Empereur, soit dans ses expéditions de guerre, soit dans le séjour de ses palais, qu'il ne l'a jamais vu qu'une seule fois s'emporter au point de frapper : c'était un de ses palfreniers, qui, lors de la retraite de Saint-Jean-d'Acre, se refusait à donner son cheval pour le transport des malades; lorsque lui, général en chef, avait livré le sien et forcé tout son état-major à en faire autant. Et encore, me disait-on, il était aisé d'apercevoir dans cet acte bien plus de politique que d'impulsion naturelle; la chose se passant devant des soldats découragés, auxquels il fallait prouver le vif intérêt qu'on leur portait.

qu'il était habituel de répéter que Napoléon était des plus désobligeans à sa Cour, ainsi que pour ceux de son service; qu'il n'avait jamais rien de gracieux ou d'aimable à dire à personne. Or, voici ce qu'entre autres choses, j'ai moi-même entendu : L'Empereur, à son arrivée de la désastreuse campagne de Leipsick, reçut, à une heure inusitée, les officiers de sa maison; il se présenta à nous avec un air de tristesse. Arrivé à M. de Beauveau, je crois, lequel était à mon côté, et dont le fils, encore enfant, était parti pour cette campagne, dans les gardes d'honneur ou autrement, Napoléon lui dit : « Votre « fils s'est conduit à merveille; il a fait hon- « neur à son nom; il est blessé, mais ce n'est « rien. Toutefois il pourra se vanter avec or- « gueil d'avoir vu couler son sang de bonne « heure pour la patrie. »

A la même époque, à un de ses levers, après avoir donné quelques ordres à mon voisin, le général Gérard, dont la réputation commençait à attirer tout à fait l'attention, il termina par quelques phrases évidemment bienveillantes, mais au fait assez obscures; et après avoir fait quelques pas pour continuer sa tournée, il

revint tout à coup au général Gérard, ayant lu apparemment sur sa figure qu'il ne l'avait pas compris, prononçant distinctement cette fois :
« Je disais que si j'avais bon nombre de gens
« comme vous, je croirais nos pertes réparées,
« et me considérerais comme au-dessus de mes
« affaires. »

— C'est à la même époque que j'ai vu quel pouvait être l'ascendant moral de l'Empereur sur certains esprits, et l'espèce de culte qu'on pouvait lui porter : Un général, dont je ne sais pas le nom, grièvement blessé à la jambe, s'était traîné au lever de l'Empereur, qui, vers ce temps, en avait étendu de beaucoup la faveur. Apparemment qu'on avait instruit Napoléon que l'amputation était absolument indispensable, et que ce malheureux officier s'y refusait tout à fait, car arrivé à lui il dit :
« Comment pouvez-vous vous refuser à une
« opération qui doit vous conserver la vie ?
« Ce ne saurait être la crainte qui vous ar-
« rête ; vous vous êtes exposé si souvent dans
« les batailles ! Serait-ce le mépris de la vie ?
« Mais comment votre cœur ne vous dit-il pas
« qu'avec une jambe de moins on peut encore

« être utile à la patrie, rendre de grands ser-
« vices à son pays.? » L'officier gardait le silence, sa figure, sa contenance, étaient calmes,
douces, mais négatives; et l'Empereur, attristé,
avait déjà passé plusieurs personnes, quand l'officier, semblant avoir recueilli ses forces et pris
une résolution soudaine, s'avança vers l'Empereur, et lui dit : « Sire, si Votre Majesté m'en
« donne l'ordre, j'y vais en sortant d'ici. » A
quoi l'Empereur répliqua : « Mon cher, mon
« autorité ne s'étend pas jusques-là ; c'est la
« persuasion dont j'aurais souhaité vous péné-
« trer; mais de commandement, le Ciel m'en pré-
« serve! » Et je crois me rappeler que le bruit
fut alors que le malheureux officier, en sortant,
avait été se soumettre à l'opération fatale.

— Au retour de l'île d'Elbe, l'Empereur étant
entré le soir fort tard aux Tuileries, son premier lever, le lendemain, fut, comme on suppose,
des plus nombreux. Quand la porte s'ouvrit, à
son apparition devant nous, il me serait difficile de rendre le vague de mes idées et la nature
de mes sensations. Il apparaissait là comme de
coutume, comme s'il n'y avait pas eu d'intervalle; il me semblait le même que si je l'avais vu

la veille : la même figure, le même costume, la même attitude, les mêmes manières. Je me sentais vivement remué, et je crois que chacun partageait les mêmes sensations. Toutefois, à sa vue, le sentiment l'emportant sur le respect, on se précipita vers lui ; lui-même se montrait visiblement ému, et il embrassa plusieurs des plus distingués. Puis commença, comme de coutume, sa tournée ordinaire ; sa voix était douce, sa figure satisfaite, ses manières affectueuses ; il parlait successivement avec bienveillance à chacun. « Ah ! M. le major-général de l'armée « blanche, dit-il, à deux pas de moi » à quelqu'un, avec un mélange visible de plaisanterie et d'affection. Plusieurs des assistans n'étaient pas sans quelque embarras, par les divers grands événemens qui s'étaient passés ; pour Napoléon, il semblait n'en vouloir connaître aucun : il n'oubliait pas qu'il avait dégagé chacun à Fontainebleau.

Les traits suivans prouvent la justesse de son raisonnement et le sang-froid de ses actes ; ils démontrent surtout que bien qu'au sommet du pouvoir, sa modération et son équité ne fléchissaient point devant ce qui lui était le plus directement personnel, et sur le sujet le plus délicat et le plus sensible.

— Lorsque compromis dans l'affaire de Georges et Pichegru, Moreau se trouva arrêté, un des aides-de-camp du premier Consul, qui l'avait été aussi peut-être de Moreau, ou du moins avait servi sous ses ordres, n'hésita pas à l'aller visiter avec un intérêt marqué. « Cela peut-être « bien, dit Napoléon en l'apprenant : je ne « saurais précisément blâmer un tel acte; mais « je dois chercher un autre aide-de-camp. Ce « poste est tout de confiance et d'un entier « dévouement; il ne saurait admettre de partage « dans une affaire aussi personnelle que celle- « ci. » Et il donna un régiment à cet aide-de-camp, le colonel Lacuée, officier très-distingué, et qui périt à quelque temps de là, à la tête de ce régiment, dans les affaires qui précédèrent la capitulation d'Ulm.

— A peu près à la même époque et pour la même affaire, un préfet, aussi remarquable par ses talens administratifs que par la noblesse de son caractère, celui de Liége, fut mandé subitement à Paris; il y accourut l'esprit plein des preuves de satisfaction qu'il pouvait recevoir,

parce qu'il les méritait; mais il se trouva invité par le grand-juge, à vouloir bien passer chez lui avant de se présenter chez le premier Consul; et là il se vit inopinément interrogé *ex officio*, sur une lettre qu'on lui présentait. Il ne put d'abord en nier la signature, tant elle se trouvait bien imitée; mais il se récria aussitôt sur les sentimens qu'elle renfermait : c'était le plaidoyer de Moreau et des imprécations contre le Consul; machination atroce qu'un haut fonctionnaire, ennemi du préfet, avait fait fabriquer dans l'intention de le perdre. Le préfet ayant prouvé que cet acte lui était étranger, il parut à la grande audience du premier Consul, qui affecta de lui témoigner une considération toute particulière, et lui dit en le quittant :
« Retournez à vos fonctions que vous remplissez
« si bien. Vous emportez toute mon estime : ce
« témoignage public doit vous consoler du désa-
« grément que vous ont bassement suscité la
« calomnie et le mensonge, etc. »

Voici qui fait voir que Napoléon n'était pas disposé à sévir trop promptement contre une certaine indépendance même déraisonnable.

—Je tiens de M. de Montalivet, alors ministre

de l'intérieur que, demeuré seul avec l'Empereur, après un conseil des ministres, il lui dit : « Sire, ce n'est pas sans un grand embarras que
« j'ose entretenir Votre Majesté d'une circons-
« tance vraiment ridicule; mais un préfet, jeune
« auditeur, s'obstine ouvertement à me refuser
« un titre que l'usage a consacré pour tous vos
« ministres. Des subalternes de mes bureaux
« s'étant aperçus qu'il ne me donnait jamais le
« *Monseigneur*, et croyant y voir de l'affecta-
« tion, ont eu la gaucherie de le lui réclamer
« en mon nom, à quoi il a répondu péremptoi-
« rement qu'il n'en ferait rien. Je suis tout
« honteux qu'on ait élevé cette difficulté ; mais
« pourtant la chose en est venue à un point qui
« ne permet pas de reculer. » Une telle obstination parut d'abord incroyable à l'Empereur; il ne revenait pas, disait-il, d'une pareille folie dans le jeune préfet. Cependant, après quelques instans de méditation, il répondit à M. de Montalivet en riant : « Mais c'est qu'après tout,
« une telle obligation n'est pas dans le Code, et
« ce jeune homme est peut-être un bon fruit qui
« n'est pas mûr. Toutefois un tel scandale ne
« doit pas se prolonger, et il faut en finir. Faites

« moi venir son père, je suis sûr que le jeune
« homme ne résistera pas à un ordre de sa part. »
Tournure remarquable de la plus délicate
morale.

— Le 20 mars au soir, l'Empereur à peine entré dans ses appartemens aux Tuileries, le capitaine des dragons G. D..... se présente à lui; il était porteur de la capitulation de Vincennes, qui venait d'être obtenue par une rare audace et une grande adresse. Napoléon sourit d'abord aux détails qu'il se fait raconter; puis, frappé du ton d'exaltation et des expressions enflammées du narrateur, se rappelant tout à coup le Gouverneur Puyvert, à qui Vincennes a déjà été funeste, il s'écrie brusquement : « Mais, Mon-
« sieur, vous ne me parlez pas du Gouverneur;
« qu'en a-t-on fait ? » — Sire, reprend l'officier
« avec plus de calme; on lui a délivré un passe-
« port, on l'a fait escorter, il est hors de
« Paris. » Napoléon faisant alors deux pas, saisit la main de l'officier avec une expression qui trahit toute l'anxiété qu'il venait d'éprouver : « Je suis content, Monsieur, lui dit-
« il avec chaleur, c'est bien, très-bien, parfai-
« tement bien ! »

(Nov. 1816) — Je trouve, en note perdue, que l'Empereur disait que la plus belle lettre militaire qu'il eût jamais lue, était, sous son consulat, celle d'un soldat du Midi, nommé Léon. Un si haut témoignage suppose quelque chose de remarquable : aussi je transcris ici cette note, sans trop savoir ce qu'elle signifie; mais seulement dans l'espoir de mettre quelque personne, peut-être, sur la voie de reproduire cette pièce, dans le cas où elle ne serait pas déjà consignée.

— On trouve que Napoléon a donné soixante batailles, César n'en avait livré que cinquante.

— On se demandait un jour, devant Napoléon, comment il arrivait que des malheurs encore incertains frappaient parfois beaucoup plus que les malheurs déjà arrivés. « C'est, répartit-il, « que, dans l'imagination comme dans le cal- « cul, la force de l'inconnu est *incommensu-* « *rable*. »

« — Allez, Monsieur, courez, disait d'ordi- « naire l'Empereur, après avoir donné une « mission importante, ou tracé la marche d'un « grand travail, et n'oubliez pas que le monde « a été fait en six jours. »

Dans une occasion de ce genre, il termi-

nait vis-à-vis de quelqu'un, disant : « Deman-
« dez-moi tout ce que vous voudrez, hormis
« *du temps :* c'est la seule chose hors de mon
« pouvoir. »

Une autre fois, ayant donné un travail fort
pressé, qu'il attendait dans la journée même,
on ne le lui apporta que le lendemain très-tard;
l'Empereur s'en montrait mécontent; et, comme
la personne, pour se justifier, l'assurait qu'elle
avait travaillé tout le jour. « Mais, Monsieur,
« n'aviez-vous pas encore toute la nuit, lui
« répartit Napoléon. »

— L'Empereur s'occupant soigneusement de la
commodité et des embellissemens des marchés
de la capitale, avait coutume de dire : « *La halle*
« *est le Louvre du peuple.* »

— L'égalité des droits, c'est-à-dire cette même
faculté pour chacun d'aspirer, de prétendre et
d'obtenir, était un des grands traits du caractère de Napoléon, inné en lui, tout-à-fait dans
sa propre nature. « Je n'ai pas toujours régné,
« disait-il; avant d'avoir été souverain, je me
« souviens d'avoir été sujet, et je n'ai pas ou-
« blié tout ce que ce sentiment de l'égalité a
« de fort sur l'imagination, et de vif dans le

« cœur. » Il en disait de même de la liberté.

Donnant un jour un projet à rédiger à un de ses conseillers d'Etat, il lui disait : « Surtout « n'y gênez pas la liberté, et bien moins en- « core l'égalité; car, pour la liberté, à toute « rigueur serait-il possible de la froisser, les « circonstances le veulent, et nous excuseront; « mais pour l'égalité, à aucun prix, Dieu m'en « garde ! Elle est la passion du siècle, et je suis, « je veux demeurer l'enfant du siècle ! »

— Le mérite était *un* à ses yeux, et récompensé de même, aussi voyait-on les mêmes titres, les mêmes décorations atteindre également l'ecclésiastique, le militaire, l'artiste, le savant, l'homme de lettres; et il est vrai de dire que jamais nulle part, chez aucun peuple, à aucune époque, le mérite ne fut plus honoré, ni le talent plus magnifiquement récompensé. Ses intentions là-dessus étaient sans bornes. J'ai déjà rapporté qu'il dit un jour : « Si *Corneille* vi- « vait, je le ferais prince. »

— L'Empereur disait un jour à Ste-Hélène : « Je crois que la nature m'avait calculé pour « les grands revers; ils m'ont trouvé une ame

« de marbre; la foudre n'a pu mordre dessus,
« elle a dû glisser. »

— Une autre fois, à l'occasion d'une nouvelle vexation, il échappa à l'un de ceux qui étaient auprès de Napoléon, de s'écrier : « Ah
« Sire, voilà bien de quoi vous faire haïr
« les Anglais encore davantage. » Sur quoi Napoléon, haussant les épaules, lui répondit moitié gaîté, moitié commisération :
« Homme à préjugés, esprit commun et vulgaire, demandez-moi plutôt, et tout au plus,
« si je haïrais davantage tel ou tel Anglais......
« Mais, puisque nous y sommes, sachez qu'un
« homme, véritablement homme, ne hait point :
« sa colère et sa mauvaise humeur ne vont point
« au-delà de la minute : le coup électrique.....
« L'homme fait pour les affaires et l'autorité,
« ne voit point les personnes; il ne voit que les
« choses, leur poids, et leur conséquence. »

— Dans une certaine circonstance, il disait qu'il ne doutait nullement que sa mémoire ne gagnât beaucoup à mesure qu'elle avancerait dans la postérité; les historiens se croiraient obligés de le venger de tant d'injustices contemporaines; Les excès entraînent toujours leurs réactions;

d'ailleurs, à une grande distance, on le verrait sous un jour plus favorable, il paraîtrait débarrassé de mille encombremens; on le jugerait dans les grandes vues, et non dans les petits détails; on planerait sur les grandes harmonies; les irrégularités locales demeureraient inaperçues: surtout on ne l'opposerait plus à lui-même; mais à ce qu'on aurait alors sous la main, etc.; et il concluait, que dès aujourd'hui, comme dans ces temps-là, il pourrait se présenter avec fierté devant le tribunal le plus sévère, et lui soumettre tous ses actes privés; il s'y montrerait vierge de tout crime.

—L'Empereur me disait un jour qu'il concevait dans sa tête, et se proposait d'entreprendre son *Histoire diplomatique*, ou l'ensemble de ses négociations, à partir de Campo-Formio jusqu'à son abdication. S'il a accompli sa pensée, quel trésor historique!

—L'Empereur parlant d'éloquence militaire, disait: « Quand, au fort de la bataille, parcourant « la ligne, je m'écriais : *Soldats, déployez vos* « *drapeaux, le moment est venu.* Il eût fallu « voir nos Français; ils trépignaient de joie, je les

« voyais se centupler; rien alors ne me sem-
« blait impossible. »

On connaît une foule d'allocutions militaires de Napoléon. En voici une que je tiens
de celui-là même qui l'a recueillie sur le terrain.
Passant en revue le second régiment de chasseurs
à cheval, à Lobenstein, deux jours avant la
bataille d'Iéna, il demande au colonel: « Com-
« bien d'hommes présens?—Cinq cents, répond
« le colonel; mais parmi eux beaucoup de jeunes
« gens.— Qu'importe, lui dit l'Empereur d'un
« air qui marquait sa surprise d'une pareille
« observation, ne sont-ils pas tous Français?... »
Puis, se tournant vers le régiment, il ajouta :
« Jeunes gens, il ne faut pas craindre la mort;
« quand on ne la craint pas, on la fait rentrer
« dans les rangs ennemis. » Et le mouvement
de son bras exprimait vivement l'action dont
il parlait. A ces mots, on entendit comme un
frémissement d'armes et de chevaux, et un
soudain murmure d'enthousiasme, précurseur
de la victoire mémorable qui, 48 heures après,
renversa la colonne de Rosbach.

—A la bataille de Lutzen, la plus grande partie
de l'armée se trouvait composée de conscrits qui

n'avaient jamais combattu. On raconte que l'Empereur, au plus fort de l'action, parcourait en arrière le 3ᵉ rang de l'infanterie, le soutenant parfois de son cheval en travers, et criant à ces jeunes soldats : « Ce n'est rien, mes enfans, te-
« nez ferme ; la patrie vous regarde, sachez
« mourir pour elle. »

— Napoléon avait une estime toute particulière pour la nation allemande. « J'ai pu lui
« imposer bien des millions, disait-il, c'était
« nécessaire ; mais je me serais bien donné de
« garde de l'insulter par du mépris. Je l'esti-
« mais. Que les Allemands me haïssent, cela
« est assez simple : on me força 10 ans de me
« battre sur leurs cadavres ; ils n'ont pu connaî-
« tre mes vraies dispositions, me tenir compte
« de mes arrières-pensées ; et elles étaient gran-
« des pour eux. »

— L'Empereur disait un jour, en parlant d'une de ses déterminations. « Je n'en voulais
« rien faire, je me laissai toucher, je cédai ; j'eus
« tort : le cœur d'un homme d'État doit être
« dans sa tête. »

— L'Empereur faisait remarquer que nos facultés physiques s'aiguisent par nos périls ou

nos besoins. « Ainsi, disait-il, le Bédouin du
« désert a la vue perçante du lynx; et le sau-
« vage des forêts a l'odorat des bêtes. »

— On citait quelqu'un qui, distingué par ses conceptions et ses faits, laissait pourtant paraître parfois des lacunes choquantes dans ses manières et ses expressions. L'Empereur expliquait cette désharmonie en disant : « Vous ver-
« rez qu'il pêche par *l'éducation de la peau*; ses
« langes auront été trop communs, trop sales. »

— L'Empereur, parlant du danger qu'il avait couru aux Cinq-Cents, lors de brumaire, l'attribuait militairement au seul local de l'Orangerie, où il avait été obligé d'entrer par une des extrémités, pour en parcourir la longueur. « Le malheur fut, disait-il, que je ne pus me
« présenter de front; je fus contraint de prêter
« le flanc. »

— On parlait de quelqu'un qui semblait croire pouvoir en imposer par un ton et des expressions approchant parfois de la menace. « C'est
« ridicule aujourd'hui, disait l'Empereur; per-
« sonne n'a peur à présent; un enfant n'a plus
« peur : et voilà le petit Emmanuel, montrant
« mon fils, prêt à tirer un coup de pistolet;

« j'en suis sûr, avec quiconque pourrait le dé-
« sirer. » Ces paroles de Napoléon, influeront
peut-être sur le reste de sa vie.

—Napoléon, au retour de la campagne de Russie, se montrait si frappé de la force d'ame qu'il disait avoir été déployée par Ney, qu'il le nomma Prince de la Moscowa, et qu'il répéta alors à plusieurs reprises : « J'ai 2 cents millions dans « mes caves; je les donnerais pour Ney. »

—L'Empereur, appuyant sur l'infaillibilité, en dernière analyse, du triomphe des idées modernes, disait : « Comment ne l'emporteraient-elles « pas? Observez bien le train des choses : même « en opprimant, aujourd'hui, on se pervertit! »

—Dans une certaine circonstance où on appuyait sur ce qu'il n'aimait pas à se faire valoir : « C'est, répondait l'Empereur, que la mo-
« ralité, la bonté, chez moi, ne sont point dans
« ma bouche, elles se trouvent dans mes nerfs.
« Ma main de fer n'était pas au bout de mon
« bras, elle tenait immédiatement à ma tête:
« la nature ne me l'a pas donnée ; c'est le cal-
« cul seul qui me la faisait mouvoir. »

—Napoléon, dans un moment de dépit contre la malveillance et les murmures de Paris, demandait, après tout ce qu'il avait accompli, ce qu'on attendait donc de lui. « Sire, se permit-« on de lui répondre, on voudrait que Votre « Majesté arrêtât son cheval. — Arrêter mon « cheval! c'est bientôt dit.... Il est vrai que j'ai « les bras assez forts pour arrêter, d'un coup « de bride, tous les chevaux du continent; mais « je n'ai pas de brides pour arrêter les voiles « anglaises, et c'est là que gît tout le mal; « comment n'a-t-on pas l'esprit de le sentir! »

— Reprochant un jour à quelqu'un de ne pas se corriger des vices qu'il convenait connaître. « Monsieur, lui disait-il, quand on con-« naît son mal moral, il faut savoir soigner son « ame comme on soigne son bras ou sa jambe. »

— L'Empereur, parlant de la noblesse qu'il avait créée, se récriait sur ce qu'on l'eût si peu compris : c'était pourtant, disait-il, une de ses plus grandes idées, des plus complètes, des plus heureuses. Il avait pour but trois objets de la première importance, et tous les trois auraient été atteints; savoir : réconcilier la France avec l'Europe, rétablir l'harmonie en semblant adopter ses mœurs; réconcilier par la même voie, amalgamer entièrement la France nouvelle avec la France ancienne ; enfin, faire disparaître tout à fait la noblesse féodale, la seule offensante, la seule oppressive, la seule contre nature. « Par « ma création, disait l'Empereur, je venais à « bout de substituer des choses positives et mé- « ritoires à des préjugés antiques et détestés. « Mes titres nationaux rétablissaient précisé- « ment cette égalité que la noblesse féodale « avait proscrite. Tous les genres de mérite y « parvenaient : aux parchemins, je substituais « les belles actions, et aux intérêts privés, les « intérêts de la patrie. Ce n'était plus dans « une obscurité imaginaire qu'on eût été pla- « cer son orgueil; mais bien dans les plus belles « pages de notre histoire. Enfin, je faisais dis- « paraître la prétention choquante du sang ; idée « absurde, en ce qu'il n'existe réellement qu'une « seule espèce d'hommes, puisqu'on n'en a pas « vu naître les uns avec les bottes aux jambes, « et d'autres avec un bât sur le dos.

« Toute la noblesse de l'Europe, et qui la gou- « verne de fait, y fut prise : elle applaudit una- « nimement à une institution qui, dans ses idées, « se présentant comme nouvelle, relevait sa pré- « éminence; et pourtant cette nouveauté allait la

« saper dans ses fondemens et l'eût infailli-
« blement détruite. Pourquoi a-t-il fallu que
« l'opinion, que je faisais triompher, eût la gau-
« cherie de servir précisément ses ennemis?
« Mais j'ai eu ce malheur plus d'une fois. »

Mercredi 20.

Sur les difficultés de l'histoire. — Georges, Pichegru, Moreau, le duc d'Enghien.

« Il faut en convenir, me disait aujourd'hui
« l'Empereur, les *véritables vérités*, mon
« cher, sont bien difficiles à obtenir pour l'his-
« toire. Heureusement que la plupart du temps
« elles sont bien plutôt un objet de curiosité
« que de réelle importance. Il est tant de véri-
« tés !..... Celle de Fouché, par exemple, et
« autres intrigans de son espèce; celle même de
« beaucoup d'honnêtes gens différeront parfois
« beaucoup de la mienne. Cette vérité histori-
« que, tant implorée, à laquelle chacun s'em-
« presse d'en appeler, n'est trop souvent qu'un
« mot : elle est impossible au moment même des
« événemens, dans la chaleur des passions croi-
« sées; et si, plus tard, on demeure d'accord,
« c'est que les intéressés, les contradicteurs ne

« sont plus. Mais qu'est alors cette vérité histo-
« rique, la plupart du temps? Une fable conve-
« nue. Ainsi qu'on l'a dit fort ingénieusement
« dans toutes ces affaires, il est deux portions
« essentielles fort distinctes : les faits matériels
« et les intentions morales. Les faits matériels
« sembleraient devoir être incontroversables; et
« pourtant, voyez s'il est deux relations qui se
« ressemblent : il en est qui demeurent des procès
« éternels. Quant aux intentions morales, le
« moyen de s'y retrouver, en supposant même
« de la bonne foi dans les narrateurs? Et que
« sera-ce s'ils sont mus par la mauvaise foi,
« l'intérêt et la passion? J'ai donné un ordre ;
« mais qui a pu lire le fond de ma pensée, ma
« véritable intention? Et pourtant chacun va se
« saisir de cet ordre, le mesurer à son échelle,
« le plier à son plan, à son système indivi-
« duel. Voyez les diverses couleurs que va lui
« donner l'intrigant dont il gêne ou peut au
« contraire servir l'intrigue, la torsion qu'il va
« lui faire subir. Il en sera de même de l'im-
« portant à qui les ministres ou le souverain
« auront confidentiellement laissé échapper
« quelque chose sur le sujet ; il en sera de même

« des nombreux oisifs du palais qui, n'ayant
« rien de mieux à faire que d'écouter aux portes,
« inventent faute d'avoir entendu. Et chacun
« sera si sûr de ce qu'il racontera! et les rangs
« inférieurs, qui le tiendront de ces bouches
« privilégiées, en seront si sûrs à leur tour! et
« alors les mémoires, et les agenda, et les bons
« mots, et les anecdotes de salon d'aller leur
« train!.... Mon cher, voilà pourtant l'histoire!
« J'ai vu me disputer, à moi, la pensée de ma
« bataille; me disputer l'intention de mes ordres,
« et prononcer contre moi. N'est-ce pas le dé-
« menti de la créature vis-à-vis de celui qui a
« créé? N'importe, mon contradicteur, mon op-
« posant aura ses partisans. Aussi, est-ce ce qui
« m'a préservé d'écrire mes mémoires particu-
« liers, d'émettre mes sentimens individuels, d'où
« fussent découlées naturellement les nuances
« de mon caractère privé. Je ne pouvais des-
« cendre à des confessions à la Jean-Jacques, qui
« eussent été attaquées par le premier venu.
« Aussi, j'ai pensé ne devoir vous dicter ici que
« sur des actes publics. Je sais bien encore que
« ces relations même peuvent être combattues;
« car quel est l'homme ici bas, quelque soit son

« bon droit et la force et la puissance de ce bon
« droit, que la partie adverse n'attaque et ne
« démente. Mais, aux yeux du sage, de l'im-
« partial, du réfléchi, du raisonnable, ma voix,
« après tout, vaudra bien celle d'un autre, et
« je redoute peu la décision finale. Il existe,
« dès aujourd'hui, tant de lumières, que quand
« les passions auront disparu, que les nuages
« seront passés, je m'en fie à l'éclat qui restera.
« Mais que d'erreurs intermédiaires ! On donnera
« souvent beaucoup de profondeur, de subtilité
« de ma part à ce qui ne fut peut-être que le
« plus simple du monde; on me supposera des
« projets que je n'eus jamais. * On se demandera
« si je visais en effet à la monarchie universelle
« ou non. On raisonnera longuement pour sa-

---

* Quelqu'un de beaucoup de lumières et de beaucoup
d'esprit, qui avait été fort avant dans la confiance de
l'Empereur et avait eu un grand nombre de rapports di-
rects avec lui, me disait, après la première abdication,
avec une intime conviction, que le projet de Napoléon
avait été, ses conquêtes achevées, d'abandonner Paris,
pour aller faire de Rome la capitale du grand empire.
J'avais alors si peu de connaissance de l'Empereur que
cela me donna beaucoup à penser; mais aujourd'hui je
me demande où mon historien pouvait avoir pris cela.

« voir si mon autorité absolue et mes actes arbi-
« traires dérivaient de mon caractère ou de mes
« calculs; s'ils étaient produits par mon incli-
« nation ou par la force des circonstances; si mes
« guerres constantes vinrent de mon goût, ou si
« je n'y fus conduit qu'à mon corps défendant; si
« mon immense ambition, tant reprochée, avait
« pour guide ou l'avidité de la domination, ou
« la soif de la gloire, ou le besoin de l'ordre, ou
« l'amour du bien-être général; car elle méri-
« tera d'être considérée sous ces diverses faces.
« On se débattra sur les motifs qui me déter-
« minèrent dans la catastrophe du duc d'En-
« ghien [*], et ainsi d'une foule d'autres événe-
« mens. Souvent on alambiquera, on tordra ce
« qui fut tout-à-fait naturel et entièrement
« droit. Il ne m'appartenait pas à moi de traiter
« ici spécialement tous ces objets : ils seraient
« mes plaidoyers, et je le dédaigne. Si, dans ce
« que j'ai dicté sur les matières générales, la
« rectitude et la sagacité des historiens y trou-
« vent de quoi se former une opinion juste et

---

[*] On sait à combien de versions multipliées, à quelle foule de conjectures ce triste événement donna lieu.

« vraie sur ce que je ne mentionne pas, tant
« mieux. Mais à côté de ces faibles étincelles,
« que de fausses lumières dont ils se trouveront
« assaillis!... Depuis les fables et les mensonges
« des grands intrigans, qui ayant eu chacun
« leurs buts, leurs menées, leurs négociations
« particulières, lesquelles, s'identifiant avec le fil
« véritable, compliquent le tout d'une manière
« inextricable, jusqu'aux révélations, *aux*
« *porte-feuilles*, aux assertions même de mes
« ministres, honnêtes gens qui, cependant, au-
« ront à donner bien moins ce qui était que ce
« qu'ils auront cru; car en est-il qui ayent eu ma
« pensée générale tout entière? Leur portion
« spéciale n'était, la plupart du temps, que des
« élémens du grand ensemble qu'ils ne soup-
« çonnaient pas. Ils n'auront donc vu que la
« face du prisme qui leur est relative; et encore,
« comment l'auront-ils saisie! Leur sera-t-elle
« arrivée pleine et entière? n'était-elle pas elle-
« même morcelée? Et pourtant il n'en est pro-
« bablement pas un qui, d'après les éclairs dont
« il aura été frappé, ne donne pour mon véri-
« table système le résultat fantastique de ses
« propres combinaisons; et de-là encore la fable

« convenue qu'on appellera l'histoire; et cela
« ne saurait être autrement : il est vrai que
« comme ils sont plusieurs, il est probable
« qu'ils seront loin d'être d'accord. Du reste,
« dans leurs affirmations positives, ils se mon-
« treraient plus habiles que moi, qui, très sou-
« vent, aurais été très-embarrassé d'affirmer
« avec vérité toute ma pleine et entière pensée.
« On sait que je ne me butais pas à plier les
« circonstances à mes idées; mais que je me lais-
« sais en général conduire par elles : or, qui
« peut, à l'avance, répondre des circonstances
« fortuites, des accidens inopinés? Que de fois
« j'ai donc dû changer essentiellement ! Aussi
« ai-je vécu de vues générales, bien plus que de
« plans arrêtés. La masse des intérêts communs,
« ce que je croyais être le bien du très-grand
« nombre, voilà les ancres auxquelles je demeu-
« rais amarré; mais autour desquelles je flottais
« la plupart du temps au hasard, etc., etc. »

C'est précisément à la suite de paroles aussi remarquables que se présente pour moi la meilleure occasion, sans doute, de revenir sur un point historique que j'ai promis depuis long-temps (Voyez vol. 4, page 461.), et qui eût dû avoir sa place fort antérieurement : je veux dire la conspiration de Georges et Pichegru, et le jugement du duc d'Enghien. On va connaître tout-à-l'heure la véritable cause de cette transposition et d'un aussi long retard.

« Il y avait quelque temps, disait l'Empe-
« reur, que la guerre avait recommencé avec
« l'Angleterre ; tout à coup nos rivages, les
« grandes routes, la capitale, se trouvèrent
« inondés d'agens des Bourbons. On en saisit
« un grand nombre ; mais on ne pouvait encore
« pénétrer leurs motifs. Ils étaient de tous rangs,
« de toutes couleurs. Toutes les passions se ré-
« veillèrent ; la rumeur devint extrême, l'o-
« pinion publique s'accumulait en véritable
« orage ; la crise devenait des plus sombres, la
« police était aux abois, et ne pouvait rien ob-
« tenir. Ce fut ma sagacité qui me sauva, re-
« marquait Napoléon. Me relevant dans la nuit,
« ainsi que cela m'était fort ordinaire, pour
« travailler, *le hasard, qui gouverne le monde,*
« me fait jeter les yeux sur un des derniers rap-
« ports de la police, contenant les noms de ceux
« qu'on avait déjà arrêtés pour cette affaire,
« dont on ne tenait encore aucun fil. J'y aper-

« çus un chirurgien des armées; je ne doutai
« pas qu'un tel homme ne fût plutôt un intri-
« gant qu'un fanatique dévoué. Je fis diriger
« aussitôt sur lui tous les moyens propres à
« obtenir un prompt aveu; une commission
« militaire fut à l'instant saisie de son affaire;
« au jour il était jugé, et menacé de l'exécution
« s'il ne parlait. Une demi-heure après il avait
« découvert jusqu'aux plus petits détails. Alors
« on connut toute la nature et l'étendue du
« complot ourdi à Londres, et bientôt après
« on sut les intrigues de *Moreau*, la présence
« de *Pichegru* à Paris, etc., etc.

Je passe tous les détails de cette affaire; on peut les voir dans les lettres écrites du Cap, en réfutation de celles du docteur Warden, et dans l'ouvrage de M. O' Méara. Les miens seraient précisément les mêmes que ces derniers; ils viennent tous de la même source.

Quant à l'inculpation relative à la mort de *Pichegru*, qu'on disait avoir été étranglé par les ordres du Premier Consul, Napoléon disait qu'il serait honteux de chercher à s'en défendre, que c'était par trop absurde. « Que pou-
« vais-je y gagner? faisait-il observer. Un homme

« de mon caractère n'agit pas sans de grands
« motifs. M'a-t-on jamais vu verser le sang par
« caprice ? Quelques efforts qu'on ait faits pour
« noircir ma vie et dénaturer mon caractère,
« ceux qui me connaissent savent que mon or-
« ganisation est étrangère au crime ; il n'est
« point, dans toute mon administration, un
« acte privé dont je ne pusse parler devant un
« tribunal, je ne dis pas sans embarras, mais
« même avec quelqu'avantage. Tout bonnement,
« c'est que Pichegru se vit dans une situation
« sans ressource : son âme forte ne put envisager
« l'infamie du supplice, il désespéra de ma clé-
« mence ou la dédaigna, et il se donna la mort.
« Si j'eusse été porté au crime, continuait-il,
« ce n'est pas sur Pichegru, qui ne pouvait
« rien, que j'eusse dû frapper, mais bien sur
« *Moreau*, qui, en cet instant, me mettait
« dans le plus grand péril. Si, par malheur, ce
« dernier se fût aussi donné la mort dans sa pri-
« son, il aurait rendu ma justification bien au-
« trement difficile, par les grands avantages que
« j'eusse trouvés à m'en défaire. Vous autres,
« au-dehors, et les royalistes forcenés au-de-
« dans, vous n'avez jamais connu l'esprit de la

« France. Pichegru, une fois démasqué comme
« traître à la nation, n'avait plus l'intérêt de
« personne; bien plus, ses seuls rapports avec
« Moreau suffirent pour perdre celui-ci : une
« foule de ses partisans l'abandonnèrent, tant
« dans la lutte des partis, la masse s'occupait
« bien plus de la patrie que des individus. Je
« jugeai si bien, dans cette affaire, que quand
« Réal vint me proposer d'arrêter Moreau, je
« m'y opposai sans hésiter. Moreau est un homme
« trop important, lui dis-je; il m'est trop di-
« rectement opposé, j'ai un trop grand intérêt
« à m'en défaire pour m'exposer ainsi aux con-
« jectures de l'opinion. — Mais si Moreau pour-
« tant conspire avec Pichegru? continuait Réal.
« — C'est alors bien différent, produisez-en
« la preuve, montrez-moi que Pichegru est ici,
« et je signe aussitôt l'arrestation de Moreau.
« Réal avait des avis indirects de la venue de
« Pichegru; mais il n'avait pu joindre encore
« ses traces. Courez chez son frère, lui dis-je;
« s'il a déserté sa demeure, c'est déjà un forte
« indice que Pichegru est sur les lieux; si son
« frère se trouve encore dans son logement, as-
« surez-vous de sa personne : sa surprise vous

« fera bientôt connaître la vérité. C'était un
« ancien religieux vivant à Paris, dans un qua-
« trième étage. Dès qu'il se vit saisi, sans at-
« tendre aucune question, il demanda quelle
« pouvait être sa faute, si on lui faisait un crime
« d'avoir reçu, malgré lui, la visite de son frère.
« Il avait été le premier, disait-il, à lui peindre
« son péril et à lui conseiller de s'en retourner.
« C'en fut assez, l'arrestation de Moreau fut
« ordonnée et accomplie. Il sembla d'abord s'en
« inquiéter peu; mais arrivé à la prison, quand
« il sut que c'était pour avoir conspiré contre
« l'État, de concert avec Georges et Pichegru, il
« fut fort déconcerté, son trouble fut extrême.
« Quant à la multitude du parti, continuait
« Napoléon, le nom de Pichegru sembla pour
« elle un triomphe; ils s'écriaient de toutes parts
« que Pichegru était à Londres, que sous peu
« de jours on aurait prouvé *l'alibi*; soit qu'ils
« ne sussent pas en effet qu'il fût dans Paris,
« ou qu'ils crussent qu'il lui serait aisé de s'en
« échapper. »

Depuis long-temps le Premier Consul avait
rompu avec Moreau. Celui-ci était entièrement
gouverné par sa femme; « Malheur toujours

« funeste, disait l'Empereur, parce qu'on n'est
« alors ni soi ni sa femme, qu'on n'est plus rien. »
Moreau se montrait tantôt bien, tantôt mal
pour le Premier Consul; tantôt obséquieux,
tantôt caustique. Le Premier Consul, qui eût désiré se l'attacher, se vit obligé de s'en éloigner
tout à fait. « Moreau finira, avait-il dit, par
« venir se casser la figure sur les colonnes du
« Palais. » Et il n'y était que trop poussé par les
inconséquences ridicules et les prétentions de
sa femme et de sa belle-mère. Celle-ci allait
jusqu'à vouloir disputer le pas à la femme du
Premier Consul. Le ministre des relations extérieures avait été obligé une fois, disait Napoléon, d'employer la force pour l'arrêter dans
une fête ministérielle.

Moreau arrêté, le Premier Consul lui fit
savoir qu'il lui suffisait d'avouer qu'il avait vu
Pichegru, pour que toute procédure, à son
égard, fût finie. Moreau répondit par une lettre
fort haute; mais depuis, quand Pichegru fut
lui-même arrêté, que l'affaire prit une tournure
sérieuse, alors Moreau écrivit au Premier
Consul une lettre très-soumise; mais il n'était
plus temps.

Moreau avait en effet conféré avec Pichegru et Georges; il avait répondu à leurs propositions : « Dans l'état présent des choses, je ne pourrais « rien pour vous autres, je n'oserais pas vous « répondre même de mes aides-de-camp; mais « *défaites-vous* du Premier Consul, j'ai des « partisans dans le Sénat, je serai nommé immé- « diatement à sa place. Vous, Pichegru, vous « serez examiné sur ce qu'on vous reproche « d'avoir trahi la cause nationale; ne vous le « dissimulez pas, un jugement vous est néces- « saire; mais je réponds du résultat : dès-lors « vous serez second Consul; nous choisirons le « troisième à notre gré, et nous marcherons « tous de concert et sans obstacles. » Georges présent, que Moreau n'avait jamais connu, réclama vivement cette troisième place. « Cela « ne se peut, lui dit Moreau; vous ne vous « doutez pas de l'esprit de la France; vous « avez toujours été blanc; vous voyez que « Pichegru aura à se laver d'avoir voulu l'être. « — Je vous entends, dit Georges en colère, « Quel jeu est ceci, et pour qui me prenez-vous? « Vous travaillez donc pour vous autres seuls « et nullement pour le Roi? S'il devait en être

« ainsi, bleu pour bleu, j'aimerais bien mieux
« encore celui qui s'y trouve. » Et ils se séparèrent fort mécontens, Moreau priant Pichegru de ne plus lui amener ce brutal, ce taureau dépourvu de bon sens et de toute connaissance.

« Lors du jugement, disait Napoléon, la fer-
« meté des complices, le point d'honneur dont
« ils ennoblirent leur cause, la dénégation
« absolue, recommandée par l'avocat, sauvèrent
« Moreau. Interpellé si les conférences, les en-
« trevues qu'on lui reprochait étaient vraies, il
« répondit *non*. Mais le vainqueur d'Hœnlin-
« den n'était pas habitué au mensonge; une rou-
« geur soudaine parcourut tous les traits de sa
« figure. Aucun des spectateurs ne fut dupe.
« Toutefois il fut absous, et la plupart des
« complices condamnés à mort.

« Je fis grâce à beaucoup; tous ceux dont les
« femmes, ou de vives intercessions purent péné-
« trer jusqu'à moi obtinrent la vie. Les Polignac,
« M. de Rivière et d'autres auraient infailliblè-
« ment péri sans des circonstances heureuses. Il
« en fut de même de gens moins connus, d'un nom-
« mé Borel, d'Ingand-de-Saint-Maur, de Ro-
« chelle, etc., etc., qui eurent le même bonheur.

« Il est vrai, remarquait-il, qu'ils reconnu-
« rent peu, par la suite, une telle faveur, et
« que s'ils méritaient qu'on daignât suivre
« leurs actions, elles ne seraient pas propres à
« encourager la clémence. L'un d'eux qui,
« dans cette occasion, devait la vie principa-
« lement aux instances de Murat, est précisé-
« ment celui qui a mis sa tête à prix, en Pro-
« vence, en 1815. S'il a pensé que la fidélité
« devait l'emporter sur la reconnaissance, le
« sacrifice du moins aura dû lui être bien
« pénible. Un autre est celui qui a le plus
« propagé l'imputation, aussi ridicule que
« celle sur Pichegru était absurde, de l'assas-
« sinat du lieutenant anglais Wright, etc. *

« Et au milieu de toutes les affaires de Geor-
« ges, Pichegru et Moreau, arriva, disait l'Em-
« pereur, celle du duc d'Enghien, qui vint les
« compliquer d'une étrange manière. » Et il entra
alors dans les détails de celle-ci. Or c'est cette dernière circonstance qui m'a porté, dans le temps, à
déplacer et à renvoyer jusqu'à aujourd'hui la totalité de l'article que je donne en ce moment, tant

---

* Voyez les Lettres du Cap.

je répugnais à aborder un sujet aussi affligeant en lui-même, et si douloureux pour un grand nombre de mes connaissances, qui avaient eu des relations directes avec le prince, et lui étaient personnellement attachées. Je redoutais surtout le malheur de réveiller de trop légitimes douleurs dans une haute personne qui m'honora jadis de quelques bontés, dont le souvenir m'est toujours demeuré précieux. Voilà mes motifs: on les comprendra, on les approuvera; mais enfin, j'arrive au terme de mon recueil, et mon devoir de narrateur fidèle me commande impérieusement de toucher ce triste sujet; autrement on pourrait donner peut être à mon silence absolu une interprétation qui ne serait pas ma pensée. Toutefois, et par les motifs déjà exprimés, je m'interdirai tous les détails que l'on connaît déjà, et qu'on a pu lire dans les ouvrages cités plus haut: (Les Lettres du Cap et l'ouvrage de M. O'Méara), mon récit serait au fond le même, car toutes ces relations sortent également de la bouche de Napoléon; je ne me permettrai que quelques-unes des particularités qui sont demeurées étrangères à ces écrits, celles seulement qui tiennent de trop près aux nuances caractéristiques de Napoléon pour que je ne me croye pas forcé de les mentionner.

Cet événement avait dans le temps frappé mon esprit ainsi que toute la masse de Paris : peut-être l'avais-je ressenti plus vivement encore, pour mon propre compte, à cause des principes de mon enfance, des habitudes, des relations de ma jeunesse, de la ligne de mes opinions politiques; alors j'étais loin encore de m'être rallié; cette première impression m'était toujours demeurée dans toute sa force; et mes idées, sur ce point, étaient telles que je n'eusse certainement pas osé prononcer le nom du prince devant l'Empereur, tant il m'eût semblé qu'il devait emporter avec soi l'idée du reproche. C'est au point que la première fois que je le lui entendis prononcer à lui-même, j'en devins rouge d'embarras. Heureusement je marchais à sa suite dans un sentier étroit, autrement il n'eût pu manquer de s'en apercevoir. Néanmoins, en dépit de toutes ces dispositions de ma part, lorsque, pour la première fois, l'Empereur développa l'ensemble de cet événement, ses détails, ses accessoires; lorsqu'il exposa ses divers motifs avec sa logique serrée, lumineuse, entraînante, je dois confesser que l'affaire me semblait prendre à mesure une face nouvelle. Quand il eut fini de parler, je demeurais surpris, absorbé; je réfléchissais en silence sur mes idées antérieures, je m'en voulais d'avoir peu ou point à répondre en ce moment, et il me fallut convenir avec moi-même que je me trouvais, en effet, bien plus fort en sentimens qu'en argumens, en objections solides.

L'Empereur traitait souvent ce sujet, ce qui m'a servi à remarquer, dans sa personne, des nuances caractéristiques des plus prononcées. J'ai pu voir, à cette occasion, très-distinctement en lui, et maintes fois, l'homme privé se débattant avec l'homme public, et les sentimens naturels de son cœur aux prises avec ceux de sa fierté et de la dignité de sa position. Dans l'abandon de l'intimité, il ne se montrait pas indifférent au sort du malheureux prince; mais sitôt qu'il s'agissait du public, c'était tout autre chose. Un jour, après avoir parlé avec moi de la jeunesse et du sort de l'infortuné, il termina disant : « Et j'ai appris depuis, mon « cher, qu'il m'était favorable; on m'a assuré

« qu'il ne parlait pas de moi sans quelqu'ad-
« miration; et voilà pourtant la justice distri-
« butive d'ici bas!...» Et ces dernières paroles
furent dites avec une telle expression, tous les
traits de la figure se montraient en telle harmonie avec elle, que si celui que Napoléon plaignait eût été en ce moment en son pouvoir, je
suis bien sûr que, quels qu'eussent été ses intentions ou ses actes, il eût été pardonné avec ardeur. C'est un sentiment du moment, une situation inopinée, sans doute, que je surprenais là;
et je ne pense pas qu'ils l'aient été par beaucoup:
Napoléon n'en devait pas être prodigue : ce point
délicat touchait de trop près à sa fierté et à la
trempe spéciale de son ame; aussi variait-il tout
à fait ses raisonnemens et ses expressions à cet
égard, et cela à mesure que le cercle s'élargis-
sait autour de lui. On vient de voir ce qu'il témoignait dans l'épanchement du tête à tête;
quand nous étions rassemblés entre nous c'était
déjà autre chose : cette affaire avait pu laisser
en lui des regrets, disait-il; mais non créer des
remords, pas même des scrupules. Y avait-il
des étrangers : le prince avait mérité son sort.

L'Empereur avait coutume de considérer

cette affaire sous deux rapports très-distincts: celui du droit commun ou de la justice établie, et celui du droit naturel ou des écarts de la violence. Avec nous il raisonnait volontiers, et d'ordinaire d'après le droit commun, et l'on eût dit que c'était à cause de la familiarité existante ou de sa supériorité sur nous, qu'il daignait y descendre, concluant d'ordinaire, par son adage habituel : qu'on pourrait lui reprocher peut-être d'avoir été sévère; mais qu'on ne saurait l'accuser d'aucune violation de justice, parce que, bien qu'en eussent répandu la malveillance et la mauvaise foi, la calomnie et le mensonge, toutes les formes avaient été régulièrement et strictement observées.

Mais, avec les étrangers, l'Empereur s'attachait presqu'exclusivement au droit naturel et à la haute politique. On voyait qu'il eût souffert de s'abaisser avec eux à trop faire valoir les droits de la justice ordinaire; c'eût été paraître se justifier : « Si je n'avais pas eu pour moi,
« contre les torts du coupable, les lois du pays,
« leur disait-il, au défaut de condamnation
« légale, il me serait resté les droits de la loi
« naturelle, ceux de la légitime défense. Lui

« et les siens n'avaient d'autre but journalier
« que de m'ôter la vie; j'étais assailli de toutes
« parts et à chaque instant : c'étaient des fusils
« à vent, des machines infernales, des complots,
« des embûches de toute espèce. Je m'en lassai,
« je saisis l'occasion de leur renvoyer la terreur
« jusque dans Londres, et cela me réussit. A
« compter de ce jour les conspirations cessè-
« rent. Et qui pourrait y trouver à redire?
« Quoi! journellement, à cent cinquante lieues
« de distance, on me portera des coups à
« mort; aucune puissance, aucun tribunal, sur
« la terre, ne sauraient m'en faire justice; et
« je ne rentrerais pas dans le droit naturel de
« rendre guerre pour guerre! Quel est l'homme
« de sang froid, de tant soit peu de jugement et
« de justice, qui oserait me condamner? De
« quel côté ne jetterait-il pas le blâme, l'o-
« dieux, le crime? Le sang appelle le sang;
« c'est la réaction naturelle, inévitable, infail-
« lible; malheur à qui la provoque!.... Quand
« on s'obstine à susciter des troubles civils et
« des commotions politiques, on s'expose à en
« tomber victime. Il faudrait être niais ou for-
« cené pour croire et imaginer après tout

« qu'une famille aurait l'étrange privilége
« d'attaquer journellement mon existence, sans
« me donner le droit de le lui rendre : elle ne
« saurait raisonnablement prétendre être au-
« dessus des lois pour détruire autrui, et se
« réclamer d'elles pour sa propre conservation;
« les chances doivent être égales.

« Je n'avais personnellement jamais rien
« fait à aucun d'eux; une grande nation m'a-
« vait placé à sa tête; la presque totalité de
« l'Europe avait accédé à ce choix; mon sang,
« après tout, n'était pas de boue; il était
« temps de le mettre à l'égal du leur. Qu'eût-
« ce donc été si j'avais étendu plus loin mes
« représailles ! Je le pouvais : j'eus plus d'une
« fois l'offre de leurs destinées; on m'a fait pro-
« poser leurs têtes, depuis le premier jusqu'au
« dernier; je l'ai repoussé avec horreur. Ce n'est
« pas que je le crusse injuste dans la posi-
« tion où ils me réduisaient; mais je me trou-
« vais si puissant, je me croyais si peu en
« danger, que je l'eusse regardé comme une
« basse et gratuite lâcheté. Ma grande maxime
« a toujours été, qu'en guerre comme en poli-
« tique, tout mal, fût-il dans les règles, n'est

« excusable qu'autant qu'il est absolument
« nécessaire : tout ce qui est au-delà est crime.

« On aurait eu mauvaise grâce à se rejeter
« sur le droit des gens, quand on le violait si
« manifestement soi-même. La violation du
« territoire de Bade, sur laquelle on s'est tant
« récrié, demeure étrangère au fond de la ques-
« tion. L'inviolabilité du territoire n'a pas été
« imaginée dans l'intérêt des coupables ; mais
« seulement dans celui de l'indépendance des
« peuples et de la dignité du prince. C'était
« donc au souverain de Bade seul à se plaindre,
« et il ne le fit pas ; qu'il ne cédât qu'à la vio-
« lence et à son infériorité politique, nul doute ;
« mais encore, que faisait tout cela au mérite
« intrinsèque des machinations et des atten-
« tats dont j'avais à me plaindre, et dont je
« pouvais, en tout droit, me venger ? » Et il
concluait alors que les véritables auteurs, les
seuls vrais et grands responsables de cette san-
glante catastrophe, étaient, au-dehors, précisément les auteurs, les fauteurs, les excitateurs
des assassinats tramés contre le Premier Consul :
« Car, disait-il, ou ils y avaient fait tremper
« le malheureux prince, et par là ils avaient

« prononcé son sort; ou, en ne lui en donnant
« pas connaissance, ils l'avaient laissé dormir
« imprudemment sur le bord du précipice, à
« deux pas de la frontière, quand on allait
« frapper un si grand coup au nom et dans les
« intérêts de sa famille. »

Avec nous et dans l'intimité, l'Empereur disait que la faute, au-dedans, pourrait en être attribuée à un excès de zèle autour de lui ou à des vues privées, ou enfin à des intrigues mystérieuses. Il y avait été, disait-il, poussé inopinément; on avait, pour ainsi dire, surpris ses idées; on avait précipité ses mesures, enchaîné ses résultats. « J'étais seul un jour, racontait-il; je me
« vois encore à demi assis sur la table où j'avais
« dîné, achevant de prendre mon café; on ac-
« court m'apprendre une trame nouvelle; on me
« démontre avec chaleur qu'il est temps de
« mettre un terme à de si horribles attentats;
« qu'il est temps enfin de donner une leçon à
« ceux qui se sont fait une habitude journalière
« de conspirer contre ma vie; qu'on n'en finira
« qu'en se lavant dans le sang de l'un d'entre
« eux; que le duc d'Enghien devait être cette
« victime, puisqu'il pouvait être pris sur le fait,

« faisant partie de la conspiration actuelle; qu'il
« avait paru à Strasbourg, qu'on croyait même
« qu'il était venu jusqu'à Paris; qu'il devait
« pénétrer par l'Est au moment de l'explosion,
« tandis que le duc de Berry débarquerait par
« l'Ouest. Or, nous disait l'Empereur, je ne
« savais pas même précisément qui était le duc
« d'Enghien; la révolution m'avait pris bien
« jeune; je n'allais point à la cour, j'ignorais
« où il se trouvait. On me satisfit sur tous ces
« points. Mais s'il en est ainsi, m'écriai-je, il
« faut s'en saisir, et donner des ordres en con-
« séquence. Tout avait été prévu d'avance; les
« pièces se trouvèrent toutes prêtes, il n'y eut
« qu'à signer; et le sort du prince se trouva
« décidé. Il était depuis quelques temps à trois
« lieues du Rhin, dans les États de Bade. Si
« j'eusse connu plus tôt le voisinage et son im-
« portance, je ne l'eusse pas souffert, et cet
« ombrage de ma part, à l'événement, lui eût
« sauvé la vie.

« Quant aux diverses oppositions que je ren-
« contrai, aux nombreuses sollicitations qui me
« furent faites, a-t-on répandu dans le temps,
« rien de plus faux; on ne les a imaginées que

« pour me rendre plus odieux. Il en est de même
« des motifs si variés qu'on m'a prêtés; ces mo-
« tifs ont pu exister peut-être dans l'esprit et
« pour les vues particulières des acteurs subal-
« ternes qui y concoururent; de ma part, il n'y
« a eu que la nature du fait en lui-même et l'é-
« nergie de mon naturel. Assurément, si j'eusse
« été instruit à temps de certaines particularités
« concernant les opinions et le naturel du prince;
« si surtout j'avais vu la lettre qu'il m'écrivit et
« qu'on ne me remit, Dieu sait par quels mo-
« tifs, qu'après qu'il n'était plus, bien certai-
« nement j'eusse pardonné. » Et il nous était aisé
de voir que le cœur et la nature seuls dictaient
ces paroles de l'Empereur, et seulement pour
nous; car il se serait senti si humilié qu'on
pût croire un instant qu'il cherchait à se dé-
charger sur autrui, ou descendît à se justifier;
sa crainte à cet égard ou sa susceptibilité était
telle qu'en parlant à des étrangers ou dictant
sur ce sujet, pour le public, il se restreignait à
dire que s'il eût eu connaissance de la lettre du
prince, peut-être lui eût-il fait grâce, vu les
grands avantages politiques qu'il en eût pu recueillir; et, traçant de sa main ses dernières

pensées, qu'il suppose devoir être consacrées parmi les contemporains et dans la postérité, il prononce, sur ce sujet qu'il suppose bien être regardé comme un des plus délicats pour sa mémoire, que si c'était à refaire, il le ferait encore !!! Tel était l'homme, la trempe de son ame, le tour de son caractère.

A présent que ceux qui scrutent le cœur humain, qui se plaisent à visiter ses derniers replis, pour en deviner des conséquences et en tirer des analogies, s'exercent à leur gré, je viens de leur livrer des documens prononcés et des données précieuses. En voici une dernière qui ne sera pas la moins remarquable.

Napoléon me disait un jour sur le même sujet : « Si je répandis la stupeur par ce triste
« événement, de quel autre spectacle n'ai-je pas
« pu frapper le monde, et quel n'eût pas été le
« saisissement universel !...

« On m'a souvent offert, à un million par
« tête, la vie de ceux que je remplaçais sur le
« trône ; on les voyait mes compétiteurs, on me
« supposait avide de leur sang ; mais ma nature
« eût-elle été différente, eussé-je été organisé
« pour le crime, je me serais refusé à celui-ci

« tant il m'eût semblé purement gratuit. J'étais
« si puissant, je me trouvais si fortement assis;
« ils paraissaient si peu à craindre! Qu'on se
« reporte à l'époque de Tilsit, à celle de Wa-
« gram, à mon mariage avec Marie-Louise, à
« l'état, à l'attitude de l'Europe entière! Toute-
« fois au fort de la crise de Georges et de Pi-
« chegru, assailli d'assassins, on crut le moment
« favorable pour me tenter, et l'on renouvela
« l'offre contre celui que la voix publique, en
« Angleterre aussi bien qu'en France, mettait
« à la tête de ces horribles machinations. Je me
« trouvais à Boulogne, où le porteur de paroles
« était parvenu; j'eus la fantaisie de m'assurer
« par moi-même de la vérité et de la contexture
« de la proposition; j'ordonnai qu'on le fit pa-
« raître devant moi. Eh bien, Monsieur, lui
« dis-je en le voyant? — Oui, Premier Consul,
« nous vous le livrerons pour un million. —
« Monsieur, je vous en promets deux; mais si
« vous l'amenez vivant. — Ah! c'est ce que je
« ne saurais garantir, balbutia l'homme, que le
« ton de ma voix et la nature de mon regard
« déconcertait fort en ce moment. — Et me
« prenez-vous donc pour un pur assassin! sa-

« chez, Monsieur, que je veux bien infliger un
« châtiment, frapper un grand exemple; mais
« que je ne recherche pas un guet-apens; et je
« le chassai. Aussi bien c'était déjà une trop
« grande souillure que sa seule présence. »

Du Jeudi 21 au Dimanche 24.

Visite clandestine du domestique qui m'avait été enlevé.
— Ses offres. — Seconde visite. — Troisième ; je lui
confie mystérieusement ma lettre au prince Lucien,
cause de ma déportation.

La veille au soir, j'étais resté auprès de l'Empereur, aussi tard qu'une ou deux heures après minuit; en rentrant chez moi, je trouvai que j'avais eu une petite visite qui s'était lassée de m'attendre.

Cette petite visite, reçue par mon fils, et que, dans le temps, la prudence me commandait d'inscrire dans mon journal avec déguisement et mystère, peut aujourd'hui, et va recevoir en ce moment toute son explication.

Cette visite n'était rien moins que la réapparition clandestine du domestique que sir Hudson Lowe m'avait enlevé, qui, à la faveur de la nuit et de ses habitudes locales, avait franchi tous les obstacles, évité les sentinelles, escaladé quelques ravins pour venir me voir, et me dire que, s'étant engagé avec quelqu'un qui partait sous très-peu de jours pour Londres, il venait m'offrir ses services en toutes choses. Il m'avait attendu fort long-temps dans ma chambre, et ne me voyant pas revenir de chez l'Empereur, il avait pris le parti de retourner, dans la crainte d'être surpris; mais il promettait de revenir, soit sous le prétexte de voir sa sœur, qui était employée dans notre établissement, soit en renouvelant les mêmes moyens qu'il venait d'employer.

Je n'eus rien de plus pressé le lendemain que de faire part à l'Empereur de ma bonne fortune. Il s'en montra très-satisfait et parut y attacher du prix. J'étais fort ardent sur ce sujet; je répétais avec chaleur qu'il y avait déjà plus d'un an que nous nous trouvions ici sans que nous eussions encore fait un seul pas vers un meilleur avenir; au contraire, nous étions resserrés, maltraités, suppliciés chaque jour davantage. Nous demeurions perdus dans l'univers; l'Europe ignorait notre véritable situation : c'était à nous de la faire connaître. Chaque jour les gazettes nous apprenaient les voiles imposteurs dont on nous entourait, les impudens et grossiers mensonges dont nous demeurions l'objet; c'était à nous, disais-je, de publier la vérité; elle remonterait aux souverains qui l'ignoraient peut-être; elle serait connue des peuples, dont la sympathie serait notre consolation, dont les cris d'indignation nous vengeraient du moins de nos bourreaux, etc.

Nous nous mîmes, dès cet instant, à analyser nos petites archives. L'Empereur en fit le partage en destinant, disait-il, la part de chacun de nous pour leur plus prompte transcription. Toutefois la journée s'écoula sans qu'il fût question de rien à ce sujet. Le lendemain, vendredi, dès que je vis l'Empereur, j'osai lui rappeler l'objet de la veille; mais il m'en parut cette fois beaucoup moins occupé, et termina en disant *qu'il faudrait voir*. La journée se passa comme la veille; j'en étais sur des charbons ardens.

A la nuit, et comme pour m'aiguillonner davantage, mon domestique reparut, me réitérant ses offres les plus entières. Je lui dis que j'en profiterais, et qu'il pourrait agir sans scrupule, parce que je ne le rendrais nullement criminel, ni ne le mettrais aucunement en danger. A quoi il répondit que cela lui était bien égal, et qu'il se chargerait de tout ce que je voudrais lui donner, m'avertissant seulement qu'il viendrait le prendre sans faute le sur-lendemain, dimanche, veille probable de son appareillage.

Le lendemain, samedi, en me présentant chez l'Empereur, je me hâtai de lui faire connaître cette dernière circonstance, appuyant sur ce qu'il ne nous restait plus que 24 heures; mais l'Empereur me parla très-indifféremment de tout autre chose. J'en demeurai frappé. Je connaissais l'Empereur: cette insouciance, cette espèce de distraction ne pouvaient être l'effet du hasard, encore moins du caprice; mais quels pouvaient donc être ses motifs? J'en fus préoccupé, triste, malheureux tout le jour. La nuit arriva et le même sentiment qui m'avait agité toute la journée m'empêchait de dormir. Je repassais avec douleur, dans mon esprit, tout ce qui pouvait avoir rapport à cet objet, quand un trait de lumière vint m'éclairer tout-à-coup. Que prétends-je de l'Empereur, me dis-je? le faire descendre à l'exécution de petits détails déjà beaucoup trop au-dessous de lui! Nul doute que le dégoût et une humeur secrète auront dicté le silence qui m'a affecté. Devons-nous lui demeurer inutiles? Ne pouvons-nous le servir qu'en l'affligeant? Et alors, beaucoup de ses observations passées me revinrent à l'esprit. Ne lui avais-je pas donné connaissance de la chose, ne l'avait-il pas approuvée, que voulais-je de plus*? C'était à moi, désormais, à agir. Aussi mon parti fut pris à l'instant. Je résolus d'aller en avant sans lui en reparler davantage; et, pour que la chose demeurât secrète, je me promis de la garder pour moi seul.

Il y avait quelques mois que j'étais parvenu à faire passer la fameuse lettre en réponse à sir Hudson Lowe, touchant les commissaires des alliés, la première, la seule pièce qui, jusque-là, eût été expédiée en Europe. Celui qui avait bien voulu s'en charger m'avait apporté un grand morceau de satin, sur une partie duquel elle fut écrite. Il m'en restait encore; c'était là précisément mon affaire. Ainsi tout concourait à me précipiter vers le gouffre où j'allais tomber.

Dès que le jour parut, je donnai à mon fils, de la discrétion duquel j'étais sûr, le reste du satin, sur lequel il passa toute la journée à tracer ma lettre au prince Lucien. La nuit venue, mon

---

* Le journal du docteur O'Méara m'apprend, au bout de six ans, que j'avais précisément deviné l'Empereur.

jeune mulâtre fut fidèle à sa parole. Il était un peu tailleur; il cousit lui-même, ce que je lui confiai, dans ses vêtemens, et prit congé, moi lui promettant encore de nouvelles choses s'il revenait, ou lui souhaitant un bon voyage si je ne devais pas le revoir; et je me couchai le cœur allégé, l'esprit satisfait comme d'une journée bien et heureusement remplie. Que j'étais loin en ce moment d'imaginer que je venais de trancher, de mes propres mains, le fil de mes destinées à Longwood!!!

Hélas! on va voir que 24 heures n'étaient pas écoulées, que, sous le prétexte de cette lettre, j'étais enlevé déjà de Longwood, et que ma personne et tous mes papiers se trouvaient au pouvoir et à l'entière disposition du gouverneur sir Hudson Lowe. A présent, si l'on me demande comment je pouvais avoir aussi peu de défiance et ne soupçonner aucunement qu'il était possible qu'on me tendît un piége; je réponds que mon domestique m'avait paru honnête, je le croyais fidèle, et puis j'étais encore étranger à toute idée d'agens provocateurs; invention nouvelle dont les ministres anglais d'alors peuvent réclamer l'honneur, et qui a tant prospérée depuis sur le continent!

MON ENLÈVEMENT
DE LONGWOOD.

Réclusion au secret à Sainte-Hélène.

Espace d'environ six semaines.

Lundi 25.

Mon enlèvement de Longwood.

Sur les quatre heures l'Empereur m'a fait demander; il venait de finir son travail, et il s'en montrait tout content. « J'ai fait avec « Bertrand de la fortification toute la journée, « m'a-t-il dit, aussi m'a-t-elle parue très-courte. » J'ai déjà dit que c'était, dans l'Empereur, un goût nouveau, tout-à-fait du moment, et Dieu sait comme ils sont précieux ici.

J'avais rejoint l'Empereur sur l'espèce de gazon qui avoisine la tente; de-là nous avons gagné le tournant de l'allée qui conduit au bas du jardin. On a apporté cinq oranges dans une assiette, du sucre et un couteau; elles sont fort rares dans l'île, elles viennent du Cap; l'Empereur les aime beaucoup; celles-ci étaient une galanterie de lady Malcolm, l'Amiral répétait cette offrande toutes les fois qu'il en avait l'occasion. Nous étions trois en ce moment auprès de l'Empereur; il m'a donné une de ces oranges à mettre dans ma poche pour mon fils, et s'est mis à couper et à préparer lui-même les autres par tranches; et, assis sur le tronc d'un arbre, il les mangeait et en distribuait gaîment et familièrement à chacun de nous. Je rêvais précisément, par un instinct fatal, au charme de ce moment! Que j'étais loin, hélas! d'imaginer que ce devait être le dernier don que je pourrais recevoir de sa main!...

L'Empereur s'est mis ensuite à faire quelques tours de jardin ; le vent était devenu froid : il est rentré et m'a fait le suivre seul dans le salon et la salle de billard qu'il parcourait dans leur étendue. Il me parlait de nouveau de sa journée, me questionnait sur la mienne; puis, la conversation s'étant fixée sur son mariage, il s'étendait sur les fêtes qui avait amené le terrible accident de celle de M. Schwartzemberg, dont je me promettais intérieurement de faire un article intéressant dans mon Journal, quand l'Empereur s'est interrompu tout-à-coup pour considérer, par la croisée, un groupe considérable d'officiers anglais qui débouchaient vers nous par la porte de notre enclos : c'était le Gouverneur entouré de beaucoup des siens. Or, le Gouverneur était déjà venu le matin, a fait observer le Grand-Maréchal qui entrait en ce moment; il l'avait eu chez lui assez long-temps; de plus, a-t-il ajouté, on parlait d'un certain mouvement de troupes. Ces circonstances ont paru singulières; et ce que c'est pourtant qu'une conscience coupable! l'idée de ma lettre clandestine me revint à l'instant, et un secret pressentiment m'avertit aussitôt que tout cela me regardait. En effet, peu d'instans après, on est venu me dire que le colonel anglais, la créature de sir Hudson Lowe, m'attendait chez moi. J'ai fait signe que j'étais avec l'Empereur, qui m'a dit quelques minutes après : « Allez voir, mon cher, ce que vous veut cet « animal. » Comme je m'éloignais déjà, il a ajouté : «*Et surtout revenez promptement.*» Et voilà pour moi les dernières paroles de Napoléon. Hélas! je ne l'ai plus revu! Son accent, le son de sa voix, sont encore à mes oreilles. Que de fois depuis je me suis complu à y arrêter ma pensée!

et quel charme, quelle peine peuvent tout-à-la-fois renfermer un douloureux souvenir!

Celui qui m'avait fait demander était le complaisant dévoué, l'homme d'exécution du Gouverneur, avec lequel je communiquais, du reste, assez souvent à titre d'interprète. A peine il m'aperçut, que, d'une figure bénigne, d'une voix mielleuse, il s'enquit, avec un intérêt tendre, de l'état de ma santé : c'était le baiser de Judas...; car, lui ayant fait signe de la main de prendre place sur mon canapé, et m'y asseyant moi-même, il saisit cet instant pour se placer entre la porte et moi; et, changeant subitement de figure et de langage, il me signifia qu'il m'arrêtait au nom du gouverneur sir Hudson Lowe, sur une dénonciation de mon domestique, pour correspondance clandestine. Des dragons cernaient déjà ma chambre, toute observation devint inutile, il fallut céder à la force; je fus emmené sous une nombreuse escorte. L'Empereur a écrit depuis, ainsi qu'on le verra plus bas, qu'en me voyant, de sa fenêtre, entraîné dans la plaine au milieu de ces gens armés, l'alacrité de ce nombreux état-major caracolant autour de moi, la vive ondulation de leurs grands panaches, lui avaient donné l'idée de la joie féroce des sauvages de la mer du Sud, dansant autour du prisonnier qu'ils vont dévorer.

J'avais été séparé de mon fils, qu'on avait retenu prisonnier dans ma chambre, et qui me rejoignit peu de temps après, aussi sous escorte; si bien qu'à dater de cet instant, compte pour nous l'interruption soudaine et le terme final de toute communication avec Longwood. On nous enferma tous les deux dans une misérable cahutte, voisine de l'ancienne habitation de la famille Bertrand. Il me fallut coucher sur un mauvais grabat, mon malheureux fils à mes côtés, sous peine de le laisser étendu par terre; je le croyais en cet instant en danger de mort. Il était menacé d'un anévrisme, et avait failli, peu de jours auparavant, expirer dans mes bras. On nous tint jusqu'à onze heures sans manger; et quand, cherchant à pourvoir aux besoins de mon fils, je voulus demander un morceau de pain aux gens qui nous entouraient; à la porte et à chaque fenêtre où je me présentai il me fut répondu tout d'abord par autant de bayonnettes.

Mardi 25 au Mercredi 26.

Visite officielle de mes papiers etc.

Quelle nuit que la première que l'on passe emprisonné entre quatre murailles!..... Quelles pensées! Quelles réflexions!....... Toutefois, ma dernière idée du soir, la première de mon réveil avait été que j'étais encore à quelques minutes de distance seulement de Longwood, et que pourtant, peut-être, l'éternité m'en séparait déjà!.....

Dans la matinée, le Grand-Maréchal, accompagné d'un officier, a passé à vue de ma cahutte, et à portée de la voix. J'ai pu lui demander, de mon donjon, comment se portait l'Empereur. Le Grand-Maréchal se rendait à Plantation-Housse, chez le Gouverneur: c'était indubitablement à mon sujet; mais de quoi pouvait-il être chargé? Quelles étaient les pensées, les désirs de l'Empereur à cet égard? C'est là ce qui m'occupait tout à fait. Le Grand-Maréchal, en repassant, m'a fait, avec tristesse, un geste qui m'a donné l'idée d'un adieu, et m'a serré le cœur.

Dans la matinée encore, le général Gourgaud et M. de Montholon sont venus jusqu'à l'ancienne demeure de Mme Bertrand, en face de moi et assez près. Il m'a été doux de les revoir et d'interpréter leurs gestes d'intérêt et d'amitié. Ils ont sollicité vainement de pénétrer jusqu'à moi; il leur a fallu s'en retourner sans rien obtenir. Peu de temps après, Mme Bertrand m'a envoyé des oranges, me faisant dire qu'elle recevait à l'instant même des nouvelles indirectes de ma femme, qui se portait bien. Cet empressement, ces tendres témoignages de tous mes compagnons, m'étaient la preuve que les sentimens de famille se réveillent au premier coup du malheur, et je trouvais en ce moment quelque charme à être captif.

Cependant, aussitôt après mon arrestation, on n'était pas demeuré oisif dans mon ancien logement. Un commissaire de police, importation toute récente dans la colonie, la première tentative de cette nature, je pense, hasardée sur le sol britannique, avait fait sur moi son coup d'essai. Il avait fouillé mon secrétaire, enfoncé des tiroirs, saisi tous mes papiers; et jaloux de montrer sa dextérité et tout son savoir faire, il avait procédé de suite à défaire nos lits, démonter mon canapé, et ne parlait de rien moins que d'enlever les planchers.

Le Gouverneur, devenu maître de tous mes papiers, suivi de huit à dix officiers, s'est mis en devoir de me les produire triomphalement. Descendu à l'opposite de moi dans l'ancienne demeure de Mme Bertrand, il m'a fait demander si je voulais y aller pour assister à leur inventaire, ou si je préférais qu'il se rendît chez moi. J'ai répondu que, puisqu'il me laissait le choix, le dernier parti me serait le plus agréable. Tout le monde ayant pris place, je me suis levé pour protester hautement contre la manière peu convenable dont j'avais été arraché de Longwood, sur l'illégalité avec laquelle on avait scellé mes papiers loin de ma personne; enfin j'ai protesté contre la violation qu'on allait faire de mes papiers secrets, de ceux qui étaient les dépositaires sacrés de ma pensée, qui ne devaient exister que pour moi, dont jusqu'ici personne au monde n'avait eu connaissance. Je me suis élevé contre l'abus que pouvait en faire le pouvoir; j'ai dit à sir Hudson Lowe que s'il pensait que les circonstances requissent qu'il en prît connaissance, c'était à sa sagesse à y pourvoir; que cette lecture ne m'embarrassait nullement d'ailleurs; mais que je devais à moi-même, aux principes, d'en charger sa responsabilité, de ne céder qu'à la force et de ne point autoriser un tel acte par mon consentement.

Ces paroles de ma part, en présence de tous ces officiers, contrariaient fort le Gouverneur, qui, s'irritant, s'est écrié : « Monsieur le comte, « n'empirez pas votre situation, elle n'est déjà « que trop mauvaise! » Allusion sans doute à la peine de mort qu'il nous rappelait souvent que nous encourrions en nous prêtant à l'évasion du grand captif. Il ne doutait pas que mes papiers dussent lui procurer les plus grandes découvertes. Dieu sait jusqu'où pouvaient aller ses idées à cet égard.

Au moment de procéder à la lecture, il appela le général Bingham, le commandant en second de l'île, pour y prendre personnellement part; mais la délicatesse et les idées de celui-ci différaient beaucoup de celles du Gouverneur. « Sir Hudson Lowe, lui répondit-il avec un « dégoût marqué, je vous prie de m'excuser, je

« ne me crois pas capable de lire cette espèce
« d'écriture française. »

Je n'avais au fait nulle objection réelle à ce que le Gouverneur prît connaissance de mes papiers; je lui dis donc que, non comme juge ni magistrat, car il n'était pour moi ni l'un ni l'autre, mais à l'amiable et de pure condescendance, je trouvais bon qu'il les parcourût. Il tomba d'abord sur mon Journal. On juge de sa joie et de ses espérances en apercevant qu'il allait lui présenter jour par jour tout ce qui se passait au milieu de nous à Longwood. Cet ouvrage était assez dégrossi pour qu'une note des matières ou l'indication des chapitres se trouvât en tête de chaque mois. Sir Hudson Lowe y lisant souvent son nom, courait tout d'abord à la page indiquée chercher les détails; et s'il eut là maintes occasions d'exercer sa longanimité, ce n'était pas ma faute, lui remarquais-je, mais plutôt celle de son indiscrétion. Je l'assurai que cet écrit était un mystère profond, étranger à tous; que l'Empereur, lui-même, qui en était l'unique objet, n'en avait lu que les premières feuilles; qu'il était loin d'être arrêté, qu'il devait demeurer long-temps un secret pour moi seul.

Sir Hudson Lowe ayant parcouru mon Journal deux ou trois heures, je lui dis que j'avais voulu le mettre à même d'en prendre une juste idée, qu'à présent c'était assez, que je me croyais obligé, par bien des considérations, à lui interdire, autant qu'il était en mon pouvoir, d'aller plus loin; qu'il avait la force; mais que je protesterais contre sa violence et son abus d'autorité. Il me fut aisé de voir que c'était un vrai contretemps pour lui, il hésita même : toutefois ma protestation eut son plein effet, et il ne fut plus touché à mon Journal. J'aurais pu étendre ma protestation à tous mes autres papiers; mais ils m'importaient peu : ils causèrent pendant plusieurs jours l'inquisition la plus minutieuse.

J'avais mes dernières volontés scellées : il me fallut ouvrir cette pièce, ainsi que d'autres papiers d'une nature aussi sacrée. Arrivé au fond d'un porte-feuille où reposait des objets que je n'avais pas osé toucher depuis que j'étais loin de l'Europe, il a fallu les ouvrir. Ce devait être pour moi la journée des émotions : leur vue a remué dans mon cœur de vieux souvenirs que mon courage y tenait comprimés depuis de douloureuses séparations. J'en ai été vivement ému; je suis sorti rapidement de la chambre. Mon fils, demeuré présent, m'a dit que le Gouverneur, lui-même, n'a pas été sans se montrer sensible à ce mouvement.

Jeudi 28 au Samedi 30.

Ma translation à Balcombe's cottage.

Aujourd'hui 28, nous avons été tirés de notre misérable cahutte, et transférés à une petite lieue de là, dans une espèce de chaumière de plaisance (voyez la carte) appartenant à M. Balcombe, notre hôte de Briars. La demeure était petite, mais du moins très-supportable, et située en face de Longwood, à assez peu de distance : nous n'en étions séparés que par plusieurs lignes de précipices, et de sommités très-escarpées. Nous étions gardés par un détachement du 66e; un grand nombre de sentinelles veillaient sur nous, et défendaient nos approches. Un officier y était à nos ordres, nous dit obligeamment sir Hudson Lowe, et pour notre commodité, assurait-il. Toute communication était sévèrement interceptée; nous demeurions sous l'interdit le plus absolu. Un chemin circulait sur la crête de notre bassin; le général Gourgaud, escorté d'un officier anglais, vint le parcourir : il nous fut aisé de distinguer ses efforts pour se rapprocher de nous autant que cela lui était possible; et ce fut avec un sentiment de joie et de tendresse que nous reçûmes et rendîmes de loin les saluts et les démonstrations que nous adressait notre compagnon. La bonne et excellente madame Bertrand nous envoya de nouveau des oranges : il ne nous fut pas permis de lui écrire un mot de remercîment; il fallut nous borner à confier toute notre reconnaissance à des poignées de roses cueillies dans notre prison, et que nous lui envoyâmes.

Sir Hudson Lowe, dès le lendemain, vint nous visiter dans notre nouvelle demeure. Il voulut savoir comment j'avais été couché; je le conduisis à une pièce voisine, et lui fis voir un matelas par terre : notre nourriture avait été à l'avenant. « Vous l'apprenez, lui dis-je, parce « que vous l'avez demandé; j'y attache peu de

« prix. » Alors il s'est violemment fâché contre ceux qu'il avait chargés de nous installer, et nous a envoyé nos repas de sa cuisine de Plantation-Housse, bien qu'à deux lieues de distance, et cela jusqu'à ce qu'on eût pourvu régulièrement à nos besoins.

Cependant, une fois dans notre nouvelle prison, il fallut bien songer à nous créer des occupations, pour pouvoir supporter le temps. Je partageai nos heures de manière à remplir notre journée : je donnai des leçons régulières d'histoire et de mathématiques à mon fils, nous fîmes quelques lectures suivies, et nous marchions dans notre enclos durant les intervalles. Le lieu, pour Sainte-Hélène, était agréable, il y avait un peu de verdure et quelques arbres, grand nombre de poules, qu'on élevait, du reste, pour la consommation de Longwood, quelques pintades et autres gros oiseaux que nous eûmes bientôt apprivoisés : les captifs sont ingénieux et compatissans. Enfin, le soir nous allumions du feu, je racontais à mon fils des histoires de famille, je le mettais au fait de mes affaires domestiques, je lui apprenais et lui faisais noter les noms de ceux qui m'avaient montré de la bienveillance dans la vie, ou m'avaient rendu quelques services.

En somme, nos momens étaient tristes, mélancoliques; mais si calmes qu'ils n'étaient pas sans une certaine douceur. Une seule idée nous était poignante et nous revenait sans cesse : l'Empereur était là, presque à notre vue, et pourtant nous habitions deux univers; une si petite distance nous séparait, et pourtant toutes communications avaient cessé! Cet état avait quelque chose d'affreux; je n'étais plus avec lui, je n'étais pas non plus avec ma famille, que j'avais quittée pour lui : que me restait-il donc? Mon fils partageait vivement toutes ces sensations; exalté par cette situation et par la chaleur de son âge, ce cher enfant m'offrit, dans un moment d'élan, de profiter de l'obscurité de la nuit, pour tromper la surveillance de nos sentinelles, descendre les nombreux précipices et gravir les hauteurs escarpées qui nous séparaient de Longwood, et pénétrer jusqu'à Napoléon, dont il rapporterait des nouvelles, garantissait-il, avant le retour du jour. Je calmai son zèle, qui, s'il eût été praticable, n'eût pu avoir d'autre résultat qu'une satisfaction personnelle, et eût pu créer les inconvéniens les plus graves. L'Empereur m'avait tant et si souvent parlé, que je ne pensais pas qu'il eût rien à me faire dire; et si la tentative de mon fils eût été découverte, quel bruit n'eût-elle pas fait, quelle importance le Gouverneur ne lui eût-il pas donnée, quels contes absurdes n'eût-il pas imaginés, produits ! etc.

Dimanche 1ᵉʳ décembre au Vendredi 6.

Je prends un parti; mes lettres à sir Hudson Lowe, etc.

Cependant les jours de notre emprisonnement s'écoulaient, et le Gouverneur, bien qu'il continuât de nous visiter souvent, ne nous parlait pas d'affaires; seulement il m'avait laissé entrevoir que mon séjour dans l'île, et au secret, pourrait se continuer jusqu'au retour des nouvelles de Londres. Près de huit jours étaient déjà passés sans le moindre pas vers un denoûment quelconque. Cet état passif et inerte n'était pas dans ma nature. La santé de mon fils était par moment des plus alarmante. Privé de toute communication quelconque avec Longwood, je demeurais seul vis-à-vis de moi-même. Je méditai sur cette situation, j'arrêtai un plan et pris un parti : je le choisis extrême, pensant que s'il était approuvé de l'Empereur, il pourrait être utile, et que rien ne me serait plus facile que de revenir en arrière, si c'était son désir. En conséquence, j'écrivis au Gouverneur la lettre suivante :

« M. le Gouverneur. — Par suite d'un piége
« tendu par mon valet, j'ai été enlevé de Long-
« wood le 25 du courant, et tous mes papiers sai-
« sis. Je me suis trouvé avoir enfreint vos restric-
« tions, auxquelles je m'étais soumis. Mais ces
« restrictions, vous ne les aviez confiées ni à ma
« parole, ni à ma délicatesse : elles m'eussent été
« sacrées. Vous les aviez confiées à des peines ;
« j'en ai couru les risques ; vous avez appliqué ces
« peines à votre fantaisie ; je n'y ai rien objecté.
« Jusque-là rien de plus régulier ; mais la peine
« a ses limites, sitôt que la faute est circonscrite.
« Or, qu'est-il arrivé ? Deux lettres ont été don-
« nées à votre insu : l'une est une relation de nos
« événemens au prince Lucien, qui était desti-
« née à passer par vos mains, si vous ne m'aviez
« fait dire que la continuation de mes lettres
« et de leur style me ferait éloigner, par vous,
« d'auprès de l'Empereur. La seconde est une

« simple communication d'amitié. Cependant, « cette circonstance a mis en vos mains tous « mes papiers : vous en avez vu les plus secrets. « J'ai mis une telle facilité à vos recherches, « que je me suis prêté à vous laisser parcourir, « sur votre parole privée, ce qui n'était connu « que de moi ; n'était encore que des idées ou « des rédactions informes, non arrêtées, suscep- « tibles d'être à chaque instant corrigées, recti- « fiées, modifiées ; en un mot, le secret, le chaos « de mes pensées. J'ai voulu vous convaincre « par là, et, j'en appelle à votre bonne foi, j'es- « père vous avoir convaincu que, dans la masse « des papiers que vous avez sommairement par- « courus, il n'existe rien de ce qui aurait pu con- « cerner la haute et importante partie de votre « ministère. Aucun complot, aucun nœud, pas « une seule idée relative à l'évasion de Napo- « léon. Vous n'avez pu en trouver aucune, parce « qu'il n'en existait aucune. Nous la croyons « impossible, nous n'y songeons pas ; et, ce « n'est pas que je veuille m'en défendre, j'y « eusse volontiers donné les mains, si j'en eusse « vu la possibilité. J'eusse volontiers payé de « ma vie cette évasion. Je serais mort martyr

« du dévouement : c'eût été vivre à jamais dans
« les cœurs nobles et généreux. Mais, je le ré-
« pète, personne ne le croit possible, et n'y
« songe. L'Empereur Napoléon en est encore à
« la même pensée, aux mêmes désirs qu'en
« abordant *librement et de bonne foi* le Bellé-
« rophon, d'aller chercher quelques jours tran-
« quilles en Amérique, ou même en Angle-
« terre, sous la protection des lois.

« Les choses une fois ainsi établies, je pro-
« teste de tout mon pouvoir, je m'oppose for-
« mellement à ce que vous lisiez désormais, je
« pourrais dire tous mes papiers secrets; mais je
« me borne seulement à ceux que j'appelle *mon*
« *Journal*. Je dois cette mesure à mon grand
« respect pour l'auguste personnage qui s'y re-
« trouve sans cesse ; je la dois au respect de
« moi-même. Je demande donc de deux choses
« l'une : ou que si, dans votre conscience, vous
« croyez ces papiers étrangers à votre grand ob-
« jet, ils me soient rendus sur-le-champ; ou que
« si, d'après ce que vous en avez lu, vous pensez
« que certaines parties sont de nature à être mi-
« ses sous les yeux de vos ministres, je demande
« que vous leur en envoyiez la totalité, et me

« fassiez suivre avec eux. Il y est trop question
« de vous, Monsieur, pour que votre délicatesse
« ne vous fasse une loi d'adopter l'un ou l'autre
« de ces partis. Vous ne sauriez chercher à pro-
« fiter, plus que je ne l'ai permis, de cette oc-
« casion d'y lire ce qui regarde votre personne.
« Autrement, à quelles inductions ne vous ex-
« poserait pas un abus d'autorité, et comment
« empêcher qu'on ne liât cette circonstance au
« piége qui m'a été tendu, au grand bruit
« qu'on se trouvera avoir fait pour si peu de
« chose?

« Arrivé en Angleterre, avec ces papiers, je
« demanderai aux ministres à leur tour, et j'ap-
« pellerai le monde à témoin, de quelle utilité
« peut être, aux yeux des lois, un papier où se
« trouvent consignés, dans toute la négligence
« d'un mystère profond, jour par jour, la con-
« versation, les paroles, peut-être jusqu'aux
« gestes de l'Empereur Napoléon? Je leur de-
« manderai surtout quelle inviolabilité de se-
« cret je n'ai pas droit d'exiger d'eux sur toutes
« les parties d'un recueil qui n'était encore que
« ma pensée brute, qui n'existe pas, à bien dire,
« qui ne présente que des matériaux encore

« informes, dont je pouvais sans scrupule désa-
« vouer presque toutes les parties, parce qu'elles
« étaient loin d'être arrêtées encore vis-à-vis
« de moi-même; dans lequel, chaque jour, il
« m'arrivait de redresser, à l'aide d'une con-
« versation nouvelle, les erreurs d'une conver-
« sation passée, erreurs toujours inévitables et
« fréquentes, et dans celui qui parle sans croire
« être observé, et dans celui qui recueille sans
« se croire tenu à garantir. Quant à ce qui vous
« y concerne, Monsieur, si vous avez eu à
« vous récrier maintes fois sur l'opinion et les
« faits que j'ai émis sur votre personne, rien ne
« vous est plus aisé, d'homme à homme, que
« de me faire connaître mon erreur. Vous ne
« me rendrez jamais plus heureux que de me
« donner l'occasion d'être juste ; et à la suite
« des éclaircissemens, quelle que soit l'opinion
« dans laquelle je persiste, vous serez forcé
« du moins de reconnaître ma droiture et ma
« bonne foi.

« Du reste, quel que soit le parti que vous
« comptiez prendre à mon égard, M. le Gou-
« verneur, à compter de cet instant, je me re-
« tire, autant que l'admet la position où je me

« trouve, de la sujétion volontaire à laquelle je
« m'étais soumis vis-à-vis de vous. Quand j'en pris
« l'engagement, vous me dîtes que je demeurais
« toujours maître de le rétracter; or, à comp-
« ter de cet instant, je veux rentrer dans la
« classe commune des citoyens. Je me remets
« sous l'action de vos lois civiles; je réclame
« vos tribunaux. Je n'implore pas leur faveur,
« mais seulement leur justice et leur jugement.
« Je pense, M. le général, que vous portez trop
« de respect à vos lois, et avez trop de justice
« naturelle dans le cœur, pour vous faire l'in-
« jure de vous observer que vous deviendriez
« responsable de toutes les violations que ces
« lois peuvent éprouver vis-à-vis de moi, di-
« rectement et indirectement. Je ne pense pas
« que la lettre de vos instructions, qui vous por-
« terait à me retenir ici ou au Cap plusieurs
« mois prisonnier, pût vous mettre à l'abri de
« l'esprit de ces mêmes instructions, invoqué
« par la force, la supériorité, la majesté des
« lois.

« Ces instructions, si j'ai compris, en vous
« prescrivant de retenir toute personne de l'é-
« tablissement de Longwood un certain temps,

« avant de le rendre à la liberté, n'ont pour
« but, sans doute, que de dérouter et de laisser
« vieillir les communications que l'on pourrait
« avoir eues avec cette affreuse prison. Or, la
« manière dont j'en ai été enlevé a suffi pour
« remplir ce but. On m'a rendu impossible d'en
« emporter aucune idée du moment. J'y ai été
« comme frappé de mort subite. D'ailleurs, en-
« voyé en Angleterre, comme prévenu, et sous
« l'action des lois, si je suis trouvé coupable,
« elles pourvoiront assez à l'inconvénient qu'on
« a voulu éviter. Si je ne le suis pas, il restera
« contre moi *l'alien-bill*, ou même encore ma
« soumission volontaire donnée ici d'avance à
« toutes les précautions, même arbitraires,
« qu'on croira devoir prendre à ce sujet, vis-à-
« vis de moi.

« M. le Gouverneur, sans connaître encore
« quels peuvent être vos projets sur ma per-
« sonne, je me suis imposé déjà moi-même le
« plus grand des sacrifices. Je ne suis encore
« qu'à quelques pas de Longwood, et déjà
« peut-être l'éternité m'en sépare. Pensée af-
« freuse qui me déchire et va me poursuivre!...
« Il y a peu de jours encore, vous m'eussiez

« arraché jusqu'aux dernières soumissions, par
« la crainte de me voir éloigner de l'Empereur
« Napoléon. Aujourd'hui, vous ne sauriez plus
« m'y faire revenir. On m'a souillé en me sai-
« sissant presqu'à sa vue. Je ne saurais plus dé-
« sormais lui être un objet de consolation; ses
« regards ne rencontreraient en moi qu'un ob-
« jet flétri, et des souvenirs de douleurs. Pour-
« tant, sa vue, les soins que je me plaisais à lui
« donner, me sont plus chers que la vie. Mais
« peut-être qu'au loin on prendra pitié de ma
« peine! Quelque chose me dit que je revien-
« drai; mais par une route purifiée, amenant
« avec moi tout ce qui m'est cher, pour entou-
« rer de nos soins pieux et tendres l'immortel
« monument que rongent sur un roc, au bout
« de l'univers, l'inclémence de l'air et la mau-
« vaise foi, la dureté des hommes. Vous m'avez
« parlé de vos peines, M. le Gouverneur; nous
« ne soupçonnons pas, m'avez-vous dit, toutes
« vos tribulations; mais chacun ne connaît, ne
« sent que son mal. Vous ne soupçonnez pas
« non plus le crêpe funèbre que vous tenez
« étendu sur Longwood. J'ai l'honneur, etc.

Une fois la correspondance établie avec sir

Hudson Lowe, je ne demeurai plus oisif. Dès le lendemain je lui écrivis de nouveau pour lui dire qu'en conséquence de ma lettre de la veille, je le sommais officiellement et authentiquement de m'éloigner de Sainte-Hélène, et de me renvoyer en Europe. Le jour suivant je poursuivis auprès de lui la même idée, sous mes rapports et ma situation domestique.

« Dans mes deux précédentes, lui mandais-
« je, qui traitaient toutes deux de ma situation
« politique, j'avais cru peu digne et peu con-
« venable de mêler un seul mot de ma situation
« domestique; mais aujourd'hui que, par suite
« de ces deux mêmes lettres, je me regarde
« comme rentré dans la masse de vos adminis-
« trés, à titre de passager accidentel dans votre
« île, je n'hésite pas à vous entretenir de toute
« l'horreur de ma situation privée. Vous con-
« naissez l'état affreux de la santé de mon fils :
« les personnes de l'art doivent vous en avoir
« instruit. Depuis qu'il a vu se briser le lien
« cher et sacré qui nous attachait à Longwood,
« toutes ses idées, ses vœux, ses espérances se
« sont tournés avec ardeur vers l'Europe, et
« son mal va s'accroître de toute l'impatience,

« de tout le pouvoir de l'imagination. Voilà sa
« situation physique; elle rend ma situation
« morale pire encore, s'il est possible. J'ai à
« combattre tout-à-la-fois et la tendresse du
« cœur et les inquiétudes de l'esprit. Je ne me
« vois pas sans effroi responsable à moi-même
« de l'avoir amené ici, et d'être la cause qu'on
« l'y retiendrait. Que répondrais-je à une mère
« qui me le redemanderait? Que répondrais-je
« à la foule des oisifs et des indifférens même,
« toujours empressée de juger et de condamner?
« Je ne parle point de ma propre santé; elle
« m'importe peu, dans de telles émotions et de
« telles anxiétés. Toutefois, je me trouve dans
« un état de débilité absolue, vraiment déplo-
« rable; depuis que je n'ai plus sous les yeux
« la cause qui tenait en exercice les forces de
« mon ame, mon corps plie sous les ravages
« effrayans d'un an et demi de combats, d'é-
« preuves et de secousses, telles que l'imagina-
« tion a de la peine à les suivre. Je ne suis plus
« auprès de l'objet auguste auquel je consacrais
« avec charme les peines de ma vie. Je n'en
« demeure pas moins éloigné de ma famille,
« dont le sacrifice m'avait tant déchiré. Mon

« cœur se brise entre les deux, privé de chacun.
« Il s'égare dans un abîme; il ne saurait y résis-
« ter long-temps. Je vous laisse, monsieur le
« Gouverneur, à peser ces considérations. Ne
« faites pas deux victimes. Je vous prie de nous
« envoyer en Angleterre, à la source de la
« science et des secours de toute nature. Ce sera
« la première, la seule demande d'aucune espèce,
« qui sera sortie de moi vers vous ou votre
« prédécesseur. Mais le malheureux état de
« mon fils l'emporte sur mon stoïcisme. N'at-
« teindra-t-il pas votre humanité? Un bon
« nombre de motifs peuvent aider encore votre
« décision : ma lettre du 30 novembre les ren-
« ferme tous. J'ajouterai seulement ici l'occa-
« sion précieuse pour vous, de montrer à tous
« les yeux une grande et une rare impartialité,
« en envoyant ainsi vous-même à vos ministres
« précisément un de vos adversaires. »

A la réception de ces lettres, sir Hudson Lowe se rendit auprès de moi, et, à l'égard de la première, il me nia tout d'abord qu'il m'eût tendu aucun piége par la voie de mon domes- tique. Il convenait néanmoins que j'avais pu m'y méprendre; et comment en eût-il pu être autrement, lui disais-je, ce domestique avait été demandé plusieurs fois par l'autorité après m'avoir été retiré; depuis, il était venu m'offrir bénévolement ses services pour l'Europe, et m'avait assuré qu'il trouverait bien le moyen de parvenir en secret jusqu'à moi pour prendre mes commissions, et il y était venu en effet plusieurs fois, malgré la surveillance sévère qu'on exerçait autour de nous. Quoi qu'il en fût, sir Hudson Lowe me donna, sur ce point, sa parole d'honneur, et il fallait bien que j'y crusse.

De là il passa à discuter verbalement quelques articles de mes lettres, s'arrêtant surtout sur certaines expressions qu'il me représentait d'une manière amicale, devoir lui être désagréables. Il me trouva, non-seulement en cette occasion, mais dans plusieurs autres qu'il fit naître de la sorte, toujours de la dernière facilité. Ma réponse d'ordinaire était de prendre la plume aussitôt, et d'effacer ou de modifier les mots qui lui déplaisaient.

Je fais grâce d'une assez volumineuse correspondance roulant toujours sur le même sujet. Je me contenterai de dire que sir Hudson Lowe s'abstenait en général de répondre, que sa coutume était d'accourir, ainsi qu'on vient de le voir, pour discuter verbalement avec moi les lettres qu'il avait reçues, obtenir quelques ratures, après quoi il se retirait en assurant qu'il ferait bientôt ample réponse, ce qu'il ne fit jamais alors, ce qu'il n'a jamais fait depuis; seulement, m'a-t-on mandé d'Angleterre, il paye aujourd'hui des papiers périodiques ou des libellistes de hasard pour dépecer le Mémorial de Sainte-Hélène, et injurier son auteur.

Comme dans les nombreuses discussions verbales de mes lettres, à la rature près de quelques expressions, il n'obtenait de moi rien d'important, et n'arrivait à rien de ce qu'il voulait, il s'en retournait me donnant à chacun pour un homme très-fin, très-dangereux, assurait-il; car pour lui on était très-fin, très-astucieux, tout à fait à craindre, dès qu'on n'était point assez sot pour donner dans ses vues, ou tomber lourdement dans ses piéges. Toutefois voici le seul tour que je lui aie joué; car la captivité, son oisiveté, ses rigueurs aiguisent l'imagination; et puis c'était de bonne guerre entre nous. Le droit incontestable du prisonnier est de chercher à tromper son geolier.

J'ai dit en commençant que l'Empereur, au moment de partir pour Sainte-Hélène, m'avait secrètement confié un collier de diamans d'un très-grand prix. L'habitude de le porter depuis si long-temps faisait que je ne m'en occupais plus aucunement, si bien que ce ne fut qu'au bout de plusieurs jours de réclusion, et véritablement par hasard qu'il me revint à l'esprit; j'en frisonnai. Gardé comme je l'étais, je ne voyais plus de moyen de le rendre à l'Empereur, qui n'y avait sans doute pas plus songé que moi. A force de chercher j'imaginai d'y employer sir Hudson Lowe lui-même. Je demandai à faire parvenir mes adieux à mes compagnons, et j'écrivis la lettre suivante :

« Monsieur le Grand-Maréchal, — Arraché
« d'au milieu de vous, laissé à moi-même,
« privé de toute communication, j'ai dû trouver
« mes décisions dans mon propre jugement, et
« mes seuls sentimens. Je les ai adressées offi-
« ciellement au gouverneur, sir Hudson Lowe,
« le 30 novembre dernier. Pour répondre à la
« liberté qui m'est laissée, je m'abstiens de
« vous en dire aucun mot, et m'en repose sur
« la délicatesse de l'autorité supérieure, pour

« vous communiquer ma lettre dans son entier,
« si jamais il était question d'une de ses parties...
« Je m'abandonne à ma destinée.....

« Il ne me reste qu'à vous prier de mettre
« mon respect, mon amour, mes vœux, aux
« pieds de l'Empereur. Ma vie n'en demeure
« pas moins à lui tout entière. Je n'aurai
« jamais de bonheur qu'auprès de son auguste
« personne.

« Dans la malheureuse pénurie où vous êtes
« tous, j'aurais désiré ardemment laisser après
« moi quelques diamans de ma femme... un col-
« lier... le denier de la veuve! Mais comment
« oser en faire l'offre?..... J'ai souvent fait
« celle des quatre mille louis que je possède,
« disponibles en Angleterre, je la renouvelle
« encore; ma nouvelle position, quelle qu'elle
« puisse être, n'y doit rien changer. Je serai
« désormais fier du besoin! Daignez peindre
« de nouveau à l'Empereur, M. le Grand-
« Maréchal, mon dévouement, ma fidélité, ma
« constance inaltérable...

« Et vous, mes chers compagnons de Long-
« wood, que j'aie toujours vos souvenirs! Je
« connais toutes vos privations et vos peines;

« j'en emporte la plaie dans mon cœur. De près,
« je vous étais de peu de chose; au loin vous
« connaîtrez mon zèle et ma tendre sollicitude,
« si l'on a l'humanité de m'en permettre l'em-
« ploi. Je vous embrasse tous bien tendrement,
« et vous prie, M. le Grand-Maréchal, d'y
« ajouter pour vous le sentiment de ma vénéra-
« tion et de mon respect.

« *P. S.* Cette lettre vous était destinée de-
« puis long-temps; elle avait été écrite lorsque
« je croyais m'éloigner de vous. Aujourd'hui,
« en recevant la liberté de vous l'envoyer, le
« Gouverneur m'apprend que je dois attendre
« ici des réponses d'Angleterre. Ainsi, je
« serai des mois à Sainte-Hélène, et Longwood
« n'y existera pas pour moi, supplice nouveau
« que je n'avais pas calculé ! »

Sir Hudson Lowe, à qui je remis cette lettre ouverte, c'était sa condition, la lut, l'approuva, et eut la bonté de se charger de la remettre lui-même, ce qui réveilla en effet l'attention de l'Empereur, et ne contribua pas peu, bien qu'indirectement, à faire rentrer le riche dépôt dans les mains de Napoléon.

Samedi 7 au Lundi 9.

Mes griefs personnels contre sir Hudson Lowe.—Traits caractéristiques.

Un de ces jours j'ai invité l'officier de garde à dîner avec moi. Il m'a raconté, dans la conversation, qu'il avait été long-temps des prisonniers de Verdun ; mais qu'il avait enfin obtenu d'en sortir pour venir à Paris. Et ce que peut amener le hasard ! quand il a nommé son intermédiaire de Paris, il s'est trouvé que c'était précisément moi qui avais obtenu du duc de Feltres, cette faveur alors très-difficile.

Toujours même uniformité dans notre situation ici, pas l'apparence d'un dénouement ; voilà près de 15 jours depuis notre malheureuse aventure, et toujours même réclusion, même interdiction, même supplice !

Nous recevions à peine, et seulement par le Gouverneur lui-même, des nouvelles de l'Empereur. Nous nous trouvions, ainsi que je l'ai déjà dit, précisément en face de Longwood, dont nous n'étions séparés, à assez peu de distance, que par des abîmes*; à quelqu'heure que

---
* Voyez vue D.

nous levassions les yeux, nous avions devant nous cet objet de nos pensées et de nos vœux, et nous le recherchions sans cesse; nous pouvions en suivre toutes les habitudes, qui nous étaient si familières; nous en apercevions tous les édifices, mais il nous était impossible de distinguer aucuns des objets animés. Cette perpétuelle attraction perpétuellement combattue, ce voisinage et pourtant cette grande distance, cet objet désiré sans cesse offert et comme sans cesse retiré, il y avait là quelque chose, disais-je, de l'enfer des anciens. Sir Hudson Lowe en convenait, et avait promis, dès le premier jour, de nous en retirer bientôt; nous n'étions placés en cet endroit que provisoirement, avait-il dit, et jusqu'à ce qu'on eût préparé ailleurs quelque chose de plus convenable, dont on s'occupait déjà; mais des semaines étaient écoulées, et rien ne venait. Sir Hudson Lowe, qui est très-prompt dans une décision malfaisante, est extrêmement lent à la faire cesser, si toutefois cela a lieu; ce qui n'arriva pas pour moi.

Du reste, ce Gouverneur, je dois le confesser, était avec moi, depuis qu'il me tenait entre ses mains, dans les rapports de la politesse la plus attentive et des égards les plus recherchés. Je l'ai vu déplacer lui-même, de sa propre personne, une sentinelle qui eût pu blesser mes regards, disait-il, et l'aller poser derrière des arbres, pour que je ne l'aperçusse plus. Toutes ses dispositions pour moi, ses intentions réelles, m'assurait-il, étaient des plus bienveillantes, son langage était propre à m'en convaincre; et, plus d'une fois, j'en ai été à douter de la justice de l'opinion que nous nous en étions faite jusque-là; mais il m'a fallu toujours finir par me convaincre que, chez sir Hudson Lowe, les actes différaient étrangement des paroles : il parlait d'une manière, et agissait de l'autre. Je lis, par exemple, dans l'ouvrage de M. O'Méara, que précisément dans ces momens où je me croyais comblé par lui, où je me faisais une espèce de scrupule de l'éloignement que je lui avais porté, il faisait transmettre, par le docteur, à Napoléon, des aveux forgés par lui, déclarant les tenir de ma bouche même ou de ma propre main; le tout dans l'espoir, sans doute, d'obtenir, en retour, de Longwood, quelques paroles ou quelques lumières dont il pût tirer avantage. Il me faisait dire, entre autres choses, que je lui avais avoué qu'il n'avait point de torts à notre égard; mais que nous étions convenus entre nous, à Longwood, de tout dénaturer à l'Empereur, afin de le tenir exaspéré. Quels indignes moyens! Quelles ignobles ressources!.... Je pourrais dire encore beaucoup; mais tout doit se taire devant le trait suivant, qui dispense de toute autre citation.

Mon fils continuait à être extrêmement malade; ses palpitations étaient parfois si violentes, qu'il lui arrivait de se jeter subitement à bas de son lit pour marcher à grands pas dans la chambre, ou venir prendre refuge dans mes bras, où il était à craindre qu'il n'expirât. Le docteur Baxter, chef médical dans l'île, et le commensal de sir Hudson Lowe, vint, avec une politesse dont je conserve une douce et sincère reconnaissance, joindre ses soins à ceux du docteur O'Méara. Tous deux représentèrent à sir Hudson Lowe l'état critique de mon fils; ils appuyèrent vivement la demande que je faisais de l'envoyer en Europe. Le docteur O'Méara, après une nouvelle crise, étant revenu seul à la charge, sir Hudson Lowe mit fin à son importunité par ces mots, que M. O'Méara a répétés depuis à mon fils et à moi-même : « *Eh!* « *Monsieur, après tout, que fait la mort d'un* « *enfant à la politique!....* » Je m'abstiens de tout commentaire, je livre la phrase nue à tout cœur de père et à toutes les mères !...

Mardi 10 au Dimanche 15.

La fameuse pièce clandestine. — Mon interrogatoire par sir Hudson Lowe. — Ma lettre au prince Lucien.

Le Gouverneur, dans ses nombreuses visites, qu'il répétait presque chaque jour, revenait souvent, par un motif ou par un autre, à fouiller de nouveau dans mes divers papiers : je m'y prêtais toujours avec la dernière facilité ; j'avais à cœur de lui prouver en cela ma complaisance et ma modération, ce qui m'obtenait bien quelques paroles flatteuses, mais jamais la moindre condescendance. Un jour, en remuant tous ces paquets, deux liasses demeurèrent par mégarde en dehors de la malle qui les contenait. Le lendemain, je me fis un malin plaisir de les lui remettre. Son étonnement fut grand ; on eût cru qu'il me les eût laissées ; il ne les en resserra pas moins soigneusement, et pour la stricte régularité, disait-il, bien que je l'assurasse que c'était inutile, lui faisant observer, en riant, qu'il devait bien croire que s'il y avait eu quelques-uns de ces papiers à soustraire, il ne les y trouverait plus. Déjà, le premier jour j'avais été dans le cas de lui faire voir qu'on avait oublié de sceller mon porte-feuille, lorsqu'on s'en était saisi à Longwood : il était convenu d'une grande irrégularité à cet égard, et s'était dit fort touché que je ne remarquasse le fait que comme simple observation ; je n'avais d'autre but, en effet, que de lui bien montrer combien il était hors de moi de profiter de toutes les occasions qu'il me fournissait de le quereller; mais tant de procédés de ma part ne me valurent, je le répète, que quelques phrases, jamais aucun acte en retour.

Il fut pris registre de toutes les lettres de mes amis de Londres, pour pouvoir confronter, dans les bureaux des ministres, s'il n'en serait arrivé aucune par des voies détournées. J'avais commencé une seconde lettre au prince Lucien, le Gouverneur s'y arrêta très-particulièrement. J'eus beau lui montrer qu'elle était pleine de ratures, surchargée au crayon, à peu près effacée; lui dire qu'elle n'avait point été écrite, qu'elle n'existait donc réellement pas, que je pouvais la désavouer sans scrupule; qu'il était impossible d'en faire aucun usage *légal ou honnête*, il n'en fit pas moins retranscrire quelques parties, Dieu sait pour quel emploi !

Un billet de la femme du lieutenant-gouverneur l'intrigua beaucoup. Partant pour l'Angleterre, elle nous avait dit que la loi lui défendait de se charger d'aucune lettre; mais que si elle pouvait nous être autrement agréable, ce serait avec un vrai plaisir. Je lui avais envoyé, pour mes amis de Londres, des objets qui avaient servi à l'Empereur, ou venaient de sa personne. Un petit encrier d'argent, je crois, quelques mots de son écriture, peut-être de ses cheveux; je ne sais; j'appelais cela de précieuses reliques. Madame Skelton avait répondu qu'elle les traiterait avec tous le respect qu'elles méritaient; mais qu'elle devait m'avouer qu'elle n'avait pu résister à en dérober une petite portion.

Sir Hudson Lowe ne revenait pas que je ne pusse ou ne voulusse pas affirmer quels étaient ces objets précieux. Je serais fâché qu'ils pussent être la cause de quelques tracasseries pour cette dame. Je n'avais gardé son billet que par le respect et le souvenir qu'elle m'inspirait. M. et madame Skelton étaient un couple moral et vertueux, à qui nous avions fait bien du mal, malgré nous sans doute ; mais qui avait reçu chacun de nos torts en redoublant pour nous d'égards et d'attentions. Notre arrivée dans l'île les avait dépossédés de Longwood ; elle avait amené la suppression de leur emploi, et leur renvoi en Europe, où ils doivent se trouver sans fortune.

Enfin, arrivèrent, avec le temps, les fameuses pièces clandestines : ma lettre au prince Lucien, et celle à ma connaissance de Londres. Sir Hudson Lowe les avait fait soigneusement retranscrire ; mais avec des lacunes, faute d'avoir pu tout lire, certains mots s'étant trouvés effacés sur le satin, pour avoir été accidentellement mouillés depuis que je m'en étais dessaisi. Je poussai la complaisance jusqu'à les rétablir bénévolement, et alors commença sur moi une espèce d'interrogatoire.

Deux points occupaient beaucoup le Gouverneur, qu'il tenait fort à éclaircir, si je n'y avais pas d'objection, disait-il. La première question a été relative à ces paroles de ma lettre

au prince Lucien : « Ceux dont nous sommes
« entourés se plaignent amèrement que leurs
« lettres sont falsifiées par les papiers pu-
« blics, etc. » Quelles étaient ces personnes, me
demandait-on. L'aide-de-camp tenait la plume
pour noter mes réponses. J'ai fait écrire que ne
voyant aucun inconvénient à répondre, j'allais
le faire purement à l'amiable ; car si le Gouverneur pensait m'interroger d'autorité, j'allais
garder le silence, et j'ai dit : « Que ces paroles
« de ma lettre étaient vagues, générales, sans
« aucune application quelconque, que c'était
« ce qui nous avait été dit par tout le monde,
« lorsqu'on avait cherché à nous consoler des
« expressions ou des peintures très-déplacées à
« notre égard, que nous rencontrions parfois
« dans les journaux de Londres, sous la date
« de Sainte-Hélène. Qu'il m'en revenait en cet
« instant un exemple spécial, celui d'une dame
« du camp qui lui était connue, et qui répétait
« partout n'avoir point écrit la lettre ridicule
« qui avait paru sous son nom, soit que ses
« amis, en Angleterre, y eussent fait des chan-
« gemens, soit qu'ayant été lue en société, elle

« eût été mal retenue et infidèlement livrée à
« l'impression. »

La seconde question du Gouverneur s'appliqua à ma lettre privée : j'y avais tracé la commission de faire demander à lord Holland s'il ayait reçu les paquets que je lui avais adressés. Sir Hudson Lowe me demandait ce que c'étaient que ces paquets, et par qui je les avais fait passer etc.; et ici il redoublait visiblement d'aménité et de douceur pour obtenir une réponse satisfesante : il convenait n'avoir aucun droit pour me forcer à répondre; mais ce serait, disait-il, abréger et simplifier de beaucoup mes affaires, etc., etc. Je répondis avec assez de solennité que cet article était mon *secret*, ce qui fit une impression évidente sur la figure de sir Hudson Lowe; et comme mes paroles étaient écrites à mesure, je continuai de dicter, ajoutant que la réponse que je venais de faire n'était, au demeurant, que celle de mon éducation et de mes mœurs; que toute autre eût pu entraîner les doutes du Gouverneur, et qu'il ne convenait pas que je dusse exposer la vérité de mes paroles au plus léger soupçon; que toutefois, après cet exposé préalable, je n'avais plus d'objection désormais à déclarer que je n'avais jamais eu de ma vie aucune communication avec lord Holland. Cette finale inattendue fut un coup de théâtre, une véritable scène de comédie; il serait difficile de rendre la surprise du Gouverneur, l'ébahissement des officiers, la plume arrêtée dans les mains du greffier. Sir Hudson Lowe n'a pas hésité à répondre qu'il me croyait assurément; mais qu'il devait avouer qu'il n'y pouvait rien comprendre. Je lui confessais de mon côté que je ne pouvais m'empêcher de rire de l'embarras que je lui causais; mais que je lui avais tout dit. Le fait est que j'avais compté, lorsque mon domestique aurait reparu, le charger en outre pour lord Holland de plusieurs documens authentiques sur notre situation; mais on ne m'en avait pas laissé le temps, on s'était trop pressé de venir m'enlever. Je n'avais l'honneur de connaître Sa Seigneurie que par la noblesse et l'élévation de sa conduite publique; mais lui adresser la vérité, à lui législateur héréditaire de son pays, membre de la Cour suprême de la Grande-Bretagne, ne me semblait rien que de très-convenable dans nous deux, de bienséant et d'utile même pour l'honneur du caractère anglais.

Au demeurant voici cette lettre du prince Lucien, dont il a été tant question. J'aurais voulu pouvoir l'épargner à mes lecteurs; mais elle a trop de rapport avec Longwood, et joue un trop grand rôle dans mes malheurs, pour que je puisse m'empêcher de la reproduire ici telle qu'elle a été publiée dans le temps, lors de mon retour en Europe.

« Monseigneur, je viens de recevoir votre lettre de Rome, datée du 6 mars dernier. Je m'estime bien heureux que Votre Altesse ait daigné m'honorer de cette marque de son souvenir. Je m'efforcerai d'y répondre, en lui donnant de temps à autre, pour toute sa famille, un détail suivi de tout ce qui concerne l'Empereur, sa santé, ses occupations et les traitemens qu'on lui fait éprouver. Je vous manderai surtout, Monseigneur, les choses telles qu'elles se seront passées et telles qu'elles se trouveront; m'en reposant sur Votre Altesse pour déguiser, au besoin, au cœur toujours sensible d'une mère, ce qu'il pourrait y avoir de trop affligeant pour elle.

« Afin de rendre ma relation plus complète, je la ferai remonter à peu près au moment où je quittai Votre Altesse, au Palais-Royal, pour m'aller mettre spontanément de service auprès de l'Empereur ; je la prendrai à l'instant où je suivis Sa Majesté à la Malmaison, pour ne plus la quitter ; au moment enfin où, près de monter en voiture, l'Empereur, au bruit du canon de l'ennemi, fit dire au Gouvernement provisoire : « Que pour avoir abdiqué la souverai-
« neté, il n'avait pas renoncé à son plus beau
« droit de citoyen, celui de combattre pour
« la patrie ; que si on voulait, il irait se met-
« tre à la tête de l'armée ; que l'état des choses
« lui était bien connu ; qu'il répondait de frap-
« per l'ennemi de manière à assurer au Gou-
« vernement le temps et les moyens de traiter
« avec plus d'avantage ; que le coup porté, il
« n'en poursuivrait pas moins immédiatement
« son voyage. »

« Sur le refus du Gouvernement provisoire, nous nous mîmes en route, dans la soirée du 29 juin, pour Rochefort, où 2 frégates étaient commandées pour nous transporter aux États-

Unis d'Amérique. C'était l'asile que l'Empereur s'était choisi.

« L'Empereur, avec une partie de sa suite, composée de plusieurs voitures, parcourut cet espace sans escorte, et au milieu des acclamations de toute la population qui accourait sur les routes. Il était difficile de n'être pas ému. L'Empereur seul se montrait impassible. On pouvait aisément distinguer sur tous ces visages les vœux pour ce qu'ils perdaient, l'anxiété pour ce qui devait suivre. Ce spectacle avait quelque chose de touchant et d'étrange. Il offrait beaucoup au cœur et à la méditation.

« Arrivés à Rochefort, nous y attendîmes vainement plusieurs jours les passeports dont on nous avait flattés en quittant Paris. Cependant les événemens marchaient avec une grande rapidité. Tout nous commandait un appareillage sans délai. Les ennemis étaient entrés dans Paris. Notre armée principale se retirait en-deçà de la Loire, pleine d'indignation et de fureur. Celle de la Vendée, celle de Bordeaux, partageaient les mêmes sentimens. Toute la population était dans une fermentation extrême. De toute part on sollicitait l'Empereur de revenir se charger de la fortune publique. Mais sa détermination était irrévocable. D'un autre côté, les croiseurs anglais étaient en présence; toutes les passes étaient fermées; les vents nous demeuraient constamment contraires. Ainsi, quand tout commandait, par terre, de précipiter le départ, tout concourait, par mer, à le rendre impraticable. Dans cette extrémité, l'Empereur m'envoya à la croisière ennemie, comme devant avoir, par mon ancienne émigration, plus de connaissance des Anglais. Je demandai si on y avait entendu parler de nos passeports pour l'Amérique; on ignorait cette circonstance. Je peignis notre véritable situation, les offres faites à l'Empereur, ses refus et son intention inébranlable. Je posai la supposition de notre départ sur un neutre; le capitaine anglais avait ordre de le saisir. Je parlai de la sortie des frégates sous pavillon parlementaire; il avait ordre de les combattre. Je lui représentai toute l'étendue des maux dont il pouvait être la cause, s'il forçait l'Empereur de redescendre à terre : il m'assura ne pouvoir rien prendre sur lui à cet égard; mais qu'il allait s'adresser immédiatement à son ami-

-ral, et me ferait une réponse sous deux jours.

« En attendant, de notre côté, nous avions épuisé, pour notre sortie, tout ce que l'imagination pouvait fournir. On avait été jusqu'à la proposition désespérée de traverser l'Océan sur deux frêles chasses-marée. De jeunes aspirans, pleins d'ardeur et d'enthousiasme, étaient venus s'offrir pour en composer les équipages. L'Empereur accepta; mais au moment de partir, il fallut bien y renoncer : entre autres difficultés, ils déclarèrent qu'on serait obligé de relâcher sur les côtes d'Espagne et de Portugal, pour faire de l'eau.

« Cependant, la tempête morale allait toujours croissant autour de nous. Elle s'approchait sans cesse. Les sollicitations se multipliaient auprès de l'Empereur. Des généraux venaient en personne le supplier de se mettre à leur tête. L'Empereur demeurait inébranlable.

« Non, répondit-il toujours, le mal est désor-
« mais sans remède. Je ne puis plus rien aujour-
« d'hui pour la patrie. Une guerre civile serait
« désormais sans objet, sans résultat pour elle.
« Elle ne pourrait être utile qu'à moi, à qui elle
« obtiendrait quelques termes sans doute; mais

« je l'achetterais par la perte infaillible de ce
« que la France a de plus généreux. Je le dé-
« daigne. »

« C'était ce même sentiment qui, lors de son
abdication, rendue si nécessaire par la perfidie,
l'empêcha de se réserver la Corse, où aucune
croisière ennemie n'eût pu l'empêcher d'arriver.
Mais il ne voulait pas qu'on pût dire que,
dans le naufrage du peuple français, qu'il ne
prévoyait que trop, lui seul avait su se créer
un asile, en se retirant chez lui.

« Ne voyant pas venir de réponse, je retournai à bord du vaisseau anglais. Le capitaine
n'avait pas encore eu de nouvelles de son
amiral; mais il me dit cette fois qu'il avait autorité de son gouvernement de conduire Napoléon et sa suite en Angleterre, si cela lui était
agréable. Je lui répondis que j'allais transmettre
cette offre, et que je ne doutais pas que l'Empereur n'en profitât avec magnanimité et sans défiance, pour aller demander, en Angleterre
même, les moyens de se rendre en Amérique.
Le capitaine m'observa qu'il ne garantissait pas
qu'on nous les accordât; mais il m'assura, et
plusieurs officiers le secondèrent, que nous ne

devions avoir nul doute d'y recevoir le traitement digne de l'élévation, de la grandeur, de la générosité de leur nation.

« A mon retour, l'Empereur nous réunit autour de lui, pour connaître notre pensée. L'opinion fut unanime pour accepter l'hospitalité qui nous était offerte; il ne s'éleva pas la moindre inquiétude. « C'est une occasion de gloire, di-
« sait-on, qui sera avidement saisie par le Prince
« Régent. Quel plus beau triomphe pour l'An-
« gleterre que cette noble confiance de son grand
« ennemi, que cette préférence obtenue sur un
« beau-père et un ancien ami ! Ce sera, disait-
« on, une des belles pages de son histoire ! Quel
« hommage rendu à l'excellence, à la supériorité
« de ses lois ! » Ici, Monseigneur, j'osai m'appuyer de la haute opinion de Votre Altesse même, sur le caractère national du peuple anglais, sur sa moralité, sa noblesse et son influence sur les actes de la souveraineté même. L'Empereur pensait bien que sa retraite en Amérique serait vue avec jalousie, sans doute, et que cet article éprouverait quelques difficultés; mais comme il ne choisissait cet asile que pour vivre sous des lois positives, et que l'Angleterre lui offrait

les mêmes avantages, il lui importait peu d'être contraint d'y demeurer. Il s'y détermina même, et écrivit au Prince-Régent une lettre remarquable, qu'ont répétée tous les papiers de l'Europe. *

« Je retournai le soir même coucher à bord du *Bellérophon*, annonçant l'arrivée de l'Empereur pour le lendemain matin. J'étais accompagné du général Gourgaud, aide-de-camp de Sa Majesté, qui fut expédié sur-le-champ pour l'Angleterre. Il était porteur de la lettre pour le Prince-Régent, et devait faire connaître à S. A. R. le désir de l'Empereur de débarquer dans ses états, sous le titre de *colonel* Duroc, et de se fixer, avec son agrément, dans une des provinces les plus favorables à sa santé.

« A peine l'Empereur était arrivé à bord du *Bellérophon*, que l'amiral de la croisière parut, et vint mouiller auprès de nous. S. M. témoigna le désir de visiter son vaisseau, *le Superbe*, et l'amiral Hotham lui en fit les honneurs avec une grâce et une élégance qui recommandent son caractère.

« Nous partîmes, et telle était notre sécurité,

---

* Voyez cette lettre au tome 1ᵉʳ, page 47.

que, dans l'abandon de notre bonne foi, chacun de nous remplit le temps du voyage de rêves innocens sur nos nouvelles destinées, au sein du repos et de l'hospitalité britannique. Que nous étions loin de soupçonner toutes les horreurs de notre affreux mécompte !

« A peine nous eûmes jeté l'ancre sur les plages anglaises, que tout prit autour de nous l'aspect le plus sombre. Le capitaine avait communiqué sur-le-champ; à son retour ce nous fut assez de son visage pour pressentir nos malheurs. C'était un homme de bien, qui avait exécuté ses instructions, sans connaître l'horrible secret qui les avait dictées. Nous avions été condamnés d'avance à être jetés sur le roc stérile de Sainte-Hélène, au milieu des mers, à 5 cents lieues de toutes terres.

« Nous fûmes mis, dès cet instant, sous l'interdit le plus sévère; toute communication nous fut défendue. Des bateaux armés rôdèrent autour de nous, éloignant à coups de fusil les curieux qui osaient nous approcher. On nous signifia bientôt, dans les termes les plus durs et dans les formes les plus amères, l'inique, la fatale sentence, et l'on ne perdit pas un instant pour la mettre à exécution. On saisit nos épées, on visita nos effets, pour nous prendre et gérer, disait-on, notre argent, nos billets, nos diamans; on supposait des trésors à l'Empereur. Qu'on le connaissait mal ! On ne lui trouva que 4 mille napoléons, qu'on retint, et quelque peu d'argenterie qu'on lui laissa. Les objets de service du moment, quelque linge, des vêtemens, quelques caisses de sa bibliothèque de campagne, composaient toute la fortune de celui qui avait gouverné le monde, distribué des royaumes et créé des Rois.

« On nous transvasa du *Bellérophon* sur le *Northumberland*, et nous fûmes lancés sur le vaste Océan, vers nos destinées nouvelles, aux extrémités de la terre.

« Nous avions suivi l'Empereur en très-grand nombre; il ne fut permis qu'à quatre de partager son supplice. En le voyant partir, ceux qui restaient en arrière sanglotaient de douleur; un de ceux qui avaient le bonheur de le suivre ne put s'empêcher de dire à l'amiral Keith, qui se trouvait à côté : « Vous observerez du reste, Milord, « que ce sont ceux qui demeurent qui versent « des pleurs. »

« L'Empereur laissa après lui une protestation courte, simple et énergique ; je la transcris ici en note, parce que les papiers ne l'ont publiée qu'imparfaite *. Pour nous, Monseigneur, nous nous demandions, dans l'amertume de nos cœurs et l'indignation de tels actes : Quel est donc ce guet-apens ? Ne sommes-nous plus parmi les nations civilisées ? Où en est donc le droit des gens, la morale publique ? Nous en appelions à Dieu qui venge les perfidies ; nous le prenions à témoin de la bonne foi trahie. Il me serait difficile de vous rendre la tempête qu'allumait en nous cet abus insultant de la force et du mensonge sur notre innocente crédulité. Encore à présent, de vous en parler, Monseigneur, me fait courir le sang plus vite.

« Nous lisions dans les papiers qu'on nous avait faits prisonniers ; nous qui étions venus si librement et avec tant de magnanimité ! Que nous avions été contraints de nous rendre à discrétion ; nous qui avions dédaigné, par grandeur d'ame, de profiter des hasards de la guerre sur terre, et qui eussions pu tenter le sort des armes par mer ! Et qu'aurait donc eu de pire notre traite-

---

* Voyez cette protestation au tome 1ᵉʳ, page 86.

ment, si nous n'eussions succombé qu'à la force !
Qui osera douter que nous n'eussions épuisé
toutes les chances, couru même volontiers celle
d'une mort certaine, si nous eussions pu soupçonner le sort qui nous était réservé ? Mais la
lettre même de l'Empereur au Prince-Régent
met hors de doute les intentions de la croyance
réciproque. Le capitaine anglais, à qui elle fut
communiquée d'avance, les avait sanctionnées
tacitement en n'y faisant aucune objection. On
nous a dit plus tard, que le traitement de l'Empereur Napoléon n'était pas un acte exclusif de
l'Angleterre, mais une convention des quatre
grands pouvoirs alliés. Vainement les ministres
britanniques croiraient par-là couvrir la tache
dont ils ont flétri leur nation ; car on leur crie :
Ou vous aviez arrêté cette convention avant d'avoir en vos mains l'illustre victime, et vous avez
eu l'indignité de lui tendre un piége pour vous
en saisir ; ou bien vous avez conclu quand elle
était déjà en votre pouvoir, et alors vous avez
commis le crime de sacrifier l'honneur de votre
pays, la sainteté de vos lois à des considérations
étrangères, auxquelles rien ne pouvait vous
contraindre.

« Que de maux ces violations monstrueuses préparent à notre pauvre Europe! Que de passions elles vont rallumer! Qui ne voit dans ces mesures arbitraires et tyranniques, dans ce mépris de toutes les lois, vis-à-vis de l'Empereur Napoléon, une réaction étudiée de doctrines politiques? La tempête était appaisée, on la réveille. On affecte de répéter sans cesse que la révolution s'éteint dans la proscription de Napoléon : aveuglement étrange! On oublie qu'il l'avait finie; on la recommence. Les populations de l'Europe vont fermenter plus que jamais.

« Les instructions des ministres anglais commandaient, pour l'Empereur, le titre de *Général*, et défendaient toute espèce d'égards et de respects inusités. L'Empereur eût pu être fier de ce titre, il l'avait immortalisé; mais la circonstance et l'intention le rendaient un outrage. Nous ne crûmes pas qu'il convînt au ministère anglais de changer à son gré l'ordre des choses de l'Europe; et qu'il pût annuler, selon son caprice, une qualification créée par la volonté d'un grand peuple, consacrée par la religion, sanctionnée par la victoire, reconnue par les traités, avouée de tout le continent; et nous persistâmes, dès cet instant, à continuer le titre d'Empereur à celui qui, peu de jours auparavant, s'était choisi celui de *Colonel*.

« Notre traversée de deux mois fut, du reste, heureuse, uniforme et paisible. Le vaisseau, comme tous les points de la domination britannique, fourmillait de pamphlets et de libelles sur la personne, le caractère, les traits, les formes, les manières et les actes de l'Empereur. Il tombait au milieu de tous les préjugés hérissés contre lui; et ce ne fut pas un spectacle peu curieux pour l'observateur attentif, que de voir les nuages du mensonge se dissiper devant l'éclat de la vérité, et l'horizon prendre tout-à-fait d'autres couleurs. Aucun d'eux ne revenait de son calme, de sa sérénité: ils admiraient sa connaissance de toutes choses, surtout l'égalité de son humeur. Quand nous nous sommes quittés, il a échappé de dire à celui qui avait eu le plus de relations avec lui, qu'il n'avait jamais pu le surprendre mécontent ou désireux.

« L'Empereur passait toute la matinée dans sa petite chambre. Vers les cinq heures, il entrait au salon, où il jouait une partie d'échecs avant de se rendre à table. Durant le dîner, l'Empereur parlait peu et rarement. Vous savez, Monseigneur, qu'il ne restait jamais plus de dix-huit à vingt minutes à table; ici on y demeurait plus de deux heures : c'était un supplice qu'il n'eût pu supporter. On lui servait du café au bout d'une heure, et il se levait pour aller sur le pont. Le Grand-Maréchal et moi le suivions régulièrement. C'était le seul moment où il parût en public. Il faisait approcher l'officier de service ou quelques personnes de profession : le chirurgien, le commissaire ou l'aumônier, et s'informait de ce qui les concernait. Dans les premiers jours, l'équipage montrait une grande curiosité; bientôt ce ne fut plus que de l'intérêt. S'il arrivait quelque manœuvre qui pût procurer du mouvement ou de la confusion sur le pont, les jeunes aspirans accouraient, et par un mouvement touchant, formaient un cercle autour de lui pour le préserver de toute injure. L'Empereur se retirait dans sa chambre de très-bonne heure. Ce fut là sa vie de tous les jours.

« Arrivés à Ste-Hélène, après deux ou trois jours de mouillage nous fûmes débarqués à la nuit dans James-Town, espèce de village, de colonie, ou de hameau composé de quelques maisons, parmi lesquelles la relâche annuelle de la flotte des Indes en a fait construire quelques-unes assez considérables, pour la commodité des voyageurs.

« Le lendemain au matin, l'Empereur, conduit par l'amiral, fut voir, dans l'intérieur de l'île, la demeure qu'on lui destinait. Elle demandait des réparations absolues, qui ne pouvaient être prêtes de quelques jours. L'Empereur devait donc revenir à James-Town, où la chaleur était suffocante, insalubre, sans parler d'autres inconvéniens plus graves encore, surtout celui d'une curiosité importune. Il préféra de s'arrêter à trois ou quatre milles de la ville, et me fit venir le soir même : le peu d'espace de cette nouvelle demeure ne permettait pas d'admettre personne autre. C'était une espèce de guinguette, à cinquante pas de la maison du propriétaire, composée d'une seule pièce, au rez-de-chaussée, de quelques pieds carrés. L'Empereur y fit dresser son lit de campagne, et dans cette seule pièce, il dut dormir, s'habiller, travailler, manger et se promener. Je couchais au-dessus dans une petite mansarde, où mon fils et moi avions à peine notre surface.

Les valets de chambre de l'Empereur couchaient par terre en travers de sa porte. La famille du propriétaire, tout à fait honnête et bonne, était à cinquante pas. Il y avait deux petites demoiselles, de 13 à 14 ans : ce sont elles sur lesquelles les papiers-nouvelles se sont trouvés si heureux de pouvoir s'égayer. L'Empereur y entra quelquefois les premiers jours. Mais les qualités hospitalières du propriétaire y réunissant souvent des curieux, l'Empereur y renonça. Les autres officiers de sa suite, qui étaient demeurés à la ville, venaient auprès de lui le plus souvent qu'ils le pouvaient ; mais à cause des méprises ou de la confusion des consignes, c'était presque toujours au travers des mortifications et des peines. L'Empereur était très-mal, plus mal encore que vous ne l'imaginerez, Monseigneur. On était obligé, les premiers jours, d'apporter son dîner de la ville. Plus tard, on trouva moyen d'organiser une cuisine tant bien que mal. Il ne fut jamais possible de lui procurer un bain, bien que ce fût devenu pour lui un objet de première nécessité. Il était obligé de sortir de sa chambre pour qu'on pût la balayer et faire son lit. Nous nous promenions sur le sol rocailleux autour de la maison, ou dans une allée du voisinage, quand le soleil baissait, ou que le clair de lune nous le rendait praticable.

« Nous passâmes deux mois de la sorte, au bout desquels nous fûmes transportés à Longwood, que nous occupons en cet instant. Il avait fallu tout ce temps pour les premières réparations. La colonie s'y trouva toute réunie, à l'exception du Grand-Maréchal et de sa femme : le manque d'espace les força de demeurer à deux ou trois milles, dans une maison séparée.

« Longwood n'était, dans le principe, qu'une ferme de la compagnie ; elle avait été abandonnée au dernier Sous-Gouverneur, qui était venu à bout d'en faire une demeure de campagne. Les additions actuelles ont été faites avec une telle hâte, qu'elles n'offraient que des réduits fort insalubres, et elles sont si frêles, qu'au bout de l'année, la plupart se trouveront probablement hors de service.

« L'Empereur est très-mal, et nous à peu près au bivouac. Pour votre parfaite connaissance, Monseigneur, je joins ici le plan de l'établissement, que mon fils avait tracé pour sa mère *.

---

* Voyez ce plan au tome 2.

N'ajoutez donc aucune foi au fameux palais de bois dont ont retenti tous les papiers d'Angleterre. La pompe est pour l'Europe, la misère pour Sainte-Hélène. Il est bien vrai qu'il y a quelque temps, il est arrivé un grand nombre de madriers bruts; mais comme il a été calculé qu'il faudrait de 7 à 8 ans pour accomplir leur emploi, que nous demeurerions tout ce temps au milieu des ouvriers, et que cela coûterait des sommes énormes, on y a renoncé. Ils pourrissent sur la plage.

« Ce n'est pas qu'il n'y ait dans l'île des demeures préférables à Longwood : *Plantation-House* surtout, la demeure des Gouverneurs, est une bâtisse européenne, avec un joli jardin, de l'ombrage, et tous les agrémens qu'on peut attendre ici. L'Empereur y eût été beaucoup plus convenablement, et l'on eût épargné de grandes dépenses. Mais le déplacement d'un Gouverneur pour l'illustre proscrit, eût été une mesure d'égards que les ministres anglais, nous a-t-on dit, se sont empressés d'interdire. Les dehors de Longwood sont vraiment misérables; on ne saurait y rien faire venir, ou du moins cela demanderait des soins fort au-dessus de ceux dont nous sommes capables. Pour dire tout en un seul mot, c'est la partie déserte de l'île ; la nature en a repoussé constamment jusqu'ici la population et la culture ; l'eau y est très-rare ; il n'y a point d'ombre ; on n'y trouve que des bruyères marines, quelques arbrisseaux, et les gommiers, espèce d'arbre bâtard et difforme, ne donnant ni feuilles, ni ombrage. On y est littéralement infesté de rats et de souris.

« Toutefois le voyageur qui vient de traverser les mers, dont l'œil, fatigué de la monotonie des vagues, est tout prêt à admirer le premier sol qu'il rencontre, s'il grimpe, par un beau jour, sur notre plateau, dans l'étonnement des affreux rochers qui pointent autour de lui, et des abîmes creusés à ses pieds, à l'aspect riant de la verdure sauvage qui dessine les gorges environnantes, il s'écrie que c'est fort beau. C'est souvent un de nos supplices. Mais, Monseigneur, pour celui qui est condamné à cette habitude, c'est un vrai lieu de désolation. Il en est de même du climat, que ceux qui ne font que passer peuvent trouver doux et innocent. Sous le soleil dévorant du tropique, cette île est, la plupart du temps, couverte de nuages, et Longwood sujet à de fréquentes pluies; d'où il suit que si le soleil paraît, on est brûlé, et que quand il se cache, l'on demeure dans une affreuse et constante humidité. On a donc à souffrir presque tout à la fois du froid et du chaud, contraste destructeur qui produit des ravages effrayans sur la structure humaine. La saison, toujours régulière, laisse l'année sans couleur; c'est une monotonie qui affecte l'imagination, l'esprit et le corps; il serait difficile de rendre la fadeur et l'ennui qu'elle engendre : c'est une peine de tous les jours, de tous les instans. C'est ce tourment physique qui, joint à toutes les peines morales dont on abreuve journellement l'Empereur, lui a fait dire, en apprenant le sort funeste de Murat: « Les Calabrois se sont montrés moins barbares, « plus généreux que les gens de Plymouth ! »

« En arrivant à Longwood, l'Empereur essaya de reprendre l'exercice du cheval : la prodigieuse activité de sa vie passée lui en rendait l'interruption dangereuse; et vous savez peut-être, Monseigneur, que Corvisard le lui recommandait, comme nécessaire contre une incommodité dont il est menacé. On nous avait assigné des limites assez rétrécies, que nous pouvions parcourir sans aucune surveillance étrangère. On connaît les prodigieuses et rapides courses auxquelles l'Empereur était habitué. Ici, le peu d'espace, la monotonie de l'endroit, la course toujours la même, qui réduisait cet exercice à une espèce de manége, le dégoûtèrent bientôt; il y renonça tout à fait, nos sollicitations et nos prières n'ont jamais pu venir à bout de le lui faire reprendre. « Je « ne saurais tourner ainsi sur moi-même, di- « sait-il; quand j'ai un cheval entre les jambes, « l'envie me prend de courir, et je ne puis la « satisfaire: c'est un tourment que je dois m'é- « pargner. » L'île a 25 ou 30 milles de tour; l'Empereur eût pu la parcourir sous la surveillance d'un officier anglais: il n'a jamais pu s'y soumettre. La couleur de l'habit ou la différence de nation n'est pas son objection; car quand on a reçu le baptême du feu, dit-il, on est à ses yeux d'une même religion. Mais il ne voudrait sortir que pour se procurer une jouissance; c'est le moment où il pourrait s'épancher avec nous : un étranger le lui interdirait. Il voudrait se distraire de sa situation, et la présence de son geolier la lui rappellerait sans cesse. Tout se calcule dans la vie, dit-il, tout se pèse; or, le bien qu'en retirerait son corps demeurerait fort au-dessous du mal qu'éprouverait son esprit. Un instant, l'Amiral Cockburn se prêta avec assez de grâce à lui faciliter ces excursions extérieures; mais ce ne fut que l'arrangement d'un jour. Dès le lendemain, soit qu'il se repentît ou autrement, il fut prétendu qu'on ne s'était pas compris, et il n'en fut plus question.

« La grande occupation de l'Empereur est de lire dans sa chambre, ou de dicter à chacun de nous sur les principales époques de sa vie. Ste-Hélène ne sera pas tout à fait perdue pour l'histoire ni pour la gloire française; les campagnes d'Italie et l'expédition d'Égypte sont déjà assurées : ce sont des ouvrages dignes de leur sujet : il n'appartenait qu'à celui qui avait accompli ces prodiges de les décrire dignement.

« L'Empereur a appris l'anglais, Monseigneur, et j'ai la gloire de l'enseignement. En moins de 30 leçons, il a pu lire les papiers-nouvelles; aujourd'hui il parcourt tous les ouvrages.

« Tout ce qui concerne la vie animale se trouve

ici de la plus mauvaise qualité, ou manque même tout à fait. C'est mauvais : d'abord parce qu'à cette latitude et dans cette colonie, sa nature est telle; ensuite parce que nous sommes pourvus à l'entreprise, par contrat, sans aucune autorité ni contrôle de notre part. Nous n'avons jamais pu obtenir qu'on nous fournît les animaux vivans, on en devine la cause; non plus que d'être pourvus autrement qu'au jour la journée; si bien qu'il est arrivé plus d'une fois de voir les heures de nos repas retardées, parce que les provisions n'étaient pas encore venues, et qu'on s'est trouvé quelquefois, dans le courant du jour, privé de boire et de manger, parce qu'on se trouvait précisément entre la ration consommée et la ration à venir. La viande est détestable; le pain n'est pas le nôtre; le vin fort souvent ne saurait se boire; l'huile, sur laquelle l'Empereur est délicat, et qu'il aime, ne peut s'employer dans son état naturel; il a été impossible de se procurer de la liqueur passable, et elle eût fait plaisir, etc. L'Empereur, qui a été si long-temps gâté sur tous ces objets, à un tel point qu'on ne saurait le dire et qu'il l'ignorait lui-même; lui, pour qui ces jouissances ne sont que négatives, c'est-à-dire qu'il ne s'apercevrait pas si toutes ces choses étaient bonnes, est sensible néanmoins à ce qu'elles se trouvent si mauvaises. Il ne se plaint pas; il vivrait de la ration du soldat; mais enfin il en souffre, et nous encore en souffrons pour lui bien davantage. Croirait-on jamais que l'autorité se soit opposée à ce que notre sollicitude attentive cherchât à lui procurer, à son insu, ces petites jouissances!

« L'Empereur n'a aucune distraction extérieure. Il ne reçoit plus ou à peu près : le nouveau Gouverneur a mis aux visites de telles difficultés, qu'elles équivalent à une interdiction. L'Empereur lui-même y a trouvé des inconvéniens qui l'en ont éloigné : les voyageurs venaient employer auprès de nous les plus ardentes sollicitations pour obtenir l'honneur de lui être nommés, et rien de plus commun que de lire, cinq mois après, dans les papiers anglais, les rapports les plus déplacés sous les noms même de ceux qui nous avaient montré les expressions les plus vives, les formes les plus obséquieuses, la reconnaissance la plus exaltée. Une fois pour toutes, Monseigneur, ne croyez aucun de ces papiers, ni aucune de leurs plates absurdités. Quand ces anecdotes nous reviennent ici, elles sont la risée, l'indignation des Anglais qui nous entourent.

« Ils se plaignent que leurs lettres sont défigurées ; ils nous démontrent qu'aucun d'eux n'aurait pu écrire ces choses, qu'elles ont dû être fabriquées à Londres, ou recueillies de la bouche des domestiques des voyageurs qui passent. Monseigneur, l'Empereur, votre auguste frère, est toujours lui ; et nous, qui avons le bonheur de l'entourer, nous apprenons par expérience ce dont on doutait proverbialement : qu'un grand homme peut le demeurer, et croître encore aux yeux de ceux qui le voient à nu, et ne le quittent ni nuit ni jour.

« L'Empereur dort fort peu : il se couche de bonne heure ; et comme il sait que je dors aussi très-difficilement, il me fait appeler souvent pour lui tenir compagnie, jusqu'à ce qu'il s'endorme. Il se réveille assez régulièrement sur les trois heures ; on lui donne de la lumière, et il travaille jusqu'à six ou sept, qu'il se recouche pour essayer de dormir encore. A neuf heures on lui sert son déjeûner sur une petite table ronde ou espèce de guéridon près de son canapé. Il y fait appeler parfois l'un de nous; puis il lit, travaille ou sommeille durant la grande chaleur du jour; il nous dicte ensuite. Pendant long-temps il a eu l'habitude, vers les quatre heures, de faire une course en calèche, entouré de nous tous; mais il vient de s'en dégoûter comme du cheval. Au lieu de cela, il se promène jusqu'à ce que l'humidité le force de rentrer. S'il lui arrive de s'oublier au-delà de cinq heures, il est sûr d'être enrhumé du cerveau le soir, d'avoir une toux assez forte et de violens maux de dents. L'Empereur rentré, dicte encore jusque vers huit heures, où il passe au salon, et fait une partie d'échecs avant d'aller à table. Au dessert, les gens retirés, il nous lit lui-même quelques pièces de nos grands poëtes, ou quelqu'autre ouvrage choisi.

« Tels sont les plus petits détails de la vie de l'Empereur : heureux si, dans l'isolement de l'univers, il lui était permis de jouir en paix, au milieu de nos soins pieux et tendres et dans l'entier oubli du monde, de quelques heures dérobées à ses peines ! Mais depuis l'arrivée du nouveau gouverneur, il n'est pas de jour, d'heure, d'instant où il ne reçoive quelque nouvelle blessure : on dirait un aiguillon sans cesse occupé à réveiller les plaies dont un instant de sommeil aurait pu suspendre les douleurs.

« À notre arrivée dans la colonie, nous étions très-mal ; mais nous tombions de si haut, qu'eussions-nous été très-bien, nous n'aurions su encore que nous plaindre. Les Anglais généreux qui se trouvaient autour de nous, ceux qui passaient, jugeant la vérité de notre position, nous répétaient sans cesse, soit qu'ils voulussent nous consoler, soit qu'ils le prissent dans leur cœur : « Votre situation actuelle n'est que pro« visoire; elle ne saurait durer de la sorte. La « politique, à ce qu'on a cru, demandait à s'as-« surer de vos personnes; mais le droit naturel, « la générosité, l'honneur veulent qu'on vous « entoure de toutes les indulgences possibles. « La partie pénible est accomplie. Des vaisseaux « cernent la côte, des soldats bordent le rivage, « des signaux peuvent vous tracer à chaque ins-« tant dans l'intérieur de l'île. Toutes les pré-« cautions de sûreté sont complètes. A présent « les mesures de douceur vont se développer. « On vous envoie un lieutenant-général pour

« gouverneur. Il a passé sa vie sur le continent,
« au quartier-général, ou à la cour des souve-
« rains : il y aura appris tout ce qu'on doit à
« Napoléon. Ce choix doit vous dire assez : on
« aura voulu un homme distingué, digne de
« sa haute mission, d'une élévation d'ame,
« d'une noblesse et d'une élégance de manières
« propres à la délicatesse de sa situation. En-
« core un peu de patience, et tout s'arrangera
« bientôt au mieux possible.... » Il arriva enfin,
ce nouveau messie..... Mais bon Dieu, Monseigneur! Le mot échappe : on n'avait envoyé
qu'un gendarme, qu'un exécuteur. A sa voix
tout a pris l'aspect et les formes les plus sinistres. Les apparences d'égards, les formalités de
bienséance ont disparu. Chaque jour depuis a
été pour nous un jour d'aggravation de douleur
et d'injure. Il a resserré nos limites, attenté à
notre intérieur, interféré dans nos plus petits
détails domestiques; il a interdit tout rapport
avec les habitans, éloigné la communication des
officiers de sa propre nation; il nous a entourés
de fossés, ordonné des palissades, multiplié les
soldats, encerclé des prisons dans des prisons;
il nous a environnés de terreur et mis au secret.

L'Empereur ne se voit plus que dans un donjon. Il ne sort plus de sa chambre. Le peu d'audiences qu'il a accordées à cet officier ont été désagréables et pénibles. Il y a mis un terme, et est résolu de ne plus recevoir ce Gouverneur. « J'avais à me plaindre de l'amiral, a-t-il dit : « mais du moins il avait un cœur ; pour celui-« ci, il n'a rien d'anglais, ce n'est qu'un mau-« vais sbire de Sicile. »

«Sir Hudson Lowe se rejette de tous ces griefs, il est vrai, sur les instructions de ses ministres. Si sir Hudson Lowe est exact, ses instructions sont barbares. Pour nous, nous pouvons affirmer qu'il les exécute barbarement.

« L'Empereur ne saurait survivre long-temps à de pareils traitemens. Toute la faculté le pense ainsi. Et que ne dira pas l'histoire ! Sir Hudson Lowe ne disconvient pas que sa vie ne soit en danger ; mais il répond froidement que ce sera sa faute, que c'est lui qui l'aura voulu. La dernière conversation de l'Empereur avec lui a été vive et remarquable. Ayant prétexté des communications importantes, l'Empereur s'en est laissé accoster dans sa promenade. C'était pour lui dire que les dépenses annuelles

de l'établissement étant de 20,000 liv. sterl., et le gouvernement n'en accordant que 8,000, il voulût bien lui remettre entre les mains les 12,000 qui restaient de déficit. L'Empereur, choqué, l'a prié de vouloir bien lui épargner ces objets; et comme sir Hudson Lowe s'obstinait à vouloir les discuter, l'Empereur s'est emporté, et lui a dit : « De le délivrer de ces igno-
« bles détails, et de le laisser tranquille; qu'il
« ne lui demandait rien; que quand il aurait
« faim, il irait s'asseoir à la gamelle de ces
« braves (en montrant de la main le camp du
« 53ᵉ), lesquels ne repousseraient sûrement
« pas le plus vieux soldat de l'Europe. »
Il en est résulté néanmoins que l'Empereur a été réduit à faire briser et vendre son argenterie pour fournir, mois à mois, à compléter le strict nécessaire; et vous auriez été touché, Monseigneur, de la douleur et des larmes des gens, à ce spectacle si éloigné de leurs idées.

« Vous, Monseigneur, qui connaissez l'abondance à laquelle l'Empereur était accoutumé, vous vous récrierez sans doute; mais vous savez aussi le véritable prix qu'il attachait à toutes ces choses. Il s'indigne, et ne se plaint pas.

Toutefois, s'être saisi par la fraude de ce grand homme; l'avoir séquestré violemment de ses moyens et de ses ressources; avoir soigneusement stipulé, avec les autres intéressés, qu'on prenait sur soi toutes les charges, afin de demeurer seul maître de sa personne; et puis venir marchander avec lui sa propre existence, l'appeler en paiement de ses propres besoins : il y a dans tout cet ensemble quelque chose de si choquant, qu'on manque d'expression pour le qualifier.

« Tout est ici, du reste, d'un prix fou, bien que si mauvais. Je ne crois pas trop dire que de le porter à six ou sept fois ce que vous payez en Italie. D'où il devient facile d'évaluer les 8,000 liv. sterl. que les ministres anglais y consacrent. Aussi je n'hésite pas à affirmer que nos propriétaires de province, de quinze à dix-huit cents francs de rente, sont mieux logés, mieux meublés, mieux nourris que ne l'est l'Empereur.

« Avec la connaissance de nos maux, vous soupçonnerez peut-être, Monseigneur, qu'aigris par la douleur et les circonstances, nous sommes portés à nous plaindre toujours et de tout. Certes, nous serions excusables, peut-être. Toutefois l'excès de nos maux ne nous a pas rendus assez injustes pour ne pas apercevoir et prendre de la reconnaissance pour l'intérêt et les attentions que nous ont témoignés quelques habitans et un bon nombre des officiers de la garnison. Nous avons distingué surtout la franchise des manières et la droiture de l'amiral Malcolm. Notre susceptibilité dans le malheur, et la délicatesse de sa situation officielle, nous ont seuls empêché de lui témoigner, ainsi qu'à lady Malcolm, dont nous honorons le caractère, toute la sympathie qu'ils nous inspiraient. Cet amiral ayant recueilli dans la conversation de l'un de nous que nous étions sans ombrage, et que nous nous occupions de procurer à l'Empereur une tente où il pût passer quelques instans, il arriva qu'à quelques jours de là l'Empereur put déjeûner sous une tente spacieuse, soudainement élevée par les matelots et avec les voiles de la frégate. C'était une galanterie européenne à laquelle nous n'étions plus faits; nous avons dû y être sensibles. L'Empereur a joui et jouit encore de cette tente; mais non sans mélange. Combien de fois, à l'approche d'un ennemi importun, il y a interrompu sa conversation et ses dictées, en s'écriant : « Rentrons dans nos tanières ; on m'envie l'air que je respire. »

« Tout, jusqu'au plus petit détail, trahit le caractère et les dispositions personnelles de notre gardien. Il nous permet le papier-nouvelle qui nous maltraite davantage, et nous interdira celui qui s'exprime avec moins d'inimitié. Il retiendra les ouvrages qui nous seront favorables, comme n'étant pas venus par le canal des ministres, et s'empresse de nous envoyer de sa bibliothèque des libelles contre nous.

« Mais c'est surtout à ce que *sa propre et seule vérité* parvienne en Europe, que sir Hudson Lowe donne sa plus grande attention. Toutes ses inquiétudes et sa jalousie sont tournées à ce que rien *de la nôtre* ne puisse percer au dehors. Il éloigne de nous les voyageurs ; il nous fait un crime de propager nos détails, de chercher à les faire connaître. Il m'a fait dire dernièrement que si je continuais à écrire à mes amis en Europe sur mon ton habituel, il m'ôterait d'auprès de l'Empereur, et me renverrait de Sainte-Hélène.

J'écrivais la vérité, je ne pouvais écrire que nous étions heureux et bien traités. Sir Hudson Lowe se défierait-il de ses ministres, qui lisent mes lettres après lui? Car autrement ils peuvent, au besoin, les supprimer à leur gré, après s'en être éclairés, s'ils en ont le désir. Quoi qu'il en soit, je ne me le suis pas fait dire deux fois : je n'écrirai plus à ma famille; me voilà mort pour elle. Cette présente relation même, Monseigneur, vous était destinée par les propres mains du Gouverneur: je suis réduit à attendre désormais une occasion clandestine. Vous y gagnerez; car vraisemblablement mon écrit ne vous fût pas parvenu. Quant à cette occasion clandestine, elle se trouvera sans doute tôt ou tard; quelque voyageur généreux, ami de la vérité, se chargera de ce papier étranger aux affaires politiques, mais important à l'honneur de son pays; et il croira n'avoir rempli que le devoir d'un honnête homme et d'un bon citoyen.

« Sir H. Lowe outre sans cesse tout ce qui nous regarde, et tord tout ce qui nous concerne. On a voulu s'assurer de nos personnes; il pense qu'il faut nous mettre au cachot. On a voulu nous isoler du monde politique; il se croit tenu de nous enterrer tout vivans. On a pensé à surveiller notre correspondance contre toute trame ou complot; il n'y voit que de nous faire oublier tout à fait et d'annihiler notre existence. Si telles sont ses instructions secrètes, les ministres s'éloignent de leur propre parole au parlement; ils s'éloignent de l'opinion de leur pays, des vœux de tout ce qu'il y a de généreux en Europe, quelle que soit d'ailleurs la différence d'opinions. Ils chargent leur administration d'un odieux inutile; la vérité sera connue, et l'on s'indignera, se demandant qu'ont à faire de pareils traitemens avec la sûreté du prisonnier? D'un autre côté, si tout cela n'était qu'un excès de zèle dans sir Hudson Lowe, cet excès de zèle condamne son cœur, avilit son caractère, déshonore sa mémoire.

« Quoi qu'il en soit, nous gémissons ici, en dépit du sens et des expressions de la législature anglaise, sous la tyrannie et l'arbitraire d'un seul homme; d'un homme qui, depuis 20 ans, n'a eu d'autre occupation que d'enrégimenter et régir les malfaiteurs et transfuges de l'Italie; d'un homme qui ne reconnaît point de limites à ses craintes ni à ses précautions, tant son cœur est endurci et son imagination effrayée. Cette affreuse situation est la funeste conséquence de nous trouver ainsi, au bout de la terre, dans les déserts de l'Océan. Combien de temps encore doit durer notre supplice ? Quand la vérité se frayera-t-elle un passage jusqu'au peuple d'Angleterre ? Quand son indignation viendra-t-elle à bout de redresser des excès qui le flétrissent ? Devons-nous périr sans secours sur notre affreux rocher ? Nous causons de grandes dépenses à la métropole, et nous ruinons cette misérable colonie. Elle maudit notre séjour, comme nous maudissons son existence. Et puis, à quoi bon tout cela ? L'Empereur disait assez gaîment, il y a peu de jours : « Bientôt nous ne « vaudrons pas l'argent que nous coûtons, ni « les soins que l'on se donne. » Et pourquoi les ministres ne nous rappelleraient-ils pas ? Notre retour prouverait leur force, et fixerait leur caractère. On pourrait croire, alors, que notre exil passager aurait été la nécessité de la politique, et non l'ouvrage de la haine. Ils obtiendraient une grande économie, et se créeraient une véritable gloire. L'Empereur en est encore et demeure à jamais dans les mêmes intentions et les mêmes vœux que lorsqu'il vint librement et de bonne foi à bord du *Bellérophon*. Sa carrière politique est terminée. Le repos, sous la protection de lois positives, est tout ce qu'il demande, tout ce qu'il veut. Le dépérissement de sa santé, les infirmités naissantes, le nombre de ses années, le dégoût des choses humaines, peut-être celui des hommes, le lui rendent plus désirable, plus nécessaire que jamais.

« Quant à nous qui sommes autour de lui, quelqu'inique que demeurât notre captivité, il n'est plus aujourd'hui de cachot sur le sol de l'Angleterre qui ne fût un bienfait pour nous. Nous serions sous la main d'un pouvoir protecteur, nous échapperions à l'arbitraire d'un agent subalterne, nous respirerions l'atmosphère européen; et si nous venions à succomber, nos ossemens reposeraient en terre chrétienne.

« Il y a quelques mois que les commissaires des pouvoirs alliés sont débarqués dans la colonie. Sir H. Lowe leur a signifié que leur mission y était purement passive; qu'ils n'avaient ni autorité ni *interférence* sur ce qui s'y passait à notre égard. Après quoi, il a envoyé à Longwood le traité du 2 août, et requis l'admission de ces commissaires. L'Empereur les a refusés dans leur capacité politique; mais n'a montré aucune objection à les voir comme simples individus. Il a fait faire à sir H. Lowe, par M. de Montholon, une réponse officielle, foudroyante de logique et sublime de pensées. J'espère qu'avec le temps elle vous parviendra en dépit de tous les efforts de sir H. Lowe pour la tenir secrète. Il serait difficile de vous peindre son inquiétude à cet égard ; elle m'a déjà valu des reproches personnels.

« Monseigneur, l'Empereur parle bien souvent de vous tous. Il a des portraits de la plupart, autour de lui, dans sa chambre. Son petit réduit est devenu un sanctuaire de famille. Il a reçu votre lettre, celle de Madame, du cardinal Fesch et de la princesse Pauline. Il lui en a coûté beaucoup d'imaginer que vos expressions de tendresse avaient parcouru l'inspection de toute la filière des agens qui nous surveillent. Il désire qu'on ne lui écrive plus à ce prix. Il a voulu, de son côté, écrire aux siens par l'intermédiaire du Prince Régent; mais on lui a dit ici qu'on n'expédierait pas sa lettre, si elle n'était ouverte, ou qu'on en briserait le sceau. Il s'est abstenu; et nous, nous avons souri de voir que l'outrage qu'on prétendait lui faire, se perdait dans celui dont on menaçait le Prince Régent.

« Pour nous, Monseigneur, qui sommes autour de l'Empereur, je vous ai beaucoup parlé de nos peines; mais nous n'en connaissons plus à côté du bonheur de pouvoir lui témoigner notre dévouement. Nous ne souffrons qu'en lui. Nos privations, nos tourmens personnels deviennent et sont pour nous les mérites et la joie des martyrs. Nous vivons à jamais dans les cœurs généreux. Des milliers envient notre situation sans doute! Nous en sommes fiers, elle nous rend heureux.

« Daignez agréer l'hommage, etc., etc.
« *Signé*: le comte de LAS CASES. »

Lundi 16.

Mes vives anxiétés. — Lettre de l'Empereur, vrai bonheur.

Plus de vingt jours s'étaient écoulés, et rien n'annonçait encore aucun changement à notre affreuse situation. La santé de mon fils continuait à présenter les symptômes les plus alarmans. La mienne dépérissait visiblement par mes peines et mes anxiétés. Notre réclusion était si sévère, que nous n'avions point encore appris un seul mot de Longwood; j'ignorais tout à fait comment y avait été interprétée ma malheureuse affaire, j'avais appris seulement que l'Empereur n'était pas sorti de sa chambre durant ces 15 ou 18 jours, qu'il y avait presque toujours mangé seul. Tout ce que ces circonstances durent me faire éprouver! Évidemment l'Empereur avait été affecté, mais dans quel sens? Ce doute, le dirai-je, était en moi un véritable tourment qui me rongeait dans tous les instans, depuis que j'avais quitté Longwood; car l'Empereur ignorait tout à fait la cause qui avait amené mon enlèvement : la fatalité l'avait fait ainsi. Qu'aurait-il pensé en entendant parler de mes lettres clandestines? Quelles auraient été ses opinions, quel motif assignerait-il à ma dissimulation vis-à-vis de lui, moi qui d'habitude n'aurais pas fait un pas, ni hasardé une parole sans lui en faire part? Je rapprochais ces torts, que je m'exagérais encore, de la bonté touchante de ses derniers momens. Quelques minutes avant d'en être arraché, il était avec

moi plus gai, semblait mieux disposé encore que de coutume, et quelques instans plus tard il avait pu être amené à trouver quelque chose d'inexplicable dans ma conduite. Il s'était élevé peut-être en lui l'apparence ou le droit du reproche et des doutes. Cette idée m'affligeait plus que je ne pourrais le rendre, elle prenait visiblement sur ma santé. Heureusement le Gouverneur vint lui-même me rendre à la vie. Il s'est présenté aujourd'hui vers la fin du jour. Il paraissait fort préoccupé de ce qu'il avait à me dire, et après un long préambule, auquel il m'était difficile de rien deviner, il a fini par m'apprendre qu'il avait dans ses mains une lettre que ma situation lui donnait le droit de me soustraire; mais qu'il savait combien la main qui l'avait écrite m'était chère, quel prix j'attachais aux sentimens qu'elle m'exprimait; qu'il allait donc me la montrer, malgré toutes les raisons personnelles qu'il aurait de ne pas le faire. C'était une lettre de l'Empereur. Mes larmes coulèrent, elle était si touchante!......
Eussé-je souffert pour lui mille morts, j'étais payé!

Quelque mal que nous ait fait sir Hudson

Lowe, et quels qu'aient été ses motifs en cet instant, je lui dois une véritable reconnaissance pour le bonheur qu'il me donna; et quand je m'y arrête, je suis tenté de me reprocher bien des détails, certaines imputations; mais je le devais à la vérité et à de hautes considérations. Je me montrais si ému, qu'il sembla y devenir sensible; et lui ayant demandé de me laisser prendre copie de ce qui m'était strictement personnel, il y consentit. Mon fils le transcrivit à la hâte, tant nous redoutions qu'il ne se ravisât; et quand il fut parti, nous le recopiâmes de plusieurs manières et en plusieurs endroits; nous l'apprîmes par cœur, tant nous craignions que les réflexions de la nuit ne portassent sir H. Lowe à se repentir. En effet, quand il reparut le lendemain, il m'exprima des regrets à cet égard, et je ne balançai pas à lui offrir de rendre la copie, l'assurant que ma reconnaissance n'en serait pas diminuée : nous nous étions ménagé les moyens d'être facilement généreux. Soit qu'il le jugeât ainsi, soit continuation de procédés de sa part, il n'en fit rien. Voici cette lettre dont l'original fut retenu par lui, auquel il me promit sur sa parole de faire suivre les mêmes destinées que le reste de mes papiers, et que néanmoins j'ai eu toutes les peines du monde à obtenir lorsque le Gouvernement anglais, après la mort de Napoléon, n'a pas cru pouvoir se dispenser de me restituer mon Journal. Je vais transcrire ici les seules portions de la lettre que sir Hudson Lowe me permit de copier alors, et telles qu'elles ont été rendues publiques à mon arrivée en Europe; ce qu'il retint est mis en note au bas des pages : leur ensemble reproduira tout l'original.

« Mon cher comte de Las Cases, mon cœur
« sent vivement ce que vous éprouvez; arra-
« ché, il y a 15 jours, d'auprès de moi, vous
« êtes enfermé, depuis cette époque, au secret,
« sans que j'aie pu recevoir ni vous donner
« aucunes nouvelles; sans que vous ayiez com-
« muniqué avec qui que ce soit, Français, ou
« Anglais; privé même d'un domestique de
« votre choix.

« Votre conduite à Sainte-Hélène a été,
« comme votre vie, honorable et sans reproche:
« j'aime à vous le dire.

« Votre lettre à une de vos amies de Londres

« n'a rien de répréhensible, vous y épanchez
« votre cœur dans le sein de l'amitié.

(Manquait ici une moitié de la lettre.*)

« Votre société m'était nécessaire. Seul, vous

---

* « Cette lettre est pareille à huit ou dix autres que
« vous avez écrites à la même personne, et que vous
« avez envoyées décachetées. Le commandant de ce
« pays ayant eu l'indélicatesse d'épier les expressions
« que vous confiiez à l'amitié, vous en a fait des repro-
« ches dernièrement ; vous a menacé de vous renvoyer
« de l'île, si vos lettres contenaient davantage des
« plaintes contre lui. Il a par là violé le premier devoir
« de sa place, le premier article de ses instructions
« et le premier sentiment de l'honneur ; il vous a ainsi
« autorisé à chercher les moyens de faire arriver vos
« épanchemens dans le sein de vos amis, et de leur
« faire connaître la conduite coupable de ce comman-
« dant. Mais vous avez été bien simple, votre confiance
« a été bien facile à surprendre !!!

« On attendait un prétexte de se saisir de vos papiers ;
« mais votre lettre à votre amie de Londres n'a pu
« autoriser une descente de police chez vous, puis-
« qu'elle ne contient aucune trame ni aucun mystère,
« qu'elle n'est que l'expression d'un cœur noble et
« franc. La conduite illégale, précipitée qu'on a tenue
« à cette occasion porte le cachet d'une haine person-
« nelle bien basse.

« Dans les pays les moins civilisés, les exilés, les
« prisonniers, même les criminels sont sous la protec-
« tion des lois et des magistrats ; ceux qui sont préposés
« à leur garde ont des chefs, dans l'ordre administratif

« lisez, vous parlez et entendez l'anglais. Com-
« et judiciaire, qui les surveillent. Sur ce rocher, l'homme
« qui fait les réglemens les plus absurdes, les exécute
« avec violence, et transgresse toutes les lois : personne
« ne contient les écarts de ses passions.

« Le Prince Régent ne pourra jamais être instruit de
« la conduite que l'on tient en son nom : on s'est refusé
« à lui faire passer mes lettres, on a renvoyé, avec
« emportement, les plaintes qu'adressait le comte Mon-
« tholon ; et depuis on a fait connaître au comte Ber-
« trand qu'on ne recevrait aucunes lettres, si elles
« étaient libellées comme elles l'avaient été jusqu'à cette
« heure.

« On environne Longwood d'un mystère qu'on vou-
« drait rendre impénétrable, pour cacher une conduite
« criminelle, et qui laisse soupçonner de plus crimi-
« nelles intentions ! ! !

« Par des bruits répandus avec astuce, on voudrait
« donner le change aux officiers, aux voyageurs, aux
« habitans, et même aux agens que l'on dit que l'Au-
« triche et la Russie entretiennent en ce pays. Sans
« doute que l'on trompe de même le gouvernement an-
« glais par des récits adroits et mensongers.

« On a saisi vos papiers, parmi lesquels on savait
« qu'il y en avait qui m'appartenaient, sans aucune
« formalité, à côté de ma chambre, avec un éclat et
« une joie féroce. J'en fus prévenu peu de momens
« après ; je mis la tête à la fenêtre et je vis qu'on vous
« enlevait. Un nombreux état-major caracolait autour
« de la maison ; il me parut voir des habitans de la mer
« du Sud danser autour du prisonnier qu'ils allaient
« dévorer.

« bien vous avez passé de nuits pendant mes
« maladies! Cependant, je vous engage, et au
« besoin vous ordonne de requérir le comman-
« dant de ce pays de vous renvoyer sur le conti-
« nent : il ne peut point s'y refuser, puisqu'il
« n'a action sur vous que par l'acte volontaire
« que vous avez signé. Ce sera pour moi une
« grande consolation que de vous savoir en
« chemin pour de plus fortunés pays.

« Arrivé en Europe, soit que vous alliez en
« Angleterre ou que vous retourniez dans la
« patrie, oubliez le souvenir des maux qu'on
« vous a faits souffrir; vantez-vous de la fidé-
« lité que vous m'avez montrée, et de toute
« l'affection que je vous porte.

« Si vous voyez un jour ma femme et mon
« fils, embrassez-les; depuis deux ans je n'en ai
« aucunes nouvelles ni directes ni indirectes.

(Manquait ici trois ou quatre lignes. *)

« Toutefois consolez-vous et consolez mes

---

* « Il y a dans ce pays, depuis six mois, un botaniste
« allemand qui les a vus dans le jardin de Schœnbrun,
« quelques mois avant son départ. Les barbares ont
« empêché soigneusement qu'il ne vînt me donner de
« leurs nouvelles! »

« amis. Mon corps se trouve, il est vrai, au
« pouvoir de la haine de mes ennemis : ils n'ou-
« blient rien de ce qui peut assouvir leur ven-
« geance: ils me tuent à coups d'épingle ; mais
« la Providence est trop juste pour qu'elle
« permette que cela se prolonge long-temps
« encore. L'insalubrité de ce climat dévorant,
« le manque de tout ce qui entretient la vie,
« mettront, je le sens, un terme prompt à cette
« existence,

(Manquait ici quatre ou cinq lignes *.)

« Comme tout porte à penser qu'on ne vous
« permettra pas de venir me voir avant votre
« départ, recevez mes embrassemens, l'assu-
« rance de mon estime et mon amitié; soyez
« heureux ! »

Votre dévoué : NAPOLÉON.

Longwood, le 11 décembre 1816.

---

* « dont les derniers momens seront un acte d'op-
« probre pour le caractère anglais; et l'Europe signa-
« lera un jour, avec horreur, cet homme astucieux et
« méchant : les vrais Anglais le désavoueront pour
« Breton. »

FIN DU TOME SEPTIÈME.

TABLE RAISONNÉE
DES MATIÈRES
CONTENUES DANS LE SEPTIÈME VOLUME.

N. B. Les chiffres sont les numéros des pages. Ce signe (-) indique que les sujets se suivent; et ce signe (—) que le sujet qui suit est différent de celui qui précède.

ALEXANDRE (*le Grand*). Paroles de Napoléon.— Avait débuté avec l'ame de Trajan, finit avec le cœur de Néron et les mœurs d'Héliogabale, 236.

ANGLAIS. Anecdotes sur leurs prisonniers en France, 104. Bienveillance de l'Empereur envers eux, 106. Révolution dans leurs mœurs publiques.- Ont pris aujourd'hui l'amour des places, 137. Conduite de leurs ministres au traité d'Amiens.-Offrent au Premier Consul de le faire roi de France, 165. Opinions et paroles de l'Empereur sur le ministère actuel, 260.

ANNIBAL. Selon Napoléon, le plus étonnant capitaine de l'antiquité. - Détails, 237.

ANVERS. Intentions de l'Empereur.-Voulait en faire, par mer, un point d'attaque mortel à l'ennemi; par terre, une ressource certaine en cas de grands désastres; un vrai point de salut national, 63. Voulait qu'Anvers eût été à lui seul une province, 64. Sa cession, un des motifs du refus de signer la paix de Châtillon, 65. Expédition des Anglais, 70. Travaux exécutés et projetés, 78.

AUDITEURS AU CONSEIL D'ÉTAT. L'Empereur les élevait pour nationaliser toutes nos institutions modernes, et présenter des matériaux tout dressés au gouvernement de son fils. — Eussent, un beau jour, relevé simultanément tous les postes de l'empire, 139.

B....... (*lord*). Opinion de l'Empereur.- Ses paroles plus que sévères à son égard, 262. Par le bras qu'il dirige, on peut supposer quel doit être son cœur, etc., 262.

BEAUVEAU (*le prince de*). Belles paroles de l'Empereur, sur son fils blessé, 291.

B....... (*prince royal de Suède*). Napoléon disait que s'il avait eu le jugement et l'ame à la hauteur de sa situation, il eût pu rétablir le lustre et la puissance de sa nouvelle patrie. — A cédé à une sotte vanité, la tête lui a tourné de se voir recherché, encensé par des légitimes, 178.

BERNARD (*général*). Cause heureuse de sa fortune. — Est nommé aide-de-camp de l'Empereur, 81.

CAMBACÉRÈS (*archi-chancelier*). Paroles honorables de l'Empereur, 279.

CAROLINE (*Mme Murat*). L'Empereur la disait fort habile et très capable, 100.

CASTLEREAGH (*lord*). Sa lettre à lord Bathurst, relative au traité de Fontainebleau, 220. Opinions et paroles de l'Empereur sur ce ministre — Détails, 254.

CAULINCOURT (*duc de Vicence*). Délicatesse de sa situation à Châtillon. — Noble et touchante impression produite par sa correspondance, 66. Beau témoignage de l'Empereur. — Plein de cœur et de droiture, 279.

CÉSAR. Opinion de Napoléon, qui le dit un des caractères les plus aimables de l'histoire. — Détails, 237.

CHARETTE. L'Empereur le disait le héros de la Vendée, 140. Lui avait laissé l'impression d'un grand caractère, 141. Anecdote remarquable sur ses premières années, 141.

CHARLOTTE D'ANGLETERRE (*princesse*). Très-populaire à Londres — Signes non équivoques de beaucoup de caractère. — Sa tendresse pour sa mère. Anecdote. — Avait refusé le prince d'Orange. — Sa réponse à un ministre anglais, 156. Son mariage avec le prince de Saxe-Cobourg uniquement de son choix, 157.

CONDÉ. (*Le grand*) Opinion de l'Empereur : la science de la guerre semblait avoir été chez lui un instinct, la nature l'ayant produit tout savant, 240.

CONSCRIPTION. Napoléon tenait à y faire passer toute la nation. — Ne savait pas s'il en eût exempté son fils. — La disait la racine éternelle d'une nation, l'épuration de son moral, 246. Fût devenue un des instrumens de l'éducation nationale, 247.

CURÉS. Napoléon voulait les rendre très-importans et fort utiles. — Aurait voulu qu'on eût joint à leurs cours de théologie un cours d'agriculture, et les élémens de la médecine et du droit. — Détails, 249.

DECRÈS. (*Duc*) Paroles de Napoléon, 279.

DUMOURIEZ. (*Général*) Sa campagne de Champagne. — Plus audacieux que Napoléon, 155.

ELISA BONAPARTE (*Grande-Duchesse de Lucques et de Piombino*). L'Empereur lui donnait une tête mâle, une ame forte; disait qu'elle aurait montré beaucoup de philosophie dans l'adversité, 100.

ENGHIEN. (Duc d') Opinion, paroles, raisonnemens de l'Empereur à son sujet.—Détails, etc. 325.

ESPAGNOLS. S'ils se fussent soumis à Napoléon, ils eussent épargné les terribles agitations qui les attendent, 169.

FAIN. (Le baron) Sur son manuscrit de 1814, 190.

FOX. Son fameux bill sur la compagnie des Indes le fait sortir du ministère, 117. Napoléon disait que son école, tôt ou tard, devait régir le monde. — Son buste à la Malmaison 123.

FRANÇAIS. Eussent pu renouveler, avec plus de justesse, ce mot des fiers Gaulois: *Si le Ciel venait à tomber, nous le soutiendrions de nos lances*, 247.

FRÉDÉRIC. (*le grand*) Opinion de l'Empereur. — Le tacticien par excellence, 241.

GAUDIN, (*ministre des finances*.) Paroles de Napoléon, 279.

GÉRARD. (*général*) L'Empereur lui disait, au retour de la campagne de Dresde : « Si « j'avais bon nombre de gens « comme vous, je croirais mes « pertes réparées, et me consi-« dérerais comme au-dessus de « mes affaires, » 291.

GUERRE. Paroles de Napoléon sur la différence de celles des anciens et des modernes. Se compose d'une foule d'accidens. - Un chef doit savoir en profiter; Propriété du génie, 242. Infanterie. — Cavalerie. 243. Artillerie, aujourd'hui la véritable destinée des armées et des peuples, 243.

HUDSON LOWE. Continue ses vexations sur les captifs, 229. — Fait creuser des fossés autour de Longwood, plante des palissades, fait de l'écurie une véritable redoute, 255. Se montrait meilleur geôlier que bon général, 266. Fait enlever le comte de Las Cases, 347. Saisir ses papiers, 351. Le tient au secret, 357.

INDES. (*compagnie des*) Historique de celle des Anglais, 114. Bill de M. Fox succombe. — Celui de M. Pitt triomphe et gouverne depuis la péninsule indienne; etc. 117.

JÉRÔME BONAPARTE. En mûrissant eût été propre à gouverner. Montrait de véritables espérances, 100.

JOSEPH BONAPARTE (*ancien Roi d'Espagne*.) Par tous pays eût été l'ornement de la société, 99.

JOSÉPHINE (*Impératrice*). On veut, pour assurer son repos, lui disait-on, la porter à écrire au Roi, qu'elle ne savait ce qu'elle était, ce qu'elle avait été, etc., et le prier de fixer son sort. L'Empereur Alexandre l'en empêche, et s'offre d'être son répondant, 29. Ce que Napoléon lui avait donné. — Son gaspillage, 151.

JOURDAN. (*Maréchal*) Paroles de l'Empereur, 11.

LÆTITIA BONAPARTE, (*mère de l'Empereur*). Digne de tous les genres de vénérations, 100.

LAMARQUE. (*général*) Paroles remarquables de l'Empereur sur sa guerre de la Vendée, 145. Citation de sa belle expédition de Capri, où, avec 1200 français, il enlève sir Hudson Lowe, avec une garnison de 2000 hommes et 30 pièces de canon, 255.

LAROCHEFOUCAULT (*famille de*). Détails. — Opinion, paroles de l'Empereur, 283.

LAS CASES (*comte de*). Privé de son domestique par le Gouverneur, Hudson Lowe, qui veut en donner un autre de sa main. — Refus, 229. Horreur de sa situation. — Se montre pourtant plus enviable qu'à plaindre, 233. Visites clandestines du domestique qui lui avait été enlevé; qui partait pour Londres et offrait ses services, 339. — Il lui confie sa lettre au prince Lucien, 343, ce qui cause son enlèvement de Longwood, 24 heures après, 346. — Saisie de tous ses papiers. — Leur examen par sir Hudson Lowe. — Circonstances, détails, etc. etc, 351. Sa mise au secret avec son fils, etc., etc., 357. Lettres à sir Hudson Lowe, 360. Sa lettre d'adieu à ses compagnons d'infortune, 374. Lettre au prince Lucien, 388. Reçoit une lettre de l'Empereur, 429.

LEBRUN, (*archi-trésorier.*) Homme très-distingué et voulant le bien, 279.

LÉOPOLD DE SAXE-COBOURG (*prince*). Avait sollicité l'Empereur pour être son aide-de-camp, 156. Son mariage avec la princesse Charlotte de Galles, 157. L'Empereur disait que c'était le plus beau jeune homme qu'il eut vu aux Tuileries, 158.

LIVERPOOL (*lord*). Selon Napoléon, ce qu'il y a de plus honnête parmi les ministres anglais du moment, 261.

LOUIS BONAPARTE (*ancien roi de Hollande*). Paroles de Napoléon, 100.

LUCIEN BONAPARTE. Eût été l'ornement de toute assemblée politique, 100.

MALLET (*général*). Napoléon disait son échauffourée la caricature du retour de l'Île d'Elbe, 93.

MARET (*duc de Bassano*). Ministre plein de cœur et de droiture, 279.

MINISTÈRES. Opinion de l'Empereur sur ses propres ministres lors de sa chute, 184. Sur les ministres anglais du moment, 261. Napoléon les disait autant de *Léproseries.* — On peut y aspirer vertueux, disait-il, on n'en sort jamais sans y avoir laissé sa pureté, 278. Il n'en exceptait peut-être que le sien et celui des États-Unis d'Amérique : le sien, parce que ses ministres n'étaient que ses secrétaires, et que lui seul demeurait responsable ; celui des États-Unis, parce les ministres n'y étaient que les agens de l'opinion toujours droite, toujours juste, 278.

MINISTÈRE ANGLAIS. Offre au Premier Consul de le faire roi de France, 165. C'est à lui seul que l'Europe doit tous les fléaux qui l'ont désolée, 165. Portraits des principaux membres du ministère actuel, etc. 260.

MOLÉ (*Grand juge*). Paroles de l'Empereur. — Appelé probablement à jouer un rôle dans les ministères futurs, 279.

MOLLIEN (*ministre du Trésor*). Paroles de Napoléon, 279.

MONTALIVET (*ministre de l'intérieur*). Paroles de Napoléon, 279.

MONTESSON. (*Madame de*) Avait fait demander à Napoléon à prendre le titre de douairière d'Orléans. — Avait été mariée avec le consentement du Roi, 36.

MOREAU (*Général*). Sa conspiration. — Paroles de Napoléon, 319. Gouverné par sa femme, 321. Avait conféré avec Georges et Pichegru, 323. Sa dénégation absolue put seule le sauver. — Détails, etc. 324.

NAPOLÉON. Avait voulu faire donner à St.-Cloud une pièce grecque dans son intégrité, 10. — Sur la guerre de Russie, 11. Les peuples et les rois s'étaient alliés contre lui ; les peuples et les rois le regretteront, 12. Eût voulu relever le trône de Pologne, 12. — Se plaignait d'avoir peut-être encore 30 ans à être enfermé dans sa triste enveloppe, 27. Mauvaise conduite de différentes personnes auprès de lui aux Tuileries, 27. Disait l'immoralité la disposition la plus funeste dans le souverain, et la morale publique le complément naturel des lois, 31. Son administration une ère mémorable du retour à la morale, 32. Les mœurs publiques en hausse s'amélioreront par tout le globe, 33. — Sur le mot *Votre Majesté*, 39. Souffre beaucoup d'une fluxion, 40. — Arrêté à Saint-Cloud pour un mémoire non payé, 41. Ne voulait point flagorner les coteries. — S'il fût revenu victorieux de Moscou, tout le monde entier lui fût revenu, l'eût admiré, l'eût béni.

- Le vulgaire eût pu renouveler pour lui la fable de Romulus, 42. — En entrant en Italie a changé les mœurs de la révolution. - A le premier salué la France du nom de *la grande nation*, 44. A trente ans avait fait toutes ses conquêtes, gouvernait le monde; il ne lui manquait, disait-il, que le titre d'Empereur, 45. Rupture du traité d'Amiens. - Représailles de Napoléon. - Fait arrêter tous les Anglais voyageant en France, 49. Ses intentions à l'égard des prisonniers, 60. — Ses grandes vues sur Anvers, 63. La cession de cette ville, un des motifs du refus de signer la paix de Châtillon, 65. C'était peu connaître les alliés, que de croire leur réconciliation sincère, 65. Ses ordres au duc de Vicence, 66. Disait que chaque jour le dépouillait de sa peau de tyran, de meurtrier, de féroce, 70. Expédition anglaise sur Anvers, 70. — Grands travaux maritimes exécutés sous Napoléon, 71. Fort Boyard, 71. Cherbourg, 71. Travaux exécutés pour la flotille, 75. Réparations et améliorations dans tous les ports de la côte, 76. Flessingue, 76. Terneuse, 78. Anvers, 78. Hollande, 82. Véser, Ems, Elbe, 83. Travaux maritimes en Italie, 85. Situation de l'Empire en 1811 et 1812, 86. Détails des dépenses en travaux publics sous le règne de Napoléon, 89. Affaire de Mallet, 95. — Disait qu'il eût dû mourir à Moscou ou à Waterloo, 97. Paroles sur sa famille ; 99. Sa bienveillance envers les prisonniers anglais détenus en France, 106. — La mort de Fox une des fatalités de sa carrière, 123. — Avait prononcé pour le commerce libre et rejeté les compagnies, 124. Appelait la grande lutte de nos jours la guerre des *champs* contre les *comptoirs*, celle des *créneaux* contre les *métiers*, 125. — A cherché toujours l'homme de la marine, n'a jamais rien rencontré, 128. Enrôlement des enfans, 129. Sur la marine. - Aimait les marins. - Les a trouvés au besoin matelots, soldats, artilleurs, pontonniers, tout, 131. — Son organisation impériale, le gouvernement le plus compact, la circulation la plus rapide et les efforts les plus nerveux qui aient jamais existés, 131. Préfets, etc., détails, 132. Son intention, avec le temps, était de rendre la plupart des hautes places à-peu près gratuites, 136. Le dégoût des places eût signalé notre véritable retour à la haute morale. - Quand on veut absolument des places, on se trouve déjà vendu d'avance, 137. Ses intentions sur les auditeurs au Conseil d'État, 139. — Un des premiers soins de son consulat avait été de pacifier la Vendée, 144. — Ce qu'il avait donné à Joséphine, 151. Marchande de modes mise à Bicêtre, 152. Impertinence d'un autre, 153. — Disait que certains généraux ne savaient faire la guerre que sur les grandes routes et à la portée du canon, lorsque leur champ de bataille eût dû embrasser la totalité du pays, 154. — Une foule de princes allemands demandaient à être ses aides-de-camp. — Ils avaient envahi les Tuileries ; il en était de même des Italiens, des Espagnols, des Portugais. - Sous son règne, Paris la reine des nations, et les Français, le premier peuple de l'univers, 159. La *démocratie* a des entrailles ; on l'émeut. L'*aristocratie* demeure toujours froide, ne pardonne jamais, 161. On pouvait soutenir et combattre la *république* et la *monarchie*. - L'*anarchie* l'extrême frontière du gouvernement de plusieurs ; le *despotisme*, l'extrême frontière du gouvernement d'un seul, 161. Ne saurait y avoir de despotisme absolu, 162. Pouvoir de l'unité et de la concentration, 163. Traité d'Amiens, 164. « Si le cabinet anglais n'eût « point rallumé la guerre, « j'eusse enfanté des prodiges « au dedans », disait Napoléon, 166. A chaque grande victoire proposait la paix. - N'a jamais été maître de ses mouvemens, de ses actes ; ne tordait pas les événemens à son système ; mais pliait son système à la contexture imprévue des événemens, 167. Sa grande pensée, l'agglomération des mêmes peuples géographiques. - Se sentait digne de la gloire de s'avancer dans la postérité avec un tel cortége, 168. — Ses revers lointains ont seuls empêché la soumission des Espagnols, 169. — Si le ciel l'eût fait naître prince allemand il eût gouverné les 50 millions d'Allemands réunis. - S'ils l'eussent élu et proclamé, ne l'auraient jamais abandonné, 174. Dans la guerre de Russie ce ne sont que de purs accidens qui ont sauvé cet empire, 177. — A son retour de l'île d'Elbe n'avait plus sa confiance première. - N'a pas eu alors un avantage qu'il ne fût suivi immédiatement d'un revers, 180. Dans la grande crise, les Bourbons occupaient sa pensée, 185. Fatalités qui amènent l'abdication de Fontainebleau, 187. Ingratitude autour de lui. - Au retour de l'île d'Elbe n'en conserve aucun ressentiment, 189. Partis à prendre dans les désastres de 1814, 194. Son abdication, 197. Ne voulait pas ratifier le traité de Fontainebleau, 198.

Regrettait, lors de sa position à Saint-Dizier et à Doulevant, de n'avoir pas suivi sa pensée, et d'être revenu sur Paris, 199. Aurait dû continuer vers le Rhin, 200. Mystérieux événemens de la nuit du 12 au 13 avril; a voulu se donner la mort, 203. Son voyage à l'île d'Elbe, 205. Les étrangers ne se doutaient pas de l'esprit de la France : Anecdote d'une vieille femme à Lyon; mécompte du général autrichien à ce sujet, 206. Il apprend, sur les lieux, la trahison du chef de l'armée de Lyon, 207. S'embarque sur une frégate anglaise, ne voulant pas qu'on pût dire qu'un Français l'eût déporté, 209. Traité de Fontainebleau, 210. Déclaration de Louis XVIII, 217. Lettre de lord Castlereagh, relative au traité de Fontainebleau, 220. — A possédé l'épée du grand Frédéric. — Les Espagnols lui ont rapporté celle de François premier. — Les Turcs et les Persans lui ont fait présent d'armes ayant appartenu à Gengis-Kan, Tamerlan, Scha-Nadir, etc., 226. Avait voulu épouser une Française; c'eût été éminemment national, 227. On espérait que le lion s'endormirait. — Avec l'air d'attaquer sans cesse, ne songeait qu'à se défendre, 228. — Disait les grandes actions de guerre n'être point l'œuvre du hasard; mais dériver toujours de la combinaison et du génie : Alexandre, César, Annibal, Gustave, 235. Ne pouvait exister une véritable armée sans une révolution dans les mœurs et l'éducation du soldat. - Détails, 244. Projet, à la paix générale, d'amener chaque puissance à une réduction des armées permanentes, 245. Sur la nourriture du soldat, 245. Conscription, 246. Procès, 248. Curés, 249. En 14 ans et 5 mois 61 mille 139 délibérations au Conseil d'Etat, 253. Comparait mad. de Staël tout-à-la-fois à Armide et à Clorinde. - Est comparé par mad. de Staël tout-à-la-fois à Scipion et à Tancrède, 259. — En trois jours a vu trois fois les destins de la France, ceux du monde échapper à ses combinaisons, 275. Paroles honorables sur ses ministres, ses conseillers d'Etat, 278. Disait avoir élevé un de ses généraux comme eût pu le faire un père; détails touchans, 281. Anecdote, chez le père de ce général, très-digne de Molière, 282. — Mœurs de la capitale. - Dépravation. - Avait essayé de réprimer quelques-unes de ces ordures, 283. Avait interdit le jeu masqué, 284. Conspiration d'un M. de la Rochefoucault, 286. Adoré de tout ce qui le servait, dans son petit intérieur, 288. Son ascendant moral sur les esprits. - Anecdote, 292. A son retour de l'île d'Elbe, sa bienveillance, 294. Modération, équité. - Anecdotes, 295. Préfet qui ne veut point donner du Monseigneur au ministre. - Anecdote, 296. Capitulation de Vincennes, 298. La plus belle lettre militaire, 299. A donné 60 batailles; César n'en avait donné que 50, 299. Divers dires. 299. Égalité des droits un des grands traits de son caractère, 300. Le mérite était un à ses yeux, 301. Allocutions militaires, 303. Le cœur d'un homme d'État doit être dans sa tête, 305. Nos facultés physiques aiguisées par nos périls ou nos besoins, 305. Éducation de la peau, 306. Disait qu'il fallait savoir soigner son ame malade comme son bras ou sa jambe, 308. Son grand but, en créant une noblesse, compris de personne, 308. Les véritables vérités bien difficiles à obtenir pour l'histoire. - Pourquoi n'a pas voulu faire des mémoires privés. - Ne pouvait, disait-il, écrire des confessions à la Jean-Jacques.- Les divers motifs qu'on prêtera faussement à la plupart de ses actes. - Détails curieux. - Les intrigans de mauvaise foi et même ses ministres honnêtes gens donneront de fausses lumières. - Pourquoi? Tous se donneront pour être très-sûrs; heureusement qu'ils seront plusieurs, et qu'ils différeront indubitablement, 510. Conspiration de Georges, Moreau, etc., 317. Fait grâce à grand nombre des conspirateurs, citations 324. - Affaire du duc d'Enghien. Détails curieux et nombreux, etc. 325—Sa lettre d'adieu au com^{te} de Las Cases, 431.

Ney (*maréchal*). Paroles de l'Empereur, 307.

Paul Ier (*Empereur de Russie*). Moyens employés par le Premier Consul, pour gagner le cœur et la politique de ce prince. - Ses lettres au Premier Consul, 163.

Pauline (*princesse*). L'Empereur la disait la plus belle femme de son temps, et qu'elle a été et demeurera la meilleure créature vivante, 100.

Pichegru (*général*). Sa conspiration, 517. Se donne la mort dans sa prison, parce qu'il désespéra de la clémence du Premier Consul, ou la dédaigna, 519.

Pitt. Son bill sur la compagnie des Indes, 117. A tenu dans ses mains le sort des peuples. - En a mal usé. - S'inscrira dans l'histoire, à la manière d'Erostrate, parmi des flammes, des regrets et des larmes, 121. Ne sera plus un jour que le génie du mal, 122.

Poniatowski (*prince*). L'Empereur le disait le vrai roi de Pologne, qu'il en réunissait tous les titres, il en avait tous les talens, 287.

PRISONNIERS. Sort misérable des Français en Angleterre. - Napoléon offre souvent leur échange, - repoussé par les Anglais, 50. L'Empereur voulait amener en Europe un changement dans le droit et la coutume publique, à l'égard des prisonniers, 60. Anecdotes sur les prisonniers anglais en France, 104.

RACINE. Napoléon condamnait la fadeur, l'amour et le ton doucereux qu'il avait répandus dans ses chefs-d'œuvre : le vice et les mœurs du temps, 259. Le plan de campagne de Mithridate, beau comme récit, mais point de sens comme conception, 260.

RECAMIER (*Mme*). A le rare privilége de voir sa bonne réputation traverser sans injure nos temps difficiles.-Prince de Prusse touché d'une vive passion pour elle. - Il veut l'épouser. - Refuse cette élévation. - Tableau de Corine de Gérard, fait pour elle, 257.

REGNAUD DE ST. J... D'A..... (*Mme*). Paroles de Napoléon, 150.

REVOLUTION. La nôtre est la cause de la régénération de nos mœurs, 32.

RUSSIE. Napoléon disait que la guerre de Russie avait été celle du bon sens et des vrais intérêts, du repos et de la sécurité de tous, 11. Instructions relatives à la campagne de Russie, 13.— Situation politique. - Facilité qu'elle aurait à faire une entreprise sur l'Inde et la Chine, 110. Situation admirable contre le reste de l'Europe : assise sous le Pôle adossée à des glaces éternelles. - N'était attaquable qu'un quart de l'année; n'offrait aux assaillans que les rigueurs, les souffrances, les privations d'un sol désert, d'une nature morte ou engourdie, tandis que ses peuples ne se lançaient qu'avec attrait vers les délices de notre midi, 111. L'Antée de la fable, dont on ne saurait venir à bout qu'en l'étouffant dans ses bras. - Qu'il se trouve un Czar qui ait de la barbe au menton, et l'Europe est à lui, 112.

SIDMOUTH (*lord*). Paroles de l'Empereur, 261.

SÉNÈQUE. Le chœur de sa tragédie de Médée prédit distinctement la découverte de l'Amérique, 148.

STAEL (*Mme de*). Désavouait certaines grosses injures qu'on lui avait prêtées contre Napoléon. - Au temps de son enthousiasme, l'avait comparé tout à la fois à Scipion et à Tancrède, 259.

STASSART. (*le baron*) Est

chargé, par Napoléon, d'aller au congrès, à Vienne, négocier la paix, 181.

SUFFREN. (*le bailli de*) Son portrait, 126. Anecdote, 127. Son expédition dans l'Inde, 128. S'il eût vécu jusqu'à nos jours, l'Empereur en eût fait notre Nelson, 126.

TRAGÉDIES D'ESCHILE ET DE SOPHOCLE. L'Empereur avait voulu les faire jouer dans leur intégrité à Saint-Cloud. - Dans quelle intention, 146.

TURENNE. Ne s'était formé au talent de la guerre qu'avec peine, et à force d'instruction, 240.

VOLTAIRE. La scène de la reconnaissance dans son Œdipe, la plus belle peut être de notre théâtre, 147.

W......... (*lord*) Opinion de Napoléon, paroles, détails, etc., etc., 274. - Mme de Staël disait de lui, que hors de ses batailles, il n'avait pas deux idées. - Les salons de Paris avaient porté le même jugement, et le plénipotentiaire français, au congrès de Vienne, l'y confirma, 277.

FIN DE LA TABLE RAISONNÉE DU SEPTIÈME VOLUME.

www.ingramcontent.com/pod-product-compliance
Lightning Source LLC
Chambersburg PA
CBHW060934230426
43665CB00015B/1935